동물매개읽기교육(Animal Assisted Reading Education)

아동의 문해력 향상을 위한

READING DOG

반려견/읽기도우미견에게

소리 내어 책 읽어주기

동물매개읽기교육(Animal Assisted Reading Education)

아동의 문해력 향상을 위한

READING DOG

반려견/읽기도우미견에게
소리 내어 책 읽어주기

강주연 · 윤혜경 공저

dm 동문사

Reading to a Dog

출처: ITA R.E.A.D, used by permission.

Reading to a Bird

읽기가 서툴고
읽기에 흥미를 못 느끼는
아이들이
저마다의 속도로
책을 읽어가는 동안

출처: Daniel Lee, Courtesy of Pet Partners, used by permission.

읽기도우미견과 핸들러는
사랑으로 아동을 지지하며
아동의 서툰 읽기에
조용히 귀를 기울여주기

지적하지 않고 평가하지 않는
개와 함께
편안한 분위기의 읽기를 통해서
읽기에 우호적인 습관 기르기
문해능력 키우기로 안내하기

머리말

현대사회는 초등학교에서부터 빈부격차로 인한 학습능력 차이의 확대를 보여주고 있으며, 경제능력에 기인한 학습능력 차이의 확대는 가난의 세습, 그리고 다시 빈부격차의 확대라는 악순환으로 이어진다.

오늘날 초등학교 교실에서 점점 늘어나고 있는 읽기부진 아동, 산만하고 집중력이 낮은 아동의 학교 부적응은 대한민국 교실만의 문제가 아님은 2001년 미국 부시 행정부의 'No Child Left Behind Act(NCLB ACT, 아동낙오방지법)', 이후 NCLB를 대체한 오바마 행정부의 2015년 'Every Student Succeeds Act(ESSA, 모든 학생 성공법)'의 실행 등 OECD 선진국들의 부진 아동을 위한 문해교육들, OECD와 UNESCO, UN 등 국제기관의 문해능력 연례보고서를 통해서도 확인할 수 있다.

초등학교 아동들의 문해능력 부진은 자폐스펙트럼, 정서행동장애, 심신의 선천적 장애뿐만 아니라 최근에는 교육격차의 확대와 빈곤의 대물림, 그리고 자유로워진 이주환경이 원인이 되고 있다.

최근 활발해진 국제이주는 초등학교 교실에서의 문해능력 격차로 인한 학교부적응 아동 증가의 주요 원인 중 하나이다. 특히 낮은 출산율로 인한 인구감소와 노동력 문제해결을 위해 미국을 비롯한 선진국들에서는 오래전부터 이민 인구와 해외 노동력 유입 정책을 적극적으로 실행 중이다.

국내에서는 빈부격차의 확대, 의사소통능력인 언어능력이 갖춰지지 않은 상태의 해외노동인구 유입, 다문화가정의 증가로 학교 교실에서의 부적응 아동과 학습부진아동을 양산하는 결과를 초래하고 있다.

동물매개읽기교육(Animal-Assisted Reading Education) 프로그램은 이와 같이

초등학교 시기부터 읽기에 흥미를 잃거나 읽기능력이 부진한 아동들을 위해 학습자인 '아동 중심의 읽기프로그램'으로 개발되었으며, '편안한 분위기 조성'과 '아동 중심으로 동물과 함께 읽기'가 특징이다.

미국에서 시작된 R.E.A.D.를 비롯한 리딩독(Reading Dog) 프로그램은 오늘날 캐나다, 영국, 독일, 프랑스, 덴마크, 핀란드, 오스트리아, 벨기에, 스페인, 오스트레일리아, 뉴질랜드에서 홍콩, 타이완, U.A.E. 그리고 남아프리카공화국에 이르기까지 전 세계에서 참여 아동과 학부모, 교사와 도서관 사서의 호응에 힘입어 초등학교와 도서관 등지에서 활발하게 실행되고 있다. 그러나 한국에서는 2022년까지도 리딩독과 관련된 국내의 연구자료조차 귀해서 리딩독 관련 연구를 위해서는 해외자료들에 대부분 의존해야 하는 실정이다. 따라서 국내 연구자들을 위한 다양한 해외 연구자료들의 소개와 번역자료 제공이 필요하다.

2021년과 2022년에는 전염성이 강한 호흡기질환인 COVID-19로 인해 대면연구를 기반으로 한 학술적인 연구활동은 위축되었으나 ISAAT, ESAAT 등 여러 국제기관 및 미국의 American Kennel Club, Pet Partners, SitStayRead 등 주요 동물매개중재 연구 및 활동기관들의 홈페이지가 지속적으로 개정되면서 새로운 정보들이 계속 올려지고 있다.

본 교재에서는 먼저 동물매개중재 연구와 실행을 위해 AAI 관련 기관과 단체들의 2022년 10월 기준 시점까지 개정된 정보를 안내하고, 동물매개중재 관련 연구를 위한 해외자료 검색에 필요한 원어 표현을 한글 표현과 함께 소개하여 연구자들의 해외연구자료 수집에 도움이 되고자 하였다.

그리고 무엇보다도 최초의 리딩독 프로그램 R.E.A.D.를 개발하고 현재 세계의 리딩독 프로그램의 발전을 이끌고 있는 미국의 대표적인 리딩독 프로그램과 관련 연구기관들의 정보 안내를 통해서 읽기도우미견 프로그램의 국내 연구와 학교 읽기도우미견 프로그램의 활성화에 도움이 되도록 노력하였다.

본 교재에 귀한 자료와 사진을 사용할 수 있도록 지원해주신 국립축산과학원, 안내견 사진을 사용할 수 있도록 지원해주신 삼성전자와 삼성화재 안내견학교, 한겨레신문사, 여러 자료들을 모아 보내주신 한국장애도우미견협회, 서울시 서울도서관, 부산시 북두칠성도서관과 F1963 예술도서관

관계자분께 깊이 감사드린다.

조심스레 보낸 문의에 가장 먼저 풍부한 자료를 보내주며, 아시아의 개인 연구자를 아낌없이 지원하고 격려해주신 ITA R.E.A.D. Administrative Service의 Ms. Melissa Byrd께 머리 숙여 감사드린다.

문의 즉시 필자의 인간과 동물의 유대관계 및 리딩독 연구에 대한 지지와 함께 자료제공이 가능한 다른 웹주소들까지 꼼꼼하게 보내주신 Australia의 Story Dogs Managing Director이자 Cofounder인 Ms. Janine Sigley께 마음 깊이 감사드린다. 새벽녘에 조심스레 열어본 두 기관의 지원 자료 관련 답신을 보고 얼마나 기뻤던지 아직도 생생하다.

본 필자가 문의한 자료 소속의 꼼꼼한 확인 과정을 거쳐서 자료제공 동의를 일일이 얻어주신 미국 Pet Partners의 Senior Communications Specialist & Managing Director인 Ms. Elisabeth Van Every와 Therapy Animal Program의 Chief Mission Officer인 Ms. Mary Margaret Callahan께 큰 감사 인사를 드린다.

문의한 자료들과 따뜻한 격려를 함께 동봉해주신 SitStayRead의 Executive Director이신 Ms. Amy Taylor께 마음 가득 감사드린다. 단숨에 자료사용을 지원해주신 미국 Pierce County Library의 Ms. Nicole Milbradt께도 깊이 감사드린다.

또한 IAHAIO, 미국의 AKC, AVMA, Bright and Beautiful Therapy Dogs, Green Chimneys, Helping Paws International, Institute for Humane Education(IHE), Intermountain Therapy Animals(ITA), Love on a Leash, Pets in the Classroom, Pet Partners, SitStay Read, TDI 그리고 영국 The Kennel Club의 Bark and Read, 호주의 Story Dogs와 Delta Society Australia 등의 동물매개중재와 관련된 일부 자료를 출처표기와 함께 본서에 소개하면서 양해 말씀과 함께 감사드린다. 이들 비영리 기관들과 선배 연구자들의 선행연구 덕분에 오늘의 연구들이 이어지고 있다.

이 켜켜이 쌓인 감사함은 꾸준한 동물매개치료 및 리딩독 프로그램 연구 노력으로 갚고자 한다.

본 교재를 완성하기까지 아낌없이 지원해주신 은사님 김옥진 교수님과 이현아 교수님께 감사드리며, 자료확인을 도와주신 김병석 박사님, 김소

연 박사님, 민자욱 박사님께도 감사드린다.

그리고 읽기를 포함한 문해교육과 동물응용과학 선행연구들을 부분적으로 인용하며, 참고문헌의 출처제시로 저자들의 양해와 노고에 감사함을 전하고자 한다.

모녀가 책을 쓰는 동안 우렁각시가 되어준 멋진 강재영 님, 이 세상에서 가장 사랑하는 인생의 스승이신 신명심 선생님과 윤남하 선생님께 사랑과 감사를 바친다.

끝으로 본 교재의 출간을 위해 아낌없는 지원을 보내주신 도서출판 동문사의 이중수 대표님, 유재영 상무님, 그리고 편집과 교정을 도와주신 담당자분들께 깊은 감사를 드린다.

2023. 2.

글쓴이

차례

03 Chapter 동물매개중재(Animal-Assisted Intervention)

04 Chapter 동물매개교육(Animal-Assisted Education)

05 Chapter 동물매개읽기교육(Animal-Assisted Reading Education)

06 Chapter 미국의 대표적인 Reading Dog 프로그램들

07 Chapter 한국의 동물매개중재와 리딩독 프로그램 발달 현황

08 Chapter 동물매개읽기교육의 효과 (Effects of Animal-Assisted Reading Education) 247

09 Chapter 학교 동물매개중재(AAI) 프로그램 운영규칙

아이들의 읽기를 재미있도록 도와주면, 아이들은 자신감이 생겨서 평생 책 읽기를 즐긴다.

최초의 리딩독 프로그램 R.E.A.D.

출처: ITA R.E.A.D., U.S.A., used by permission.

아이들의 읽기를 재미있도록 도와주면, 아이들은 자신감이 생겨서 평생 책 읽기를 즐긴다.

출처: Story Dogs, Australia, used by permission.

Chapter 01

문해능력(Literacy Skills)

문해능력(Literacy Skills)이란

인간의 일상생활(가정생활, 경제생활, 공공생활, 여가생활,
미디어 생활)에

필수적인 '**의사소통 능력**'으로

'**읽기, 쓰기, 말하기, 문장 이해하기, 셈하기**'가 포함된다.
근래에는 이에 더해 모바일폰, 컴퓨터 등 전자기기 활용능력 등
사회적 문화적으로 요청되는 기초생활능력(평생교육법 제2조)이
포함되고 있다.

READING DOG

그림 1-1 읽기도우미견에게 소리 내어 책 읽어주기

출처: ITA R.E.A.D., used by permission.

1. 용어 정의

모든 교육의 기초가 되는 '문해능력(Literacy' Skills)'은 문자를 이해하는 능력으로 인간 생활의 가장 기본적인 생활능력이다. Literacy Skills, 즉 '문해능력'은 문자의 이해를 바탕으로 실생활에서 활용할 수 있는 능력이며, 평생교육법 제2조 제3호에서는 일상생활 영위에 필요한 '문자해독능력'과 사회적 · 문화적으로 필요한 '기초생활능력'으로 정의되고 있다.

오늘날에는 정보통신 및 기술의 발전으로 의사소통 수단 및 사회참여 방법으로 컴퓨터와 인터넷 사용이 전통적인 인쇄매체와 병용되고 있다(김종윤 등, 2017). 따라서 책이나 인쇄물 이외에도 컴퓨터나 스마트폰을 이용한 빠른 정보 확인이 일상화되고, 컴퓨터의 문서작성 프로그램을 이용한 과제 제출이나 업무 서류 작성, PPT 발표, 컴퓨터 그래픽을 활용한 발표자료 작성이 보편화되고 있는 시대에 맞춰서 새로운 방식의 문해개념과 실행방식이 요구된다.

성인의 문해 능력을 측정하는 '국제 성인 문해 조사'와 '한국교육개발원의 성인 문해 조사', 그리고 만 15세 이상 학생들의 문해력을 측정하는 '국제 학업성취도 평가 프로그램(Programme for International Student Assessment, PISA)'의 '문해'의 개념은 **표 1-1**의 소개와 같이 개인 자신의 목적을 달성하고 자신의 지식과 잠재력을 개발하고, 사회에 참여하기 위해 문자 텍스트를 이해하고 사용하며 평가할 수 있는 능력으로 정리된다.

또한 '문해능력'에 대한 용어 정의로 국제 성인 문해 조사는 '일상적인 활동, 가정과 일터 그리고 지역사회의 문서화된 정보의 이해 및 활용 능력'으로 정의하며, OECD/PISA는 '개인 자신의 목적을 달성하고, 자신의 지식과 잠재력을 개발하고, 사회에 참여하기 위해 문자 텍스트를 이해하고 사용하며 평가할 수 있는 능력'으로 정의한다(표 1-1).

OECD 선진국에서는 1990년대 초반부터 문해능력을 지식기반사회의 핵심기술능력으로 정의했던 기존의 문해개념에 경제의 이해 및 급속한 변화의 사회 적응을 위한 지식의 습득 및 축적, 그리고 활용이 가능한 생활기술능력을 포함한 일정한 수준의 문해능력을 필수적으로 요구하는 사회에 맞춰서 평생학습을 강조하고 있다. 즉

문해는 평생학습 영역에 참여하는 '평생학습자의 기초역량'으로 정의된다.

한편, 한국교육개발원에서는 문해능력을 일상 활동의 효과적인 수행에 필요한 읽기, 쓰기, 셈하기 능력으로 정의하고 있다. 일상생활에서의 문해는 성인의 삶에 필요한 기본적인 읽기 지식과 기능, 즉 '읽기 문해(reading literacy)'에 중점을 두고 있다.

표 1-1 문해능력의 용어 정의

기관	문해능력 용어 정의
평생교육법 (제2조 제3호)	일상생활의 영위에 필요한 문자해독능력을 포함하여 사회적 · 문화적으로 요청되는 기초생활능력
교육부, 국가평생교육진흥원	모든 교육의 토대가 되는 인간 생활의 가장 기본적인 능력으로 개인이 교육받을 수 있는 권리실현의 기본 전제. 이는 인간의 성장, 사회경제적 발전, 민주주의 가치 실현을 위해 반드시 갖추어야 할 기초능력이자 모든 국민의 권리
한국교육개발원	일상 활동의 효과적인 수행에 필요한 읽기, 쓰기, 셈하기 능력
UNESCO	직업활동, 정보획득, 교육 및 학습참여, 언어능력 및 수리력, 정보통신 기술활용 능력 등
OECD/International Adult Literacy Survey (국제 성인문해조사)	일상적인 활동, 가정과 일터 그리고 지역사회의 문서화된 정보의 이해 및 활용 능력으로 지식과 잠재력을 넓힐 수 있는 능력 산문문해, 문서문해, 수리문해로 구분
OECD/PISA	개인 자신의 목적을 달성하고 자신의 지식과 잠재력을 개발하고, 사회에 참여하기 위해 문자 텍스트를 이해하고 사용하며 평가할 수 있는 능력

2. 문해능력의 분류

국가평생교육진흥원과 교육부의 성인문해능력조사(2019)에서는 문해력을 '일상생활과 문제해결의 관계 속에서 필요한 생활능력으로 일상적인 활동, 가정, 일터 그리고 지역사회에서 문서화된 정보를 이해하고 활용할 수 있는 능력'으로 정의하고 있다.

국가평생교육진흥원(2019)의 성인문해능력조사 통계정보 보고서를 위한 설문조사는 유네스코의 기능적 문해와 최저 문해 개념을 도입하여 구성한 설문 항목으로 직업활동, 정보획득, 교육 및 학습 참여, 언어능력 및 수리력, 정보통신 기술 활용능력 등으로 구성하고 있다.

또한 교육부와 국가평생교육원(2021)의 2020년 조사에서는 OECD 국제 성인문해능력조사 IALS(International Adult Literacy Survey) 기준에 따라서 문해능력의 하위요소를 산문문해, 문서문해, 수리문해의 세 영역으로 구분하고, 문해생활이 이루어지는 일상생활영역을 가정, 경제, 공공, 여가, 미디어 생활로 다음과 같이 구분하고 있다.

1) 산문문해 영역

산문문해의 세부 영역으로는 정보전달, 생활문, 설득문, 문학영역이 있다.

정보전달영역은 여가생활, 가정생활, 경제생활로 구분된다. 여가생활 영역으로 여행안내 읽기, 지명 쓰기, 축제 설명문의 이해가 있다. 가정영역에는 노래 가사 맞춤법, 약 복용법의 이해, 핸드폰 문자 정보 이해, 인터넷 정보 이해, 인터넷 정보 재구성, 전자레인지 사용법 이해가 있다. 경제영역으로 입출금 통장 안내문 이해, 국민연금 공지 이해, 최저임금 기사 이해, 표준 근로 계약서 이해 등이 있다.

생활문으로는 편지글 맞춤법, 편지글 이해가 있으며, 설득문으로 공공영역에 해당하는 공익광고 포스터 이해, 사전투표 안내문 이해, 에너지절약 공약 포스터 이해 등이 있다.

문학영역에는 논설 기사, 산문, 시, 소설을 포함하는 문학작품 이해 등 텍스트 정보를 이해하고 사용하는 데 필요한 지식과 기능이 포함된다.

표 1-2 산문문해 세부영역

산문문해 세부영역	내용
정보전달	• 여가생활영역: 여행안내 읽기, 지명 쓰기, 축제 설명문 이해 • 가정영역: 노래 가사 맞춤법, 약 복용법, 핸드폰 문자 정보, 인터넷 정보, 인터넷 정보 재구성, 전자레인지 사용법 • 경제영역: 입출금 통장 안내문, 국민연금 공지, 최저임금 기사, 표준 근로 계약서, 최저임금 기사
생활문	• 편지글 맞춤법, 편지글
설득문	• 공공영역: 공익광고 포스터, 사전투표안내문, 에너지절약공약 포스터
문학영역	• 문학작품, 논설, 기사, 산문, 시, 소설 등

2) 문서문해 영역

문서문해 영역의 세부 영역으로는 표, 서식, 그래프, 지도가 있다. 표 이해로는 열차나 버스 시간표 읽기, 가정통신문 표 내용 이해, 교통사고 발생 현황 그래프 이해 및 표에서 교통사고 발생 사망자 수 찾기, 그리고 암 검진 대상자표 이해, 병원 진료시간표, 국민연금 수급 연령 표 이해가 있다.

서식으로는 전입신고서 작성법 이해, 택배 서식 작성, 부동산매매계약서 이해, 구직서류 등이 있으며, 지도이해 능력으로 등산로 읽기, 모임 장소 안내지도, 모바일폰(mobile phone) 길 안내 지도가 있다. 문서영역이해에는 그 외 월급명세서 표, 인구변화와 인구이동 그래프, 출생률과 사망률 변화 그래프, 코로나19 환자 수의 변화 등 다양한 형태의 문서에 포함되어있는 정보를 찾고 사용하는 데 필요한 지식과 기능이 포함된다(교육부와 국가평생교육원, 2021).

표 1-3 문서문해 세부영역

문서문해 세부영역	예
표	열차나 버스 시간표, 가정통신문 표, 교통사고 발생현황 그래프 및 교통사고 발생 사망자 수 찾기, 암검진 대상자표, 병원 진료시간표, 국민연금수급 연령표
서식	전입신고서 작성법 이해, 택배 서식 작성, 부동산 매매 계약서 이해
그래프	기후변화 그래프, 인구변화 및 전출입 그래프, 출생률 변화, 사망률 변화, 코로나19 환자수의 변화
지도	등산로 읽기, 모바일폰 길 안내 지도, 모임 장소 안내 지도

3) 수리문해 영역

수리문해는 금전출납, 주문양식, 1년 총급여 계산, 대출이자 계산 등 문서 자료에 포함되어 있는 숫자 계산이나 수학 공식의 적용에 필요한 지식과 기능을 평가할 수 있는 영역으로 일상생활에서 적용할 수 있는 문해영역이다.

표 1-4 문해능력의 하위요소

	하위요소	의미	예
1	산문문해	텍스트 정보의 이해와 활용에 필요한 지식과 기능	• 문학: 논설 기사, 산문, 시, 소설 • 정보문: 국민연금 공지 이해, 노래 가사 맞춤법, 사전투표 안내문 이해, 약 복용법의 이해, 여행안내 읽기, 인터넷 정보 이해, 인터넷 정보 재구성, 입출금 통장 안내문 이해, 전자레인지 사용법 이해, 지명쓰기, 최저임금 기사 이해, 축제 설명문의 이해, 표준 근로계약서 이해, 핸드폰 문자정보 이해 • 설득문: 공익광고 포스터 이해, 에너지 절약 공약 포스터 이해 • 생활문: 편지글 맞춤법, 편지글 이해
2	문서문해	다양한 형태의 문서에 포함된 정보 탐색 및 이용에 필요한 지식과 기능	• 표: 가정통신문, 국민연금수급 연령표, 교통사고발생 사망자 수, 병원진료 시간표, 암검진 대상자표, 열차나 버스시간표 • 서식: 구직서류, 부동산 매매 계약서, 월급명세서, 전입신고서 작성법, 택배서식 작성 • 그래프: 교통사고발생 현황 그래프 이해 • 지도: 등산로 읽기
3	수리문해	숫자 계산이나 수학 공식의 적용에 필요한 지식과 기능	• 금전출납, 대출이자 계산, 1년 총급여 계산, 주문양식

출처: 교육부와 국가평생교육진흥원(2021).

3. 문해능력의 필요성

문해능력은 지구촌의 건강과 경제에 중요한 영향을 미친다. 유엔인구기금(UNFPA)은 도미니카공화국 산토도밍고에서 2022년 11월 15일 새벽에 태어난 남자 아기를 지구상에서 80억 번째로 태어난 주인공으로 인정했다(문화일보, 2022.11.22). 지구상의 80억 명의 인구 중에서 5명 중 1명은 비문해인구로 추산되고 있다.[1]

1 2022년 7월 11일 U.N.의 2022년 세계인구 전망보고서(World Population Prospects

2018년에 개최된 World Literacy Summit(세계문해지도자회의)에서는 2018년 기준으로 전세계에서 30억 명의 인구가 기본적인 수준의 읽고 쓰기에 어려움을 겪고 있으며, 이러한 낮은 문해능력으로 인해 세계경제는 매년 약 8천억 파운드(약 9,520억 달러)의 비용이 지출되는 것으로 추산하고 있다(World Literacy Summit, 2021). 글로벌화된 현대사회에서 특히 다문화가정[2], 또는 이민 가정의 증가는 아동 간 학습환경의 차이로 인한 문해능력 부진 문제를 야기하고 있다.

현대사회에서 국제이주의 급격한 증가는 이미 대표적인 글로벌 트렌드가 되었다. 그리고 한국을 비롯하여 일본, 동유럽의 헝가리와 폴란드를 제외한 대부분의 OECD 국가들은 거주 이민자 비율이 총인구수의 10%가 넘는다(U.N. GLOBAL NOTE, 2020).

또한 저출산과 고령화로 인한 인구 문제와 노동시장의 인력수급의 불균형, 신성장동력 확보를 위한 인재 확보 등의 이유로 이민자에 대한 수요는 지속적이다(IOM이민정책연구원, 2015). 따라서 이민자 유입을 필요로 하는 많은 국가들은 사회통합 노력의 일환으로 사회정착을 위한 의사소통 수단인 언어교육에 다양한 노력을 기울이고 있다

다문화가정이나 이민가정 아동의 경우에는 모국어 외에 새로 적응하는 사회의 주요 언어교육이 또래보다 늦게 시작된다. 이와 같이 언어교육에 대한 가족의 지지를 받기 어려운 환경적 요인으로 인한 교육 편차가 미래의 부의 불평등을 초래하는 사회문제로 등장하고 있다(유한구, 2006; Piketty, 2014).

문해능력은 UNESCO의 핵심사업으로 긍정적인 사회 변화, 정의, 개인과 집단의 자유 기반을 마련하는 기본능력이다. UNESCO는 2017년 보고

2022)에 의하면 현재 세계인구는 총 79억 5400만 명으로 2022년 11월에 80억 명을 넘길 것으로 예상하였다.

2 다문화가정, 다문화 가족: 세계화에 따른 국가 간 장벽의 약화로 인해 노동력의 활발한 이동과 보다 자유로워진 국제결혼의 증가로 탄생한 용어이다. '다문화' 용어는 2003년 건강시민연대가 차별적이고 부정적인 이미지를 갖는 '혼혈, 국제결혼' 등의 용어를 대체하고자 제안하여 현재까지 사용되고 있다(출처: https://100.daum.net/encyclopedia).

서에서 전 세계의 성인 중 7억 5천만 명 이상을 기본적인 읽기 쓰기 수준에 미달되는 비문해인구(문맹인구)로 추산하고 있으며, 그중 15세부터 24세 사이의 인구가 1억 2백만 명에 이른다(UNESCO, 2017).

더구나 문명의 발달과 함께 세계화와 정보통신기술(ICT)의 발전으로 문해의 개념은 더욱 포괄적이 되고 있으며, 이는 빈부격차의 확대 및 대물림과 함께 교육수준 격차의 확대 및 대물림을 의미하기도 한다.

즉 삶의 질 향상을 위한 문해력의 개념이 읽기(reading), 쓰기(writing), 계산(calculating)의 기술적 능력(technical skills)인 단순개념을 넘어 일상생활에서 ICT 기술의 활용능력을 포함한 컴퓨터와 미디어 활용능력 등의 복수 개념으로 이동하면서 초등학교 초기 과정에서부터의 읽기능력 습득이 더욱 중요해지고 있다.

현대사회는 인터넷의 앱을 통한 해외여행 교통수단이나 숙소, 현지 식당의 사용 일정에 대한 예약과 취소 시스템이 속속 도입되고 있다. 또한 대인을 통한 주문과 계산 시스템을 줄이고 사용자의 인건비가 절감되는 정보통신기술인 ICT(Information & Communications Technology, 또는 IT) 기술을 도입하여 패스트푸드 매장이나 고속도로 휴게소 식당에서의 스크린 터치 기능을 활용한 직접 주문(그림 1-2, 그림 1-3), 고속철도인 KTX나 SRT의 승차권, 영화, 뮤지컬, 연극 공연 등도 인터넷과 현장에서 스크린 터치를 통한 무인 시스템의 티켓 예매 등이 일상화되고 있다.

그림 1-2 패스트푸드 매장에 설치된 자동주문기

출처: McDonalds

그림 1-3 고속도로 휴게소에 설치된 자동주문기

출처: 이인휴게소

산문, 문서, 수리, IT와 관련된 문해능력은 현대사회의 모든 연령대의 평생교육을 위해서도 필수적으로 갖추어야 할 능력이다. 따라서 학창 시절에 컴퓨터나 인터넷 교육을 별도로 받은 적이 없는 성인 세대의 경우에는 직장생활 중 연수를 통한 교육이 필요하며, 실제로 끊임없이 ICT 관련 재교육이 이어지고 있다. 그리고 전업주부나 직장생활을 하지 않는 경우, 또는 은퇴 이후에도 정부 및 지자체 교육기관에 개설된 평생교육 프로그램을 통해서 새로운 기기 사용법이나 기술교육을 받을 수 있다.

문해능력을 습득하기 위해서는 무엇보다도 어려서부터 문해능력의 기반이 되는 읽기 교육이 우선되어야 한다. 부모의 그림책 읽어주기로 시작하여 유아원과 유치원 시기 아동의 그림책 읽기를 거쳐서 초등학교 저학년 시기에 풍부한 독서활동을 통한 말하기와 읽기를 기반으로 쓰기, 문장이해, 수리능력을 갖추어 고학년 및 상급학교의 진학에 발판이 되는 문해능력을 갖추는 것이 필요하다.

초등학교 시기에 문해능력을 제대로 갖추지 못하게 되면, 이는 상급학교에서의 생활에 어려움을 주거나, 학교 중도탈락으로 이어지기 쉽다. 결과적으로 이로 인해 성인으로서의 직업 선택에 어려움을 겪게 된다. 따라서 초등학교 시기의 문해능력 성취는 아주 중요하다.

요약해보면 현대사회에서 의미하는 문해능력은 단순히 읽기, 쓰기, 말하기, 이해하기에 국한된 과거의 문해능력 의미에 더해서 일상생활 영위에 필요한 새로운 정보통신기술(ICT) 습득과 활용에 필요한 능력을 포함한다. 따라서 현대사회에서는 평생교육을 위한 독서능력과 평생교육을 통한 문해능력 향상이 필요하다.

4. 문해능력의 효과

교육부와 국가평생교육진흥원의 '2020년 성인문해능력 조사(2021)'에 의하면 문해능력수준을 4단계로 구분하여(표 1-5) 분석한 결과에서 학력이 낮을수록, 월평균 가구소득이 낮을수록 문해능력이 낮은 것으로 나타났다(표 1-6).

표 1-5 2020년 문해능력 수준 구분

구분	정의	비율(%)	추정인구(명)
Level 1	초등학교 1~2학년 학습의 필요 수준	4.5	2,001,428
Level 2	초등학교 3~6학년 학습의 필요 수준	4.2	1,855,661
Level 3	중학교 1~3학년 학습의 필요 수준	11.4	5,039,367
Level 4 이상	중학 학력 이상 수준	79.8	35,184,815
총계		100.0	44,081,271

출처: 2020년 성인문해능력조사 결과, 교육부·국가평생교육진흥원.

또한 농촌·산촌·어촌이 대도시 및 중소도시보다, 농업·임업·어업종사자가 타 직업군보다, 비임금 근로자가 임금 근로자보다, 임시 및 일용근로자가 상용 근로자보다 문해능력이 낮았다. Level 1의 성인 비문해 인구 비율을 보면 남성(2.7%)보다 여성(6.4%)이 2.3배 가까이 높고, 2017년보다 2020년에 남성과 여성 모두 거주지와 무관하게 비문해 인구 비율이 감소한 것으로 나타나 그동안의 성인을 대상으로 한 국가기관과 지자체의 문해교육의 효과를 확인할 수 있다(표 1-6).

표 1-6 'Level 1'의 성인 비문해 인구의 성별, 지역별, 소득수준별 비율 (단위: %)

구분 (년)	남성	여성	서울 및 광역시	농촌 · 산촌 · 어촌 거주자	중소 도시	서울 및 광역시	월소득 500만 원 이상	월소득 100만 원 미만
2020	2.7	6.4	4.4	12.1	3.6	4.4	1.6	34.3
2017	4.5	9.9	5.7	16.2	7.2	5.7	1.5	41.1

출처: 2020년, 2017년 성인문해능력 조사결과, 교육부·국가평생교육진흥원.

Level 4의 성인 비문해 인구는 남성(83.7%)이 여성(76%)보다 6.7%가 높았다. 그리고 Level 1의 비문해능력 인구의 소득수준을 보면 월소득 500만 원 이상이 2020년 기준 1.6%인데 비해서, Level 4의 성인 비문해 인구는 월소득 500만 원 이상이 91.6%를 차지하고 있다. 이는 문해능력 수준이 높을수록 소득수준도 높아지는 것을 보여준다(표 1-7).

표 1-7 'Level 4'의 성인 비문해 인구의 성별, 지역별, 소득수준별 비율

구분 (년)	남성	여성	농촌 · 산촌 · 어촌 거주자	중소 도시	서울 및 광역시	월 소득 500만 원 이상	월 소득 100만 원 미만
2020	83.7	76.0	65.5	81.3	80.3	91.6	29.7

출처: 2020년 성인문해능력 조사결과, 교육부·국가평생교육진흥원.

또한 문해능력 Level 1의 생활만족도는 64.5%이고, Level 2(65.9%), Level 3(75.1%), 그리고 Level 4(82%)에 이르기까지 문해능력이 높을수록 생활 만족도가 높아지는 것을 보여준다. 또한 정치 관심도는 문해능력 Level 1(23.3%), Level 2(65.9%). Level 3(75.1%), Level 4 이상(82.0%) 순으로 높아지고 있다(표 1-8).

표 1-8 문해능력 수준별 인식 (단위: %)

Literacy	Level 1	Level 2	Level 3	Level 4 이상
생활의 만족도	64.5	65.9	75.1	82.0
정치에 대한 관심도	23.3	27.1	38.1	50.9

출처: 교육부·국가평생교육진흥원, 2020년 성인문해능력 조사결과, p.22.

The World Literacy Foundation(2018)에 의하면 전 세계에서 5명당 1명꼴로 의사소통에 필요한 '읽기와 쓰기'를 원활하게 하지 못한다. 낮은 문해능력은 건강과 경제능력에 부정적인 영향을 끼치며, 사회적 참여를 낮추고 자아존중감을 떨어뜨리며, 위생상태가 나빠지는 원인이 된다. 또한 낮은 문해능력은 가난, 그리고 사고와 실업으로 이어지는 등 사회의 건강과 복지에 부정적으로 영향을 줄 수 있다.

미국 소년법정의 청소년 범죄자의 85%가 기능적 문맹이며, 미국 교도소 수감자의 70% 이상의 읽기 수준이 초등학교 4학년 정도의 읽기 수준으로 알려져 있다(Stevens, 2018). 이는 낮은 문해능력이 범죄, 폭력과도 연관성이 있음을 보여준다.

문자화된 기록물을 통한 지식과 정보의 습득과 이해 능력을 의미하는 문해능력에 대한 2016년 조사 결과에서 한국은 새롭게 필요한 정보나 기술을 배울 수 없을 만큼 문자해독능력이 떨어지는 경우인 '실질 문맹률'이 75%에 달하여 OECD 22개 국가 중 실질문해능력이 최하위로 드러났다.

특히 IT 등 첨단정보와 새로운 기술, 직업에 자유자재로 적응할 수 있는 '고도의 문서해독 능력'은 노르웨이(29.4%), 덴마크(25.4%), 핀란드와 캐나다(각 25.1%), 미국(19%)과 달리 한국은 2.4%로 최저수준을 보여주었다.

한국의 문해력은 다른 나라와 비교해서 16~24세 층과 55~65세 층 간의 문해력 차이가 가장 큰 나라이다. 1945년 오랜 식민지 생활로부터의 해방, 그리고 1950년에 일어난 6·25 전쟁이 1953년에 휴전되면서 전쟁 이후 복구사업이 진행되던 어려운 시기였던 1950년대와 1960년대에 탄생하여 교육 기회가 상대적으로 적었던 55~65세 층에 비해 16~24세 층은 교육투자 효과로 한국의 문해력이 향상된 것으로 추정된다(교육부·국가평생교육진흥원,

2020년). 현재 한국 청소년의 문해능력은 표 1-9에서와 같이 읽기(5위), 수학(2위), 과학(4위) 분야 모두 OECD 국가 중 5위 이내의 점수를 기록하고 있다.

표 1-9 OECD PISA Education Performance의 상위 7개국

	읽기(Reading)	수학(Mathematics)	과학(Science)
1위	에스토니아	일본	에스토니아
2위	핀란드	대한민국	일본
3위	캐나다	에스토니아	핀란드
4위	아일랜드	네덜란드	대한민국
5위	대한민국	폴란드	캐나다
6위	폴란드	스위스	폴란드
7위	스웨덴	캐나다	뉴질랜드

출처: OECD 2018년 통계, 2021년 출간

16~24세 층은 뛰어난 읽기, 수학, 과학 평균 점수와 함께 일본, 한국, 핀란드, 네덜란드와 같이 최상위 국가에 속함에도 불구하고, 한국의 55~65세는 최하위 3개국에 포함될 만큼 문해력 수준이 낮다. 전 국민을 대상으로 한 평생교육이 필요한 이유이다.

또한, 일부 학자들은 "한국의 실질 문해율이 경제협력개발기구(OECD) 국가 중 가장 낮은 원인으로 학교의 어문교육이 문학, 문예, 문법 등 어려운 교육에 치우쳐 올바른 읽기 쓰기 교육, 즉 의사소통을 위한 커뮤니케이션 교육이 무시되는 까닭"이라는 의견을 제시하고 있다(머니투데이, 2016.4.7.)[3].

아직은 한국으로 유입되는 이민자가 상대적으로 적어 한국 내에서는 한국어가 모국어인 비율이 높다. 또 ICT 이용능력을 포함한 실질 문맹률은 높은 편이라 할지라도 기본적인 문맹률 자체는 세계 최저수준이다. 그러나 현재 출생률이 0.84명(2020년 기준)[4]에서 2021년 0.81명(2022년 8월 통계청 발표)으

3 머니투데이(2016.4.7.). "한국 실질 문맹률 OECD 최하위…". https://news.mt.co.kr/mtview.php?no=2016040710250369430.

로 감소하며 최저 출생률의 세계 신기록을 세우고 있다.

따라서 노동(생산) 가능 인구의 부족으로 노동인구 유입의 급속한 증가가 예상된다. 그러므로 다양한 환경이나 원인으로 인한 국내 읽기부진아동뿐만 아니라 이주 인구, 또는 다문화가정 아동의 문해능력의 격차로 인한 학교에서의 학습부진과 학교적응 문제를 예방하기 위해 문해력 향상을 위한 다양한 프로그램 개발과 실행이 시급하다.

결과적으로 아동의 읽기부진으로 인한 낮은 문해능력에서 비롯되는 학습능력저하는 의사소통 능력의 저하로 인한 학교부적응을 초래할 뿐만 아니라 미래의 직업 선택을 제한하고, 삶의 질을 낮추는 결과를 초래하기 쉽다. 따라서 초등학교에서의 읽기 능력에 대한 정부와 학교, 그리고 부모, 사회의 빠른 관심과 개입이 필수적이다.

---

4 2021년 출생통계.pdf(통계청 보도자료 인구동향조사. 보도일시 2022.08.24.) https://www.index.go.kr/unity/potal/main/EachDtlPageDetail.do?idx_cd=1011#quick_04

Chapter 02

읽기(Reading)

READING DOG

정보습득의 주요 수단인 읽기는 문자 해독 과정으로 빠르고 정확한 독해가 이루어질 때 읽기의 효과로 확인되며, 읽기 유창성과 연계되어 읽기의 발달 단계를 확인할 수 있다.

그림 2-1 편안한 분위기로 조성된 미국 뉴욕공공도서관의 어린이 도서관 도넬 분관 서가

출처: 한겨레(2007.03.25.), 한겨레신문사 제공

1. 초등학교 읽기능력

읽기부진은 학습부진의 주요 원인으로 알려져 있으며, 최근의 읽기교육은 읽기부진에 대한 적극적인 예방교육을 강조하고 있다. 읽기교육을 위한 독해향상 프로그램은 읽기 부진 학생들의 흥미 및 동기를 유발할 수 있어야 한다(한국교육과정평가원, 2011).

미국의 교육부가 영유아부터 6세 아동을 위한 부모의 읽기 지도 안내서로 2000년에 초판을 발간하고 2002년과 2005년에 개정판을 발간한 '*Helping Your Child Become a Reader*(U.S. Department of Education, 2005)'의 서문에서 미국 43대 대통령 조지 W. 부시의 부인 로라 부시는 문헌정보학 전공자로서 책 읽기의 중요성을 다음과 같이 강조하고 있다.

"As parents, the most important thing we can do is read to our children early and often. Reading is the path to success in school and life. When children learn to love books, they learn to love learning."
- Laura Bush

"우리가 부모로서 할 수 있는 가장 중요한 일은
우리 아이들에게 일찍부터 자주 책을 읽어주는 일입니다.
읽기는 학교와 인생에서 성공으로 가는 길입니다.
아이들이 책을 사랑하는 것을 배울 때
그들은 배움을 사랑하는 것을 배웁니다."
- 로라 부시

그림 2-2 도서관에서 아이와 책 읽기

즉 부모는 어린아이의 읽기에 대한 호기심을 키워주기 위해 노력해야 하며, 아이의 언어능력을 기르기 위해 아이와 함께 이야기를 나누고, 아이의 이야기에 귀를 기울여주며, 아이와 함께 책을 읽고, 아이가 책과 인쇄물에 대해서 배울 수 있도록 도와주어야 한다. 뿐만 아니라 아이의 쓰기 시도를 일찍부터 장려하여 아이의 학교생활에의 적응을 돕고 행복한 학교생활을 장려해주어야 한다.

읽고 말하기가 기본이 되어 이루어지는 학교생활에서 읽기와 말하기가 부진한 아동은 성취감을 느낄 기회가 적고, 더불어서 학교에 대한 태도가 부정적이 되기 쉽다. 결과적으로 아동의 학교출석 의욕이 떨어지는 일이고 이는 아동의 결석이 늘어나는 원인이기도 하다.

초등학교 과정에서 읽기부진이 원인이 되어 낮아진 문해능력은 중고등학교의 교과과정을 따라가기가 어려워진다. 또한, 학습활동을 위주로 하는 학교생활에서 학습능력이 부진한 학생에게는 또래와 교사의 관심도 낮다. 결과적으로 읽기부진은 학교 출석의 동기와 흥미를 떨어뜨리고, 이와 같은 비생산적인 학교생활에 흥미를 잃은 학생의 자퇴 원인이 된다.

미국의 경우에 초등학교 3학년에 읽기능력을 갖추지 못한 아동의 16%

는 고등학교를 졸업하지 못하는 것으로 나타났다. 이와 같은 결과는 3학년 시기에 읽기능력이 정상적인 수준이었던 아동들이 고등학교를 졸업하지 못한 비율의 4배에 달한다(Hernandez, 2012).

또한 읽기능력은 읽기독해와 밀접한 관계가 있다. 읽은 것에 대한 이해 즉 독해는 의사소통 능력의 기본이 된다. 따라서 초등학교 과정에서의 읽기능력의 습득은 학교생활에서 의사소통을 위해 필수적이며 읽기부진 아동에 대한 지원은 빠를수록 효과적이다.

현대사회는 초등학교에서부터 빈부차이로 인한 학습능력 차이의 확대에 대한 우려가 커지고 있으며(박경호, 2017; Piketty, 2014), 경제능력에 의한 아동 학습능력 격차의 확대는 가난의 세습화와 빈부격차 확대의 악순환으로 이어진다(한국교육개발원, 2011, 2017).

따라서 어린 아동들의 미래를 위해 보호자, 학교, 그리고 국가는 아동의 읽기능력 향상에 도움을 주는 방법을 연구하며, 학교생활뿐만 아니라 미래의 삶에 필요한 아동의 '평생독서습관'을 들일 수 있도록 배려해야 한다.

그림 2-3 Reading to a Dog in a special room

출처: ITA R.E.A.D., U.S.A., used by permission.

또한 아이들의 학습 속도가 모두 똑같지 않으므로, 아이들 각자의 속도로 읽기능력을 습득해가는 과정을 부모는 끈기를 갖고 지켜보며, 아이들의 속도에 맞추어 도움을 주고, 아이들을 성공적인 독자가 되는 길로 인도하고 끊임없는 격려를 해주어야 한다.

현대사회는 빠르게 변하는 일상과 필수적인 새로운 정보의 습득이 끊임없이 필요한 평생교육시대이다. 즉 어린 아동들의 미래를 위해 보호자, 학교 그리고 국가는 아동의 읽기능력 향상에 도움을 주는 방법을 연구하며, 학교생활뿐만 아니라 미래의 삶에 필요한 아동의 평생독서습관을 들일 수 있도록 배려해야 한다.

특히 질문의 의도에 대한 이해의 부족에서 비롯되는 중·고등학교 시기의 학습부진과 학습편차 문제를 해결하기 위해서는 초등학교 저학년 시기의 읽기능력 기초 강화가 무엇보다도 중요하다.

초등학교 시기에 읽기능력의 부진은 아동들의 기초학력 부진의 가장 큰 원인이 된다. 따라서 쉬우면서 흥미를 이끌어내는 읽기 자료와 독서 기회의 제공을 통해 아동들의 적절한 동기유발과 흥미를 이끌어낼 수 있는 읽기지도가 필요하다.

낮은 읽기능력은 아동들의 낮은 성취감으로 이어지고, 이는 아동의 정서

그림 2-4 Reading to a Dog in Australia

출처: Story Dogs, Australia., used by permission.

불안이나 우울, 위축, 불만으로 이어지기 쉽다. 학습 동기를 상실한 아동은 학교생활에 대한 흥미가 낮아지면서 결과적으로, 학급에서 고립감을 느끼거나 학교생활의 적응에 어려움을 겪는 등 정서불안과 사회성의 결여로 이어지기 쉽다.

Kalkoske(2018)는 학교생활과 학습에 부진을 겪고 있는 아동을 위한 '쉬운 과제의 제시'는 아동의 자신감을 향상시키고 긍정적인 학습 습관을 얻게 되는 변화의 동기가 될 수 있다고 강조한다.

지난 20여 년 동안 미국, 캐나다 그리고 영국, 핀란드 등 유럽 국가들을 비롯하여 호주, 뉴질랜드, 아랍에미리트(U.A.E.) 등에서는 비영리단체 주도로 '쉬운 읽기과제의 수행'이 실행되고 있다. 즉 비영리단체인 동물매개중재 연구기관들이 앞장서서 읽기 부진 아동들의 학습의욕 향상을 목적으로 동물을 매개로 한 'Children Reading to Dogs(Reading Dogs)' 프로그램을 널리 실행 중이다.

Johnson(2017)에 의하면 아이들은 특별한 부추김이 없어도 천성적으로 읽기를 좋아한다. 그러나 자신감 형성에 어려움이 생기면 아동은 동기 상실과 함께 빠르게 흥미를 잃게 되므로 초등학교 저학년 아동의 읽기학습 문제는 간과해선 안 된다.

그림 2-5 Reading to a Dog in a group

출처: SitStayRead, U.S.A., used by permission

그림 2-6 서울도서관

출처: 서울도서관 제공[1]

1 https://lib.seoul.go.kr/rwww/html/ko/generalRoom.jsp

2. 초등학교 저학년 읽기

아동의 성공적인 교육과 미래의 성공적인 삶을 위한 초등학교 교육의 목표는 문해능력 함양에 있다(Friesen, 2009). 문해력 습득이 낮은 아동은 학업성취가 제한적이 된다.

일반적으로 문해교육은 유아원, 유치원 과정에서 글자 이름과 소리를 배우면서 시작된다. 책 읽기를 시작하는 문해능력 학습의 시작은 현대사회에서는 부모의 교육수준 향상으로 가정과 유치원에서 정식 문해교육이 훨씬 더 일찍 시작되는 것으로 보인다(Dickinson & Neuman, 2007).

초등학교 과정에서 학령에 맞는 문해능력을 비롯한 교과과정의 습득이 제대로 이루어지지 않으면 초등학교뿐만 아니라 중등과정 및 대학과정 그리고 평생의 취업 및 경제적 능력에 영향을 미친다(Bassette, 2011).

즉 초등학교에서의 문해능력습득은 의사소통 능력(Communication skill)의 도구로서뿐만 아니라, 여러 교과의 학습능력에 영향을 준다. 초등학교의 문해능력은 상급학교의 진학뿐만 아니라 성장 후의 사회적 참여나 직업선택, 자립능력 그리고 건강 및 위생에도 영향을 끼치게 된다(OECD, UNESCO, 2021).

이와 같이 낮은 문해능력이 끼치는 부작용은 막대한 사회적 부담으로 이어지고 있음이 국제기구의 조사에 의해 보고되고 있다(OECD, UNESCO, 2021). 초등학교 아동들의 문해능력 향상을 위한 각국의 끊임없는 노력에도 불구하고 여전히 문해능력이 낮은 성인인구문제는 자녀의 문해능력에도 영향을 미치고 있다(OECD, 2021; 김수정, 정익중, 2015).

새로운 지식이 끊임없이 쏟아져 나오는 현대사회에서 평생학습에 필요한 성인기의 학습능력은 초등학교 시기의 기초학습 능력에서 비롯된다. 특히 가족을 위주로 하는 관계의 가정에서 아동의 생활 범위가 최초로 확대되는 사회인 초등학교의 저학년 시기에 학습능력 습득과 원활한 학교생활 적응은 무엇보다도 중요하다.

초등학교 저학년은 아동이 교사나 친구와의 사회적 관계를 경험하고 형성하는 첫 사회관계 시기로, 유아기에서 아동기로 들어가는 과도기적 기간이다. 그러므로 이 시기의 적응은 아동의 학교생활의 지표이며, 아동기의 중요한 발달과제이다(이정희, 2004).

초등학교 저학년 시기는 초·중·고 교과학습의 기반이 되는 기초 문해능력이 형성되는 중요한 시점이다. 그 시기에 낮은 문해능력으로 인해서 기초학력 부족이 초래되면 아동은 학습활동에 소극적이 되고, 위축감으로 인해 또래관계에서 소외되는 등의 학교 부적응을 초래하게 된다.

즉 교실에서 학습활동이나 읽기 또는 학습능력의 차이로 인해 주어진 과제의 반복적인 실패나 또래들의 놀림 또는 비판이나 거절 등과 같은 부정적 경험이 축적된 아동은 의사소통의 어려움을 겪게 되며, 자아존중감이 낮아지고, 학습활동을 비롯한 학교생활에 흥미를 잃게 된다.

그림 2-7 아동과 리딩독이 서서히 교감하며 신뢰 쌓아가기

출처: SitStayRead, used by permission.

더불어 또래와 교사와의 관계형성에도 내켜 하지 않은 수동적인 태도를 지니며, 소극적인 의사소통으로 이어져서 더더욱 위축감을 느끼기 쉽다. 이는 사회생활에 필수요소인 정서와 자아존중감, 그리고 사회성 형성에 부정적인 영향을 초래한다. 따라서 아동의 원활한 학교생활을 위해서 초등학교 입학 초기부터 기본학습능력을 습득할 수 있도록 학교와 가정에서 적극적으로 도와야 한다.

읽기에 뒤처진 아동은 낮은 자아존중감을 갖기 쉬우며, 학습활동에의 참여에 소극적이 되는 경향이 있다. 아동의 자신감 감소는 읽기활동에 대한 낮은 동기 요인으로 귀결되며, 이는 아동의 학교적응에 부정적인 영향을 미친다(Lenihan et al., 2016).

자아존중감과 함께 사회성 또한 초등학교 저학년 아동의 학교적응을 위한 기초 요인이다. 초등학교 아동은 초등학교의 입학을 계기로 사회성 작용범위가 커지면서 또래와의 관계형성을 통한 우정이 발달하고 감성적 지능의 발달을 통한 사회성을 키우게 된다. 아동의 사회성 발달을 위해서는 환경적 요인인 부모, 교사 그리고 또래의 역할이 중요하다(Bandura, 1978).

초등학교 저학년 시기에 학급이나 학교의 학습활동 등에서 의사소통이 제대로 이루어지지 않거나, 사회의 편견, 낮은 사회성 또는 낮은 학습능력으로 인해 교실에서 또래의 따돌림을 경험하게 되면, 아동은 낮은 자아존중감과 소외감 형성으로 의사소통 능력이 저하되고, 사회성이 낮아져서 학급의 학습활동 참여에도 소극적이고 방어적인 태도로 임하게 된다(Hall et al., 2016; Sorin et al., 2015).

클리버(Cleaver, 2018)는 유치원생의 단어 검색 및 말하기 단어 정의 생성 능력을 기반으로 하여 아동의 향후 2학년 시기의 독해력을 예측할 수 있음을 강조한다. 네이션과 스노울링(Nation & Snowling, 2004)은 8세부터 13세 아동 72명을 대상으로 4년 동안 실행한 연구에서 소리 내어 읽기 능력(oral language skill)이 읽기와 독해발달에 중요한 영향을 미치고 있음을 확인하였다. 무엇보다도 의사소통의 가장 기본이 되는 읽기와 듣기능력은 학교 교육과정을 통해서 아동들이 익혀가는 능력이다.

그리스(Greece)의 초등학교 2학년, 4학년, 6학년과 8학년 학생 612명을 대상으로 듣기와 독해 상호 간의 영향을 연구한 다이어키도이 등(Diakidoy et al., 2005)에 의하면 듣기와 읽기이해(독해) 능력은 전 학년에 걸쳐서 상호 관련이 있는 것으로 나타났다.

클리버(2018)는 구두언어(oral language), 즉 소리로 표현하는 언어는 전 학년에서 발달시켜야 할 중요한 능력이며, 교실에서 '소리 내어 읽기'를 연습하는 것은 구두언어를 발달시킬 수 있는 유용한 연습방법이라고 강조한다.

그럼에도 불구하고, 읽기부진 아동이 교실에서 교사와 또래집단 앞에서 소리 내어 읽기를 하는 것은 긍정적 효과보다 부정적 효과로 이어지기 쉽다. 자신의 뒤처진 읽기능력을 교사와 또래 앞에서 적나라하게 보여주는 것은 아동에게 스트레스가 높아지고, 위축감이 생기며, 자신의 읽기에 대한 지적이나 평가에 대해 굴욕감을 느끼기는 일이 되기 쉽다. 이와 같은 일의 반복은 학급에서 학습부진 또는 읽기부진 아동이 그룹 과제에 소극적인 참여태도를 보이거나 또래집단으로부터의 따돌림을 당하는 원인이 된다. 결과적으로 학교에 대한 부정적 태도나 무관심 그리고 결석의 이유가 되기도 한다.

사회성이 부족한 아동을 위한 사회적 기술 훈련은 아동들의 학교생활 적응과 자아존중감 향상에 효과적이다(Wilhite & Bullock, 2012). 즉 아동의 사회성 향상은 아동의 학교적응에 필요한 자아존중감의 향상에 영향을 미친다.

학습부진아동이 학교생활에 원활하게 적응하는 데 필요한 자아존중감과 사회성 향상을 위해서는 읽기능력을 바탕으로 한 학습능력 향상이 우선되어야 한다(Guthrie, 2004). 따라서 초등학교 과정에서 뒤처진 아동의 학교생활에의 적응을 위해서는 무엇보다도 빠르고 체계적인 지지가 필요하며, 환경적인 요소, 또래 관계 및 교사의 역할이 중요하다(Walsh, 1980). 그리고 학습부진 아동들의 읽기에 대한 자발적인 흥미와 학습동기를 이끌어내는 긍정적 강화의 교육프로그램이 필요하다(Guthrie, 2004).

3. 소리 내어 읽기(Reading loudly)

'소리 내어 읽기'는 아동들의 읽기학습 욕구를 키우고, 어휘력과 독해능력의 증가에 효과적이며, 지식의 폭을 넓혀준다(Glazer, 1981). Sarroub & Pernicek(2016)에 의하면 '소리 내어 읽기'는 미국 중고등과정의 11~16세의 학생들이 싫어하는 학습활동으로 꼽힌다. 학생들이 싫어하는 학습활동으로 꼽는 이유로 머뭇거림이나 잘못된 발음, 또는 발음 실수가 짜증(anger)과 수치심(shame)을 불러일으키며(Le Roux et al., 2014; Kirnan et al., 2016), 좌절(frustration)과 걱정(anxiety)을 야기하는 점을 들고 있다(Barber & Proops, 2019; Smith, 2009).

그러므로 '소리 내어 읽기'를 부담스러운 과제로 여기는 학생에게는 읽기에 대한 동기가 형성되지 않으면 읽기능력 향상은 요원하다(Guthrie et al., 2007).

'소리 내어 읽기'는 아동의 듣기어휘와 이해력 향상에 도움을 주고, 교사에게는 아동 읽기 수준의 장점과 단점을 식별할 수 있는 기회가 제공되며, 아동의 새로운 단어 학습의 촉진, 읽기 유창성, 발음과 운율 개발, 그리고 책과 독서의 즐거움에 대한 소개 등의 이점이 있다(Fung, 2019; Hall et al., 2016).

'소리 내어 읽기'에 대한 연구(권이은, 2018)에서 103명의 교사들은 소리 내어 읽기의 효과가 높은 순서로 6학년까지 63.1%, 4학년까지 14.6%, 3학년까지 12.6%, 2학년까지 5.8% 5학년까지 3.9%로 응답했다.

즉 현직 초등학교 교사들은 아동들의 소리 내어 읽기 효과가 초등학교 6학년까지 즉 초등학교 전 학년에서 효과가 높다고 답한 수가 63.1%로 1위이고, 81.6%의 교사가 4학년과 5학년을 포함하여 고학년에서도 소리 내어 읽기의 효과가 높은 것으로 인식하고 있다. 소리 내어 읽기의 효과가 높은 학년으로 1, 2, 3학년 중 하나를 선택한 교사는 18.4%로 나타났다(표 2-1).

그럼에도 불구하고 이 연구의 교사 응답자들은 소리 내어 읽기 지도의 어려움으로 학생들이 많아서 '물리적 시간의 부족(61.8%)'을 가장 많이 선택하였으며, 다음으로 학생들의 소리 내어 읽기에 대한 '의지의 부족(48.0%)'을 지적하였다. 이어서 소리 내어 읽기 지도의 중점사항으로는 '내용을 이해하며 읽기'가 70.6%로 단연 우위였고 다음으로 '의미 단위의 띄어 읽기(45.1%)'와 '실감 나게 읽기(42.2%)', '정확한 발음으로 읽기(29.4%)', '유창하게 읽기(15.7%)' 순으로 이어졌다. '특별히 신경 쓰지 않음'도 2.9%에 달했다(표 2-1).

표 2-1 아동의 소리 내어 읽기에 대한 국내 교사의 견해

설문문항	분류	명(%)
적합한 교재 종류	동화·소설	85(83.3)
	시	80(78.4)
	생활글·수필	66(64.7)
	사회·역사	14(13.7)
	과학·기술	11(10.8)
	철학·종교	4(3.9)
	예술	2(2.0)
효과가 높은 학년	1학년까지	0(0.0)
	2학년까지	4(3.9)
	3학년까지	6(5.8)
	4학년까지	13(12.6)
	5학년까지	15(3.9)
	6학년까지	65(63.1)
지도 중점	내용 이해하며 읽기	72(70.6)
	띄어 읽기	46(45.1)
	실감 나게 읽기	43(42.2)
	정확한 발음으로 읽기	30(29.4)
	유창하게 읽기	16(15.7)
	특별히 신경 쓰지 않음	3(2.9)
지도의 어려움	학생 수가 많아 물리적 시간 부족	63(61.8)
	학생들의 소리 내어 읽기에 대한 의지 부족	49(48.0)
	소리 내어 읽기의 구체적 지도방법 잘 모름	36(35.3)
	정확한 발음에 대한 지식 부족	22(21.6)
	적당한 테스트 선택 어려움	14(13.7)

출처: 권이은(2018).

이 연구의 설문에 응답한 현직 초등학교 교사들은 아동의 소리 내어 읽기의 경우 6학년까지 효과가 높은 것으로 인식하고, 동화나 소설, 시를 적합한 교재로 인식하고 있다. 교사들은 소리 내어 읽기 지도가 어려운 이유로 학생 수에 비해 교사의 부족한 지도 시간을 가장 큰 이유로 꼽고 있으며, 학생들의 의지 부족도 중요한 요인으로 인식하고 있다. 또한, 교사들 중 소리 내어 읽기 지도의 구체적 방법을 모른다는 인식이 35.3%에 달하고 있음은 교육현장에서 소리 내어 읽기에 대한 교사 연수가 필요함을 보여주고 있다.

교사들은 '소리 내어 읽기' 지도의 중점사항으로 '유창성(15.7%)'보다는 '내용을 이해하며 읽기(72%)'를 가장 중요한 사항으로 선택하고 있다. 이는 교사들이 읽기에서 독해의 중요성을 강조하고 있음을 의미한다. 권이은(2018)은 이러한 연구 결과를 토대로 '대화하며 소리 내어 읽기(Interactive read-aloud)'를 제안하는데 이는 'Reading Dog' program 실천방법 중의 하나이다. 또한 미국에서 활발하게 실행되고 있는 R.E.A.D.와 Sit Stay Read의 'Reading Dog' 프로그램 연구 결과는 '소리 내어 읽기'가 초기 '문해교육'과 '읽기' 그리고 '쓰기'를 연결하는 역할을 하고 있음을 보여주고 있다(R.E.A.D., SitStayRead, Story Dogs, 2022).

그림 2-8 유아를 대상으로 한 도서관의 그림책 읽기 프로그램

출처: piercecountylibrary, U.S.A., used by permission.

책 읽기를 좋아하는 성공적인 독자(a successful reader)가 된다는 것은 어린 아이의 인생에서 기회 향상에 가장 중요한 일이다. 그럼에도 불구하고, 어린 아동들이 '소리 내어 읽기'를 위압적으로 강요받는다고 느껴지면 읽기에 대한 자발적인 동기유발이 어려울 수 있다. 어린아이들은 부추기지 않아도 선천적으로 책 읽기에 관심을 보이고, 책 읽기를 좋아하는 경향이 있지만, 읽기에 대한 잦은 지적이나 비난에 자신감이 흔들리면 금세 읽기에 대한 호기심과 동기를 상실하기 쉽기 때문이다(Johnson, 2017).

읽기 능력이 뒤처져서 소리 내어 읽기에 대한 스트레스가 크고, 실수를 두려워하게 된 초등학교 아동을 위해서는 무엇보다도 읽기에 대한 아동의 불안감을 낮춰주고 읽기 동기를 북돋기 위해서 흥미 있으면서도 쉬운 책을 선택하도록 돕는 것이 중요하다.

이와 같이 즐거운 읽기 방법의 필요성이 대두되면서 읽기부진 아동의 읽기에 대한 불안감을 낮춰주고, 반려동물의 참여로 아동의 읽기 동기를 끌어낼 수 있도록 고안된 동물매개중재교육(Animal-Assisted Education, AAE)인 Canine/Dog-Assisted Reading(또는 Reading Dog) 프로그램, 즉 '개에게 소리 내어 책을 읽어주기' 프로그램이 개발되었다.

개에게 소리 내어 책을 읽어주기 프로그램인 'Reading Dog Program(읽기 도우미견 프로그램)'은 1999년 미국 유타(Utah)주의 솔트레이크시티(Salt Lake City)에서 ITA(Intermountain Therapy Animals)에 의해 최초로 시작되었다. 미국의 비영리 동물매개치료기관인 'ITA(Intermountain Therapy Animals)'는 읽기가 뒤처진 초등학교 저학년 아동들의 읽기에 대한 흥미를 끌어내어 문해능력을 향상시키고, 이를 기반으로 아동의 의사소통 능력 발달을 목표로 하는 최초의 Canine/Dog-Assisted Reading(또는 Reading Dog) 프로그램인 'R.E.A.D.(Reading Education Assistance Dogs)'를 개발하였다.

솔트레이크시티 공립도서관의 'Dog Day Afternoon' 타이틀로 1999년 11월에 어린 아동들을 대상으로 시작한 ITA의 'R.E.A.D.' 프로그램은 새로운 방식의 읽기에 대한 관심을 기울인 언론매체의 잦은 보도로 널리 알려지고, R.E.A.D.프로그램에 참여한 아동 및 학부모, 그리고 학교 교사들의 환호를 받으며 1년도 채 안 되어서 인근 초등학교들에서 아동의 읽기

프로그램으로 실행되기 시작했다.

이어서 미국에서는 시카고 지역의 SitStayRead(2003년 설립), 노스캐롤라이나의 무어 카운티를 중심으로 한 Canine-Assisted Reading Education(CARE, 2005년 설립), Pet Partners의 Read with Me(2016년 창설)와 We are All Ears(2020년 설립), Therapy Dogs International의 Tail Waggin' Tutors, Reading with Rover(2014년 개설), 뉴욕(New York)을 중심으로 한 The Good Dog Foundation 등 많은 리딩독 프로그램들이 설립되어 학교와 도서관 등지에서 실행되기 시작했다. 현재는 미국 50개 주 전체에서 문해력 향상과 즐거운 독서 습관들이기에 도움이 필요한 어린 아동부터 치매 노인에 이르기까지 전 연령층을 대상으로 '리딩독 프로그램'이 활발하게 실행되고 있다.

또한 미국 ITA R.E.A.D.의 영향을 받아서 영국(U.K.)에서는 Kennel Club의 The Bark and Read Foundation, Caring Canines, Dogs Helping Kids, Read2Dogs(2010 설립)가 설립되었고, 호주(Australia)에서는 Story Dogs(2009년 설립), Delta Society Australia의 Classroom Canines 등이 설립되어 초등학교와 도서관에서 리딩독 프로그램을 실행 중이며, 지난 20여 년 동안 리딩독 프로그램은 빠르게 성장해왔다.

'Reading Dog Program(읽기도우미견 프로그램)'은 2000년대 초부터 캐나다, 영국, 핀란드를 비롯한 유럽, 오스트레일리아, 홍콩, 아랍에미리트 남아프리카공화국 등 세계 각국에서 읽기를 내켜 하지 않는 어린 아동을 위한 새로운 읽기 동기의 유발 전략으로 인기를 끌며, 초등학교 아동들을 위한 새로운 읽기 프로그램으로 떠오르고 있다.

뿐만 아니라, 최초의 읽기도우미견 프로그램인 'ITA R.E.A.D.'는 제휴단체들과 함께 현재 미국을 비롯하여 세계 여러 나라에서 약 6,500여 읽기도우미견팀이 초등학교 아동들의 읽기능력 향상을 위해 학교와 도서관에서 활동 중이다(Barber & Proops, 2019; Uccheddu et al., 2019).

그림 2-9 변화하는 도서관: 부산 F1963 도서관[2]

출처: F1963, used by permission.

4. 반복 읽기(Repeated Reading)

반복 읽기, 또는 동일한 텍스트의 되풀이 읽기는 읽기부진 아동의 어휘 획득에 도움을 준다. 반복 읽기는 특히 정서행동장애(EBD; Emotional Behavior Disorder)를 지닌 고학년 아동의 읽기 유창성과 독해 향상에 특히 효과적인 것으로 알려져 있다(Alber-Morgan et al., 2007). 또한 반복 읽기는 읽기에 문제가 있는 아동을 위한 최고의 중재방법으로 간주되고 있다.

Scott & Shearer-Lingo(2002)는 반복 읽기가 아동들에게 그들 수준에서 실행되며, 여러 번의 읽기실행 기회가 제공되고, 자신들의 읽기 발전 모습을 지켜볼 수 있고, 학생과 교사의 직접적인 상호작용을 토대로 진행되므로 성공적인 효과를 가져오는 것이라는 결론을 제시한다. 또 Nelson 등(2004)에 의하면 읽기장애가 있는 학생의 경우에 반복 읽기는 단어의 정확한 읽기를 기본으로 다음과 같이 여러 차례 반복하며 틀리게 읽는 단어를 교정해준다.

---

2 http://www.f1963.org.

첫 번째 읽기에서는 틀린 부분만 정정(error correction, EC only)

두 번째 읽기에서는 틀린 부분 정정과 반복 읽기(error correction and repeated readings, EC+RR)

세 번째 읽기에서는 틀린 부분 정정과 이전 읽기 자료의 반복 읽기(error correction and repeated readings with previously read materials)

Bassette(2011)에 의하면 아동들의 읽기에서 틀린 부분 교정과 반복 읽기 방법이 사용되면 읽기의 정확성과 유창성이 향상된다. 동화책을 활용한 반복 읽기가 지적장애 고등학생의 읽기 유창성에 미치는 영향 평가(강혜미 등, 2018)에서 참여학생 3명 모두 원래 습관대로 읽기보다 반복 읽기가 읽기 유창성과 읽기 이해력에 긍정적인 영향을 미친 것으로 확인되었다. 이현진(2014)의 연구에서도 초등학생을 대상으로 한 반복 읽기가 읽기 유창성에 긍정적 영향을 미친 것으로 보고되었다. 이와 같이 아동들의 읽기유창성 향상이 반복 읽기의 결과임을 여러 연구들에서 입증되고 있다.

그림 2-10 북두칠성도서관

출처: 북두칠성도서관(부산) 제공

5. 미국 SitStayRead의 반복 읽기

대부분의 읽기도우미견 프로그램(Reading Dog Program)은 읽기부진 아동의 위축된 마음을 편안한 정서로 이끌어주고 읽기부진 아동의 읽기에 대한 흥미와 호기심을 키워주기에 단기목표를 둔다.

R.E.A.D. 프로그램 실행방법은 ITA R.E.A.D.의 지원을 받아 비슷한 시기에 비슷한 읽기도우미견 프로그램을 설립한 미국의 'Helping Paws International'의 'B.A.R.K.S(Bonding Animals Reading Kids Safety, 2022)' 프로그램에도 영향을 주어서 B.A.R.K.S. 프로그램도 R.E.A.D.프로그램과 아주 유사하게 운영된다. 즉 대부분 1:1로 안부 교환 2~3분, 읽기 10분, 마무리 2분 정도로 구성되며, 읽기도우미견팀과 함께하는 회기당 시간은 1인당 약 10~15분 정도가 할당된다. 즉 총 10~15분 동안 아동의 페이스대로 소리 내어 읽기를 하도록 하고, 아동이 도움을 요청하는 경우를 제외하고는 읽기를 편안하게 할 수 있도록 핸들러나 읽기도우미의 의도적인 개입은 삼가고 있다.

한편 미국의 SitStayRead(2003년 Chicago 지역에서 설립)는 학년 단계별로 읽기 프로그램을 구분하고 읽기부진 아동들의 '소리 내어 읽기' 실행방법으로 읽기도우미견팀의 핸들러 또는 프로그램 진행자와 함께 '반복 읽기' 학습방법을 선택하고 있다. 즉 읽기에 자신감이 낮은 아동의 편안한 읽기를 위해 30분 동안 다음과 같은 순서로 반복 읽기를 시도한다(Smith C, 2009).

- 모델읽기(models' reading, 교사 혼자 읽기): 교사가 학생에게 읽어주기
- 합창읽기(choral reading, 교사와 학생이 함께 읽기): 합창하듯 소리 내어 함께 읽기
- 따라읽기(echo reading, 교사의 읽기를 학생이 따라 읽기): 교사가 1문장씩 소리 내어 읽고 난 후 학생이 1문장씩 소리 내어 따라 읽기
- 교대로 읽기(paired reading, 두 학생이 교대로 읽기): 한 페이지씩 돌아가며 읽기
- 교정받아 읽기(guided reading): 교대로 읽기 때 확인한 부분 고쳐주기

Chapter 03

동물매개중재

(Animal-Assisted Intervention)

READING DOG

그림 3-1 Reading to a Dog in a Library

출처: ITA R.E.A.D, used by permission.

1. 인간과 동물의 유대관계(Human-Animal Bond)

인간과 동물의 유대(Human-Animal Bond, HAB)는 가장 먼저 가축화한 개와의 관계에서 시작된 것으로 추정되며, 구석기 시대의 주인과 개의 무덤 발견을 계기로 학자들은 인간과 동물 유대의 오랜 역사를 확인하고 있다. 인간과 동물의 유대(HAB)는 상호 간의 행복과 복지 증진에 기여한다.

인간과 동물의 유대관계(HAB)를 바탕으로 한 상호작용에서 비롯되는 이점으로 혈압 저하나 심박수 감소, 콜레스테롤 감소와 같은 신체적 반응, 스트레스 감소 및 정신적 지지와 같은 감정적 반응, 개를 쓰다듬고 안아주는 접촉에 의한 분노, 적대감, 긴장, 근심, 우울감의 감소와 삶의 만족도 향상, 가족 간의 대화 증가, 사회성 향상 등 접촉 이점 등이 연구 결과에서 발표되어 왔다(김옥진, 2017; Fine, 2021).

예로부터 동물은 식량, 운송, 사냥, 이동 수단으로 도움을 주기도 하였으며, 근래에는 인명구조, 경찰견, 군용견, 마약탐지견, 치료도우미동물, 신체장애도우미동물, 정서도우미동물 등과 같이 직접적으로 특수 목적에 이용되기도 한다. 치료도우미 동물의 경우에는 승마, 치료도우미견와 같이 재활치료와 심리치료 등 동물을 매개로 한 치료에 참여한다.

전문적으로 훈련받은 개의 중재를 통해서 신체장애인 또는 자폐를 앓고 있는 사람 및 가족의 삶의 변화를 추구하고 있는 미국 Dog for Good(1986년 설립)에 의하면 동물매개중재(Animal-Assisted Intervention, AAI) 프로그램은 다음과 같은 효과가 있다.

- 자아존중감 향상
- 불안 극복과 자신감 향상
- 공동체 접촉
- 타인과의 사회적 상호작용
- 책임감
- 신체적 이동성
- 행동 패턴의 변화

동물은 즉시 사람들에게 생리적으로 편안함을 유발하고, 스트레스 감소 또는 스트레스 완충의 사회적 지지 형태를 제공하는 특징을 지니고 있으며, 동물매개중재(AAI) 프로그램은 이와 같은 동물중재의 특징에 기반을 두고 발달해왔다(Serpell, 2006).

Wells(2009)와 O'Haire(2010), Friedmann 등(2015)의 연구 결과는 동물이 곁에 존재하는 것만으로도 사람들의 심장박동이 안정되고, 혈압을 낮춰주는 것으로 확인되는 등 동물을 매개로 한 중재 프로그램의 긍정적 효과를 지지하고 있다.

동물매개중재(Animal-Assisted Intervention, AAI)는 인간의 치료적 이득이나 건강과 복지의 개선을 위해서 의도적으로 동물을 건강, 교육, 사회복지, 심리치료 등에 참여시키는 목표지향적이며(goal-oriented), 구조화된 중재(structured interventions)이며 다학제적 접근(interdisciplinary approach)으로 '동물과 대상자와의 상호작용을 통해서 목표한 바를 얻는 모든 활동을 포함하는 포괄적인 개념(umbrella term)'이다(Kirnan et al., 2017).

즉 AAI 프로그램의 실행은 의도적으로 인간의 치료적 목적을 위해 건강, 교육, 사회복지 등에 동물, 그리고 인간과 동물에 대한 지식을 지닌 전문가를 참여시키며, 유아, 아동, 청소년, 성인과 노년, 환자 등 모든 연령층을 대상으로 한다.

AAI 관련 연구와 교육, 프로그램 실행에 있어서 선도적 역할을 해온 Pet Partners는 AAI의 용어를 '목표 중심적이고 구조화된 중재로 치료적 이득(therapeutic gains)과 건강과 복지(improved health and wellness) 증진을 위해서 동물을 건강, 교육, 사회복지에 의도적으로 개입시키는 프로그램'으로 정의한다.

이를 요약하면 동물매개중재(AAI)는 생리적으로 편안함을 유발하고, 스트레스 감소 또는 스트레스 완충의 사회적 지지 형태를 제공하는 특징이 있는 동물을 활용하며, 인간과 동물의 유대관계(Human-Animal Bond)와 상호작용(Human-Animal Interaction)을 기반으로 건강, 교육, 사회복지 분야에 의도적으로 동물을 개입시키는 프로그램이다.

즉 AAI는 전문가가 참가자의 수준과 참여목표에 맞게 프로그램을 계획하고 구조화하며, 진행하고, 관찰과 기록을 바탕으로 결과를 평가분석하는 목표중심적이고 구조화된 동물중재프로그램으로 정의할 수 있다.

현재 인간과 동물의 유대관계에 기반을 둔 동물매개중재 연구와 실행은 Medical Settings(의료분야), Physical Wellness(신체 건강), Mental Wellness(정신 건강), Education(교육), Senior Adults(노인) 분야를 대상으로 활발하다(Pet Partners, 2022).

2. 동물매개중재(AAI)의 발달역사

동물매개중재의 역사는 인류의 출현과 함께 구석기 시대부터 길들여진 동물과의 교감을 통해서 인간의 정신적 위안과 재활치료가 유도된 것으로 추정되고 있다. 9세기 벨기에(Belgium)에서는 농장동물 돌보기를 통한 재활치료의 시도가 있었던 것으로 알려지고 있으며, 대체보완의학으로서의 동물매개치료의 역사는 1700년~1800년대 초창기, 1900년~1950년대 도입기, 1960년대~1970년대 발전기, 1970년대 이후를 성장·보급기로 구분하고 있다(김옥진, 2017: 365). 본서에서는 동물매개치료 프로그램이 성장하고 널리 알려지기 시작한 1970년대 이후를 성장·보급기 I, 교육기관에서의 인도주의교육과 리딩독 프로그램을 포함한 동물매개교육 프로그램이 본격적으로 성장·보급된 2000년대 이후를 성장·보급기 II로 구분하였다.

1) ~1800년대(초창기)

(1) 기원전의 화석

인간과 동물 간 유대의 역사는 3만 5천 년 전부터 1만 5천 년 전 사이에 아시아 지역의 늑대가 진화하며 길들여진 개에서 시작된 것으로 알려져 있다. 뿐만 아니라 1만 4천여 년 전의 유적으로 알려진 서독의 개 화석, 1만 2천 년 전의 화석으로 추정되는 이스라엘의 개를 안은 여인 유골의 매장 형태, 기원전 8,500년 전에 매장된 것으로 추정되는 미국 일리노이주의 유골 연구 등을 근거로 반려동물은 오랜 역사 동안 인간과 함께 생활한 것으로 추정되고 있다(김옥진, 2017: 214).

(2) 환자들의 심리안정을 위한 동물매개치료

동물매개중재 역사의 초창기에 해당하는 1700년대에는 농장동물을 활용한 환자치료가 특징이다.

치료적 목적의 개, 그리고 그 외 다른 동물들이 참여한 첫 프로그램은 1792년 영국의 정신장애환자들이 수용된 요크(York) 수용소에서 환자들을 위한 토끼나 닭과 같은 '농장동물 기르기'가 있으며, 이는 최초의 동물매개치료 사례로 알려져 있다(Beck & Katcher, 1996; Chandler, 2005; Jalongo et al., 2004; Serpell, 2000).

1859년 Florence Nightingale(1820~1910)은 올빼미를 비롯한 새와 같이 작은 크기의 반려동물이 관리도 수월하고 만성질환자인 성인과 청년의 불안과 스트레스 감소에 도움을 주는 것을 확인하고 그 효과를 간호일지에 기록하였으며, 작은 동물들을 간호활동에 적극적으로 활용한 것으로 알려져 있다(McConnell, 2002).

1867년 독일에서는 간질환자(epilepsy patients)의 심리적 안정을 목적으로 새, 고양이, 개, 말을 사육하기 시작했다(김옥진, 2017: 365).

1873년 'Show Dog 프로그램 개발'과 '개의 품종 보존 및 관리'를 목적으로 영국에서 세계 최초의 애견연맹인 Kennel Club이 설립되었다(Kennel Club, 2021). 이어서 1884년에는 미국의 애견연맹인 American Kennel Club(AKC)이 창설되었다.

표 3-1 동물매개중재(AAI) 초창기(~1800년대)

연대	특징
9세기	• 벨기에: 농장동물 돌보기를 통한 재활치료
1700년대	• 보완대체의학으로서의 동물매개치료(AAT) 역사 시작 • 1792년 영국 정신장애 수용소: 토끼, 닭 기르기
1800년대	• 1859년 간호사 Florence Nightingale의 간호일지: 올빼미 등 새와 같은 작은 동물의 만성질환 환자들의 불안, 스트레스 감소 효과 관찰 기록
	• 1867년 독일: 간질환자를 위한 새, 고양이, 개, 말 사육
	• 1873년 영국: 세계 최초의 애견연맹 Kennel Club 창설
	• 1884년 미국: 세계 두 번째 애견연맹 American Kennel Club(AKC) 창설

2) 1900년대~1950년대(도입기)

(1) 1901년 재활승마 치료 탄생

1900년대는 동물매개중재(AAI) 프로그램의 도입기이며, 1901년 재활승마 치료가 시작되었다. 1958년 영국에서는 장애인용 조랑말 승마단체가 설립된다.

(2) 1912년 Freud의 반려견과 함께한 심리치료

1912년 정신분석학자 Freud의 반려견 차우차우 종 ‘Jofi(조피)’를 활용한 심리상담이 시작된 것으로 알려져 있다. Freud(1856~1939)는 그의 애견 Jofi가 치료실 안의 긴장된 분위기를 감소하는 데에 도움이 되어 환자들이 편안하게 상담에 임하는 것을 인지하고 상담과 동물매개치료를 함께 실행하였다.

(3) 1924년 세계동물보건기구 (WOAH) 설립

World Organisation for Animal Health
Founded as OIE

1900년대에는 동물의 건강과 복지를 위한 국제기구들의 설립이 시작되었다. 1924년에 28개국이 서명한 국제협정을 토대로 세계동물보건기구(World Organization for Animal Health, WOAH: Office International des Epizootics, OIE)가 설립되었다. 수의학 분야 최고의 국제기구인 세계동물보건기구(WOAH)는 전 세계가 동물질병을 체계적으로 대비하고자 설립한 국제기구로 파리에 본부를 두고 있으며, 2019년 기준 182개국이 회원으로 참여하고 있다(국립수산과학원[1], 2021; 농림축산식품부[2], 2022).

2022년 5월 28일부터 새로운 로고를 하며, 명칭 약자를 기존의 OIE에서 WOAH로 변경하고, 동물감염병 퇴치와 동물복지 개선, 공중보건 향상을 목표로 다양한 활동을 펼치고 있다. WOAH는 사람, 동물, 그리고 생태계 건강의 상호의존, 즉 One Health의 중요성을 강조하고 있다.

1 https://m.nifs.go.kr/sub8/sub9_1_1.jsp./
2 https://www.korea.kr/news/pressReleaseView.do?newsId=156509187

(4) 1942년 미국 적십자사(RED CROSS)의 동물매개심리치료

1881년에 설립된 미국 적십자사(RED CROSS)가 1940년대에 공식적으로 병사들을 대상으로 동물돌봄을 통한 심리치료를 최초로 시도하였다. 1942년 미국 뉴욕의 파울링 공군요양병원에서 부상병들의 휴식과 긴장 완화에 도움을 주기 위해 최초로 '개'의 중재를 시도하였다. 뿐만 아니라 소, 말 그리고 돼지나 닭 등 농장동물의 돌봄을 통해서 환자들의 긴장 완화를 통한 심리치료를 시도하였다. 개를 돌보며 생활한 전쟁 부상 군인의 긍정적인 심리치유 결과와 농장동물과의 활동을 통한 부상병사들의 빠른 회복이 보고되었으며, 이러한 시도는 공식적인 동물매개치료로 기록되고 있다(김옥진, 2017: 366; Alliance of Therapy Dogs, 2021; Smith, 2009: 21).

(5) 1947년 Green Chimneys School 설립

1947년 미국에서는 Green Chimneys School이 설립되어 11명의 3~6세 정서행동장애 아동을 위한 가족적인 분위기의 거주치료센터 특별농장이 운영되기 시작하였다. 길들여진 가축, 식물, 야생동물의 중재활동을 통한 다양한 치료프로그램 도입을 통한 심리치료 프로그램을 실행하며 가족, 지역사회, 동물 및 자연과의 연결을 육성하는 안전하고 지원적인 환경 조성을 목적으로 하였다.

Green Chimneys School은 자신의 학창시절 기숙사 생활에서 영감을 얻어 어린아이들과 동물이 평화롭게 살아가는 농장을 꿈꾸기 시작한 Samuel B. "Rollo" Ross, Jr.의 소망이 바탕이 되었다. Ross family는 뉴욕을 근거지로 Green Chimneys School을 설립하고, 주거, 교육, 임상 및 레크리에이션 서비스를 제공하여 젊은이들이 잠재력을 최대화할 수 있도록 돕는 다면적 비영리 조직으로 개발하였다.

1948년 11명의 3~6세 아동과 함께 작은 가축을 키우며 기숙사 생활을 가정과 같은 세팅으로 설계하여 설립 초기에 그곳의 근무자들은 어린 아동들의 이 닦기, 식사 습관과 잠자리 도움까지 부모역할을 대신하여 학교는 하나의 대가족 형태로 운영되었다.

Green Chimneys School은 1952년 2~9세 아동까지 지원이 가능하게 되고 이어서 1957년에는 유아원부터 6학년까지 운영할 수 있게 성장하였다. 이후 학비 전액을 지원하며 정신장애아동들을 지원대상으로 확대하며 동물의 동물매개치료사 역할을 입증해오고 있다.

IAHAIO의 정회원인 Green Chimneys는 현재 200명이 넘는 학생들이 거주학교 프로그램에 참여 중이며, 이곳에서 학생들과 함께 관리하는 동물은 200여 종의 가축화된 농장동물, 야생동물, 부상당하고 인장이 새겨진 포식동물(injured and imprinted birds of prey)로 구성되어 있다.

이곳에 거주하는 학생들을 대상으로 동물매개치료는 교육과 치료 측면에서 중요한 역할을 할 뿐만 아니라, 학생들이 동물을 보살피는 역할을 통한 심리치유도 중요한 부분이다.

표 3-2 동물매개중재(AAI) 도입기(1900년대~1950년대)

연대	특징
1900년대	• 재활승마 치료 시작
	• 1912년 정신분석학자 프로이트(G. Freud): 반려견 차우차우 종 '조피'를 활용한 심리상담 보고
	• 1924년 세계동물보건기구(World Organization for Animal Health, WOAH) 설립(http://www.oie.int): 전 세계적으로 동물질병의 체계적 대비를 통한 보다 안전하고 건강한 세계 조성 목적, 2019년 기준 182개 국가 가입

연대	특징
	(2022. 05. Logo와 약어를 WOAH로 변경)
	• 1929년 미국 시각장애보조견 프로그램 설립(The Seeing Eye 설립)
1940년대	• 미국의 적십자사 파울링 공군병원: 1942년 부상병사의 농장동물 돌보기 프로그램 운영
	• 1947년 미국 Green Chimneys School 설립 : 11명의 3~6세 정서행동장애 아동을 위한 가족적인 분위기의 거주치료센터 특별농장으로 시작. 길들여진 가축, 식물, 야생동물의 중재활동을 통한 다양한 치료프로그램 도입을 통한 심리치료 프로그램 발달
1950년대	• 1952년 헬싱키 올림픽: 덴마크의 소아마비 승마선수 '하텔' 우승
	• 1958년 영국: 장애인 조랑말 승마단체 설립

3) 1960년대~1970년대(발전기)

(1) 1962년 최초의 공식적인 동물매개치료

1900년에서 1950년대까지의 도입기를 지나고, 1960년대에서 1970년대까지는 동물매개중재의 발전기로 구분된다(김옥진, 2017). 동물매개치료에 대한 최초의 공식적인 연구는 1960년대에 미국의 임상심리학자인 보리스 레빈슨 박사(Dr. Boris Levinson)에 의해 시작된 것으로 알려져 있다.

레빈슨 박사는 우연히 진료소의 환자대기실에 들어온 자신의 반려견 Jingles가 평소에 말을 잘 하지 않는 어린 환자와 유대관계를 형성하여, 어린 환자가 개에게 말을 건네고 있는 모습을 처음으로 목격하고, 더불어 진료실에서도 환자와의 대화가 매끄럽게 시작된 것을 경험한 것이 동물을 매개로 한 치료의 연구계기로 알려져 있다(Smith, 2009: 21).

아동 환자와 그의 반려견이 함께 있는 동안 그 환자가 정서적으로 안정 효과를 나타낼 뿐만 아니라 환자와 의사와의 사이를 가깝게 만들어주는 윤활유(lubricant) 역할을 하는 것을 목격한 레빈슨 박사는 개와 사람의 상호작용 효과와 개의 역할에 대해서 적극적으로 연구를 시작하게 된다.

그러나 초기에는 동료 학자들과 학계에서 이와 같은 레빈슨 박사의 주장을 신뢰하지 못하여 비웃는 등 논란이 일었다(Alliance of Therapy Dogs, 2021; Chandler, 2005; Fine, 2000).

(2) 재활승마

1960년대에서 1970년대까지의 AAI 발전기에는 주로 말을 활용한 동물매개중재프로그램으로 1966년 노르웨이에서 장애인 재활을 위한 재활승마요법이 실행되고, 1969년 영국에서는 재활승마협회가 결성되었다(표 3-3).

표 3-3 동물매개중재(AAI) 발전기(1960년대)

연대	특징
1960년대	• 1962년 동물매개치료에 대한 최초의 공식적인 연구보고: Dr. B. Levinson (Clinical Psychologist)과 반려견 'Jingles'의 사람관계의 윤활유 역할 연구
	• 1966년 노르웨이 장애인 재활센터의 말 치료요법
	• 1969년 영국재활승마협회[3] (Riding for the Disabled Association: RDA) 결성 아동, 성인 장애인의 재활목적이며, 현재 영국 전역에서 500여 개의 센터 운영

4) 1970년대~1990년대(성장·보급기 I)

(1) 방문프로그램

1970년대 이후에는 동물매개중재프로그램의 성장 보급기로 정서·행동장애아를 위한 치료농장과 이동 반려동물의 방문프로그램이 운영되고, 1975

3 https://www.rda.org.uk/about-us/

년에는 반려동물을 이용한 양로원 치료가 시도되었다(김옥진, 2017: 365- 367).

1976년 미국 뉴저지(New Jersey)주에서 최초의 동물매개치료견협회인 Therapy Dogs International(TDI)가 설립되었다. TDI는 2012년 기준 24,750개의 개와 핸들러 팀이 등록하여 USA 50개 주와 캐나다(Canada) 일부 주에서 활동하였다. TDI는 오늘날 미국에서 가장 큰 규모의 동물매개치료(AAT) 단체 중 하나이며, 비영리기관이다(TDI, 2021).

1977년에는 미국 오리건(Oregon)주에서 인간과 동물의 유대관계를 통한 인간의 건강과 복지향상을 목적으로 Delta Foundation[4]이 설립되었다(Pet Partners, 2021).

1979년에는 'One Health One Welfare[5]'를 주창하며 인간과 동물의 상호작용과 사회에서 반려동물의 중요성에 대한 인식연구목적으로 영국 SCAS (the Society for Companion Animal Studies)가 설립되었다. SCAS는 'Code of Practice for the UK(the Code)'의 발행으로 영국 동물매개중재활동의 표준 약관을 제공하였다(SCAS, 2021).

1980년대부터 병원과 요양 시설, 유아교육기관들에서 동물매개중재에 대한 인기가 높아지면서 많은 동물매개중재단체들이 설립되었다. 미국의 대표적인 AAI 기관으로 TDI(1976년 설립), Pet Partners(1977년 설립), ITA(1993년 설립)와 같이 대규모의 조직화된 치료도우미견 기관들(organized therapy dog groups)은 자원봉사자 핸들러들에게 교육자료를 제공하고, 자원봉사자와 개를 선발하여 교육하고, 동물매개중재(AAI) 프로그램을 실행하는 시간에는 책임보험(Liability Insurance)을 제공한다.

이들 대표적인 AAI 기관을 포함하여 현재 미국의 American Kennel Club(AKC)에서 공식적으로 인증한 미국 내의 AAI 프로그램 실행 기관들이 200개가 넘는다[6].

4 이후 1981년 Delta Society로, 2012년에는 Pet Partners로 개명

5 조류 인플루엔자, 메르스 사태, COVID-19 등 세계적인 전염병 문제에서 볼 수 있듯이 인간, 동물 그리고 생태계의 건강과 복지가 긴밀하게 하나로 연결되어 있으므로 인류의 보건문제 해결을 위해서는 인간, 동물, 생태계의 건강과 복지 분야에 통합관리가 필요함을 강조하는 개념, 즉 인간, 동물, 생태계의 건강과 복지는 하나의 통합된 개념임을 강조함

1991년에 설립된 휴메인소사이어티인터네셔널(HSI: Humane Society International, 2018 한국지사 개소)은 한국을 포함한 50여 개 국가에서 개의 식용을 반대하고, 농장동물, 반려동물, 실험동물, 야생동물 등 모든 동물들을 보호하기 위한 활동을 펼치고 있는 국제 동물보호단체이다. HSI는 동물 학대 방지 및 동물보호를 위한 정책 제안과 입법 그리고 시민교육활동을 통해 '동물을 보호하고 존중하는 사회 만들기'를 모토로 활동하고 있으며, 여러 국가에서 다양한 동물보호·복지 프로그램을 지원하고 있다(HSI, 2021).

1998년에는 뉴욕을 중심으로 The Good Dog Foundation(현재 연 100,000명의 사람에게 AAI 서비스 제공)이 설립되었고, 1999년에 Bright and Beautiful Therapy Dogs(현재 전국에서 14,000팀이 넘는 치료도우미팀이 활동 중)가 설립되었다.

현재 Pet Partners, ITA, SitStayRead, The Good Dog Foundation 등 많은 AAI 기관들은 대학의 연구기관들과 협력하여 인간과 동물의 상호작용 효과에 대한 연구들을 지속하고, AAI 프로그램의 설계와 실행 결과에 대한 평가와 분석을 통해 AAI프로그램의 효과 증진을 위한 노력을 기울이고 있다.

일 예로 국제기구인 'ISAZ'와 'IAHAIO'의 회원단체이며, 뉴욕을 중심으로 활동 중인 미국 'The Good Dog Foundation'은 다음과 같은 교육에 대한 협약을 맺어 프로그램을 진행 중이다.

- 뉴욕의 'Mount Sinai Medical Center'와의 협약을 통해서 구강과 후두 관련 암환자들을 위한 AAT 프로그램 개발연구와 결과분석
- 'Yale University Innovative Interactions Lab'과 어린 아동과 사춘기 학생들의 불안과 스트레스에 미치는 동물매개중재프로그램 연구
- 'Pace University Department of Criminal Justice'와 교도소 여성 재소자들의 자녀들의 스트레스 감소 지원을 위한 AAI 프로그램 연구
- 'University of Pennsylvania School of Veterinary Medicine'와 치료도우미견의 훈련과 현장 실행 방법 평가 연구

---

6 https://www.akc.org/sports/title-recognition-program/therapy-dog-program/therapy-dog-organizations/(accessed July 22, 2022)

- 'CAPS(Child Abuse Prevention Services)'와 협업으로 초등학교 2학년 아동들을 대상으로 3일에 걸친 학교 워크숍을 통해서 부적절하거나 학대행위 인지 및 보고, 피하기

(2) 국제기구, AAI 단체들 결성

1990년대부터 여러 기관 단체들과 전문가 그리고 연구기관들이 함께 연구정보 교환과 정기적인 국제회의, 그리고 세미나 개최를 통한 상호협의 및 협력을 위해서 국제기구를 결성하였다.

1991년에는 인간과 동물의 상호작용에 관한 연구기관으로 ISAZ(International Society for Anthrozoology, 국제인간동물학회)가 설립되었다.

1990년에 IAHAIO(International Association of Human-Animal Interaction Organizations, 국제인간동물상호작용단체협회)가 AFIRAC(프랑스), the Delta Society(미국), Delta Australia, HABAC(캐나다), IEMT(오스트리아), SCAS(영국) 등 6개의 단체와 남아프리카공화국의 The Human Animal Contact Study Group(인간 동물 접촉 연구 그룹)의 지지로 결성되었으며, 1992년에 미국에서 공식적인 비영리국제단체로 등록되었다.

IAHAIO는 초대회장으로 영국 SCAS의 샘 아흐메드자이(Sam Ahmedzai) 박사를, 사무총장으로는 미국 Delta Society의 린다 하인스(Linda Hines)를 선출하였다(IAHAIO, 2021). IAHAIO는 2021년 3월 기준으로 100개가 넘는 세계의 전문기관들과 단체가 회원으로 가입하고 있다.

동물매개중재 관련 기관의 활동이 활발한 미국에서는 1980년대 초에 'Love on a Leash'가 설립되었고, 1990년 'Alliance of Therapy Dogs(ATD)(구 Therapy Dogs Incorporated)', 1993년 'Intermountain Therapy Animals(ITA)'가 설립되었으며, 1995년 'Love on a Leash'가 비영리기관 등록되었고, 1998년 'The Good Dog Foundation', 1999년 'Bright and Beautiful Therapy Dogs', 1999년 11월 최초의 리딩독 프로그램인 ITA R.E.A.D. 설립되었다. 이후 2003년에는 시카고의 저소득 가정 아동을 위한 전문 리딩독 프로그램 기관인 'SitStayRead'가 설립되어 대학의 연구기관들과 연계하여 활발하게 활동을 이어오고 있다.

표 3-4 동물매개중재(AAI) 성장·보급기 I(1970년대~1990년대)

연대	특징
1970년대	• 치료농장 프로그램 운영: 정서 · 행동 장애아 대상 프로그램 • 청각장애, 이동장애 등을 위한 장애보조견 프로그램 설립 • 1975년 반려동물을 이용한 양로원 치료가 시도 • 1976년 미국 Therapy Dogs International(TDI) 설립 • 1977년 미국 Delta Foundation(1981년 Delta Society, 2012년 Pet Partners로 개명)(Pet Partners, 2021) • 1977년 미국 Veterinary School of the University of Pennsylvania에 The Center for the Interaction of Animals and Society 설립 • 1979년 영국 SCAS(the Society for Companion Animal Studies) 설립 : One Health One Welfare'를 주창하며 인간과 동물의 상호작용과 사회에서 반려동물의 중요성에 대한 인식연구목적으로 설립(SCAS, 2021). 'Code of Practice for the UK(the Code)' 발행으로 영국 동물매개중재 활동의 표준 약관 제공
1980년대	• 1980년 세계장애인승마연맹 창립 • 1980년대 초반 미국 Love on a Leash 설립 • 1987년 미국 Rainbow Animal Assisted Therapy 설립 • 1989년 AKC Canine Good Citizen(CGC) 개설 • 1987년 AKC Reunite Program(분실동물 찾아주기 프로그램) 개설
1990년대	• 1990년 ISAZ(International): Lynette, Hart, Friedmann, Turner, Serpell, Bradshaw 등이 주관하여 설립. 인간과 동물의 유대관계 연구의 활성화와 정보 공유, 연구 격려를 위해 영국을 기반으로 결성하였으며 미국의 Dr. Friedmann이 초대회장으로 선출됨 • 1990년 미국 Alliance of Therapy dogs(치료도우미동물연합) 설립 • 1991년 국제동물보호단체(HSI: Humane Society International, 2018년 한국 지사 개소) 설립 • 1992년 IAHAIO(International Association of Human-Animal Interaction Organizations, 국제인간동물상호작용단체협회) 공식 창립 후 Washington에 등록 • 1995년 미국 Love on a Leash의 비영리기관 등록 • 1998년 미국 The Good Dog Foundation(미국 뉴욕) 설립 • 1998년 AKC Canine Good Citizen(CGC) 개설 • 1999년 미국 ITA R.E.A.D. 프로그램 개발: 최초의 AAR 프로그램(독서도우미견 프로그램) • 1999년 미국 Bright & Beautiful Therapy Dogs 설립

뿐만 아니라 동물매개중재에 대한 인기가 점점 높아지고 매스컴의 잦은 보도로 널리 알려지며, 전국적으로 수많은 동물매개중재 단체들이 우후죽순으로 설립되었다(Hall et al., 2016).

5) 2000년대 이후~(AAI 성장·보급기 II): 비영리 연구기관 설립 및 AAT, AAE의 성장 및 보급

1999년 11월 미국의 AAI 비영리기관인 ITA에 의해 초등학교 아동을 위한 최초의 읽기프로그램인 R.E.A.D.의 개발과 함께 초등학교의 언어교육에 '읽기도우미견 프로그램' 동물매개중재가 참여하게 되면서부터 AAI 프로그램 적용이 병원과 요양원부터 재난 및 위기로 인한 PTSD 치료뿐만 아니라 교육기관에 이르기까지 더욱 다양해졌다. 이와 함께 인간과 동물의 유대관계 및 상호작용을 통한 인간의 건강회복 그리고 참여동물의 복지를 위한 기본 규약들의 제정 및 용어의 표준화에 대한 필요성이 대두되면서 지역별로 또는 국제적으로 연구와 실행을 위한 연구기관들이 유럽과 미국을 중심으로 설립되기 시작했다(표 3-5).

그림 3-2 Reading to a Dog 프로그램을 위해 마련된 분리된 공간

출처: ITA R.E.A.D, used by permission.

표 3-5 동물매개중재(AAI) 성장·보급기 II((2000년대~)

연 대	특 징
2000년대	• 2003년 SitStayRead 설립(Chicago 초등학교의 저소득층 자녀 중심) • 2004년 ESAAT(the European Society of Animal Assisted Therapy) 설립 • 2006년 ISAAT(the International Society of Animal Assisted Therapy) 설립 • 2013년 AAII(Animal Assisted Intervention International) 설립
2000년대 설립된 AAR 프로그램들	• 미국: AKC의 BARK, ITA의 R.E.A.D.(1999), The Good Dog Foundation (1998년), Reading with Rover(2000), SitStayRead(2003) • 영국: Kennel Club의 Bark and Read • 호주: The Delta Society Australia Ltd.(1997년 설립)의 Classroom Canines, AWLQ, Paws and Tales, Story Dogs(2009년 개발, 미국의 R.E.A.D.에 기반을 둔 프로그램)

2004년에는 영국, 프랑스, 독일, 스위스의 인간과 동물의 유대관계와 상호작용 연구기관 등이 참여하여 빈(Vienna, Wien)에서 유럽의 최초 동물매개치료협회인 ESAAT(European Society for Animal Assisted Therapy)[7]를 설립하였다. ESAAT는 유럽 전체의 AAT 프로그램의 교육과 훈련분야의 표준화를 목표로 설립한 '유럽의 포괄적인 AAT 국제기관'으로 홈페이지에서는 독일어를 사용하고 있으며, 일부분에서 영어와 스페인어 번역 서비스를 제공하고 있다.

2006년에는 스위스의 취리히(Zurich)에서 일본, 독일, 룩셈부르크 그리고 스위스의 다양한 대학과 기업들이 모여서 국제동물매개치료협회 ISAAT(the International Society of Animal-assisted Therapy)를 설립하였다. ISAAT는 AAI의 중요하고 가치 있는 분야로의 향상과 인식에 목표를 두고 있으며, IAHAIO의 정회원 기관이다.

2010년에는 동물이 사람들에게 미치는 긍정적인 건강 영향을 입증하는 과학적 연구자금을 지원하고 공유하는 비영리 연구 및 교육기관으로 '인간동물유대연구소 HABRI(Human-Animal Bond Research Institute)' 재단이 설립되었다. 획기적인 인간과 동물의 유대(HAB) 연구와 일상사회에서 반려동물의 유익한 역할을 일반 대중에게 알리고 있다.

7 https://www.en.esaat.org(accessed August 02, 2022).

2013년에 설립된 '국제동물매개중재기구 AAII(Animal Assisted Intervention International)'는 공식적인 유럽의 비영리기관이다. AAII는 오스트리아, 벨기에, 크로아티아, 프랑스, 독일, 이탈리아, 네덜란드, 폴란드, 스페인, 스웨덴, 영국, 미국의 AAI 프로그램 분야의 탁월한 능력과 경험을 지닌 연구와 실행기관들이 모여 AAA, AAT, AAE 분야의 실행기관 단체들의 지원을 목적으로 설립한 기관이다.

'국제동물매개중재기구 AAII'는 AAI에 참여하는 치료도우미견 훈련, 프로그램의 표준화, 전문화, 네트워크 기회 제공 등에 초점을 맞추고 있다.

3. 동물매개중재(AAI) 실행대상

동물매개중재(AAI) 자원봉사팀은 현재 건강분야와 교육분야에 참여하고 있으며, 대상기관이나 단체는 다음과 같다.

- 생활지원센터
- 청소년클럽 및 방과후학교 프로그램들
- 아동, 청소년, 성인 발달장애
- 섭식장애 프로그램
- 슬픔 위로 프로그램
- 단 · 장기 노인보호센터
- 알츠하이머 병동
- 암환자 등 다양한 사람들을 위한 캠프
- 호스피스
- 병원

  -화상치료응급병동

  -암치료센터

  -재활치료센터

-병실 방문
-환자대기실
-응급병동

- 재향군인병원
- 소송후견인 사무실
- 법정 증인이나 피해자 대기실
- 소년원, 교도소 및 교화시설
- 아동, 청소년 거주자 치료센터, 중독치료 회복 및 정신병동
- 가정폭력피해 여성과 아동을 위한 쉼터
- 헤드스타트 및 취학 전 프로그램, 어린이집, 주간보호시설
- 일반 학교, 특수학교 교육 프로그램
- 학교 리딩독, 도서관 리딩독 프로그램(R.E.A.D.) (U.S.A. Intermountain Therapy Animals, 2022)

미국 ITA, Pet Partners, TDI, Delta Society Australia 이외에도 다양한 규모의 동물매개중재기관이나 단체들이 개 안전교육 또는 반려동물케어(Dog Safety or Responsible Pet Care)에 대한 교실교육(classroom presentations)을 신청받아서 실행하고 있다.

4. 동물매개중재(AAI) 분류

동물매개중재(AAI)의 분류와 관련하여 미국과 유럽의 여러 기관들은 다양한 분류기준을 선택하고 있으며(Linder et al., 2017), 그 분류기준이 시대의 흐름에 따라서 변화되어왔다.

동물매개중재(AAI) 용어의 변화과정을 보면 챈들러(Chandler, 2001)와 잘롱고(Jalongo, 1990) 등의 연구에서 볼 수 있듯이 IAHAIO의 '2014 백서' 발간 이전에는 세계의 동물매개중재 연구와 치료 활동 분야의 선두주자였던 미국

Delta Society(2012년 Pet Partners로 개명)의 분류기준인 동물매개활동(AAA)과 동물매개치료(AAT)의 이분법이 주를 이루었다.

즉 AAI의 활동 분야가 '즐거운 기분전환(Meet and Greetings)' 목적의 동물매개활동(AAA)과 분야별 전문가에 의해 계획되고 평가 분석이 실행되며, 생리적, 신체적 치료에 보완적인 도움을 제공하는 데에 목적을 둔 동물매개치료(AAT)로 구분하는 2개 분야의 분류이다(Jalongo, 2004).

이후 2010년대 초반 미국의 Delta Society가 AAI를 세분화하여 AAA·AAT·AAE 등 3개의 하위 분야로 구분한 분류방식이 혼용되었다(ESAAT, 2021; Fine, 2015).

그리고 IAHAIO의 2014년 백서(White Paper, 정부 각부가 소관사항에 대해서 제출하는 보고서)의 용어정의에서 AAI의 하위분류로 AAA·AAT·AAE로 구분하였으며, 2018년에는 동물매개치료 중 상담분야를 독립하여서 AAA·AAT·AAE·AAC의 4개 분야로 구분하고 있다.

1) 다양한 분류들

(1) IAHAIO의 AAI 분류: AAA·AAT·AAE·AAC

AVMA, AAA, FECAVA, FVE, JAHA, KAHA, WAP, AAH-ABV와 같은 세계적인 수의학 분야의 전문기관들, HABRI 재단, ISAZ 등 회원 기구들과 광범위한 학술 센터, AAI 실무 조직들 등 90개가 넘는 기관이 회원으로 등록된 'IAHAIO(국제인간동물상호작용단체협회)'가 '2014 백서'를 발표하며 AAI의 하위분류로 AAA·AAT·AAE로 구분하며, IAHAIO의 각국 회원 기관들의 추인과 함께 AAI 연구와 실행을 위한 가이드라인을 제시하면서 그동안의 용어정의의 혼용을 바로잡고자 하였다.

즉 인간과 동물의 상호작용(HAI) 분야의 발전을 위한 국제적인 리더쉽 제공을 목표로 하는 IAHAIO는 '2014 백서'를 통해서 동물매개중재(AAI)를 프로그램의 목표, 진행자의 전문성 수준의 정도, 프로그램 실행 대상 및 방법에 따라서 동물매개활동(AAA), 동물매개치료(AAT), 동물매개교육(AAE)의

3개 분야로 구분하였다.

이후 2018 개정판 백서를 위한 사업 프로젝트팀(Task force) 위원장으로 브린다 제거티산 박사(Dr. Brinda Jegatheesan, 미국)가 선출되었으며, 프로젝트 팀의 위원으로 위촉된 연구자들은 다음과 같다.

- Dr. Andrea Beetz(독일)
- Dr. Elizabeth Ormerod(영국)
- Dr. Rebecca Johnson(미국)
- Dr. Aubrey Fine(미국)
- Keiko Yamazaki(일본)
- Christi Dudzik(미국)
- Dr. Rita Maria Garcia(브라질)
- Melissa Winkle(미국)
- Dr. George Choi(대한민국)

이 프로젝트팀의 노력으로 2014 백서의 개정판인 '2018 백서'가 탄생하였다. '2018 백서'에서는 동물의 건강과 복지(One Health and One Welfare)가 강화되고, 동물매개중재(AAI)의 하위분류로 동물매개활동(AAA), 동물매개치료(AAT), 동물매개교육(AAE)에 이어 동물매개상담(Animal Assisted Coaching/Counseling, AAC)이 추가되어 4개 분야로 구분하고 있다(표 3-6).

(2) 그 외

미국 수의학회(American Veterinary Medical Association, AVMA)는 기관이나 시설에 상주하는 동물(RA)의 중재활동 참여를 동물매개중재(AAI)의 하위범주로 소개하여 AAI를 AAA·AAT·AAE·AAI-Resident Animals(RA)로 분류하고 있다.

유럽을 기반으로 하는 AAII(2022)는 2014 IAHAIO의 3분야로 구분한 AAI 하위분류에 AASP(Animal Assisted Special Programs), AAPP(Animal Assisted Placement Programs)를 추가하여 AAA·AAT·AAE·AASP·AAPP의 5개 분야로 구분하고 있다.

그 외 많은 동물매개중재와 관련된 기관단체들은 홈페이지에서 자신들의 활동을 주로 동물매개활동(AAA)과 동물매개치료(AAT)로 구분하고 있으며, 전문적인 읽기 프로그램을 학교에서 실행하는 기관이나 단체들의 경우에는 읽기 프로그램(AAR)과 생명존중 교육(Humane Education) 등을 동물매개교육(AAE)으로 구분하기도 한다.

표 3-6 Animal-Assisted Intervention의 하위 분류(Terminology of AAI)

년 도	AAI	분류의 특징	출처
2014 이전	AAA · AAT	Delta Society의 1990년대 첫 분류(Animal Assisted Activity, Animal Assisted Therapy)	Jalongo et al., 2014 Kirnan et al., 2016 Linder et al., 2005 Lane et al., 2013
2014–2018	AAA · AAT · AAE	2014년 IAHAIO의 '2014 백서' 발간 • AAT에서 AAE 분할 • Facility Animal 용어 정의	IAHAIO Pet Partners
2018–현재	AAA · AAT · AAE · AAC	IAHAIO의 '2018 백서' 개정판 발간 • AAC 등 4개 분야로 분류 • 중재동물의 복지 · 행복 기준 포함	IAHAIO ISAAT SCAS
AAII (2022)	AAA · AAT · AAE · AASP · AAPP	• 2014 IAHAIO의 3분야로 구분한 AAI 하위분류에 AASP(Animal Assisted Special Programs), AAPP(Animal Assisted Placement Programs)를 추가로 5개 분야로 구분하고 있음[8]	AAII (Animal–Assisted Intervention International)
AVMA (2022)	AAA · AAT · AAE · AAI–Resident Animals(RA)	기관이나 시설에 상주하는 동물(RA)의 중재활동 참여를 동물매개중재(AAI)의 하위범주로 소개	AVMA (미국 수의학회)

IAHAIO의 회원기관들인 ISAAT[9], Pet Partners[10]를 위시하여 대부분의 동물매개중재 관련 연구와 활동 기관단체들은 'COVID-19'로 인한 대면

8 https://aai-int.org/(accessed September 25, 2022)
9 https://isaat.org/
10 https://petpartners.org/learn/terminology/

활동이 통제된 시기인 2021년 후반기부터 2022년 전반기에 걸쳐 홈페이지 개정작업이 있었다. 그러나 2022년 후반기의 개정판 홈페이지(예, ISAAT, Pet Partners)에서도 여전히 2014년 'IAHAIO 백서'의 AAA·AAT·AAE 구분을 따르고 있으며, 연구논문들에서의 AAI와 AAT 용어의 혼용 또한 여전하다.

즉 어떤 연구자들의 연구논문이나 AAI 관련 기관들에서는 AAI 산하에 AAA·AAT·AAE의 구분 용어를 사용하는 반면에, 또 다른 논문이나 기관들에서는 유럽의 ESAAT의 2011년 9월 'Vienna 총회'(General Assembly in Vienna on September 17, 2011)에서의 용어 정의에 따라 AAI 대신 AAT를 통합적 동물을 매개로 하는 치료프로그램의 포괄적 의미의 용어(umbrella term)로 사용해왔다.

ESAAT도 기존의 자원봉사 활동가가 진행할 수 있는 AAA를 제외하고, 그 외의 분야별 전문가가 참여하는 동물매개중재프로그램은 모두 'AAT in social work, AAT in therapeutic pedagogy'와 같은 표현 방식을 사용해오다가 2022년에 새로운 지도체제와 함께 개정된 2022년 후반부의 홈페이지에서는 동물매개프로그램의 상위개념을 AAI로 정의하고 있다.

본 저서에서는 IAHAIO의 '2018 백서' 분류방식에 따른 세부 분야의 특징을 소개하고자 한다.

2) IAHAIO의 '2018 백서'의 AAI 용어정의

(1) 동물매개활동(Animal-Assisted Activity, AAA)

① 목적

- 기분전환
- 삶의 질 향상을 위한 동기부여
- 교육, 오락 기회 제공

② 특징

- 비격식적 형태

- 만나서 즐거운 시간, 즉 'Meet & Greetings' 활동(Jalongo, 2005; Walsh, 2009; Olsen et al., 2016; IAHAIO 2018 백서)
- 자유로운 동물매개프로그램의 진행과 시간 조절

③ 실행자격

- 전문가, 준전문가, 일정교육과정을 마친 자원봉사자나 핸들러

④ 실행분야(Pet Partners, 2018)11

- 병원 방문
- 요양원 방문
- 주간보호센터 방문
- 치매치료병원 방문
- 말기 환자 병동 방문
- 위기의 청소년 수용소 방문

⑤ 그 외

- 동물매개위기응답(Animal-Assisted Crisis Response, AACR) 프로그램: 다음과 같은 상황으로 인해 위기에 처한 피해자들의 심신치유 목적 프로그램
  - -자연재해(가뭄, 홍수나 태풍, 폭풍, 지진, 화산폭발, 해일이나 산사태, 산불 등)
  - -범죄피해(강도, 상해, 성범죄 등)
  - -교통사고
  - -전쟁이나 테러 등(9·11 테러나 캠퍼스, 학교의 총기난사사고 등)
- 동물매개일터복지(Animal-Assisted Workplace Well-being, AAWW) 프로그램: 동물매개팀이 일터인 직장 사무실이나 작업장 현장을 방문하여 직원들의 근로의욕과 만족감 그리고 생산성의 향상을 목표로 하는 동물매개활동(AAA) 프로그램이다.
- 기타

11 https://petpartners.org/wp-content/uploads/2018/09/PP_Flyer-AAI-Hierarchy-Graphic.pd

-미국대학 도서관에서 학생들의 시험 기간의 스트레스 해소
-법원에서 긴장한 소송 관련자들의 심리안정
-공항에서 비행기 탑승 전 불안감을 호소하는 탑승객들의 심리안정 등을 목적으로 AAA 프로그램이 활발하게 실행되고 있다.

동물매개위기응답(AACR)은 마음의 충격과 상처가 커서 사람과의 눈 맞춤이 어려운 피해자들을 대상으로 충성심이 지극하고 자신보다 나약하게 여겨지는 훈련된 반려견에게 마음을 열도록 하여 마음의 상처를 치유하는 방법이다.

미국에서는 Therapy Dog International(TDI), Pet Partners, American Kennel Club(AKC), Intermountain Therapy Animals(ITA) 등과 같은 전국적 규모의 동물매개중재(AAI) 단체들이 동물매개위기응답(AACR) 프로그램에 치료도우미동물과 함께 참여하고 있다.

많은 연구결과들은 사람들이 동물 특히 유순한 개의 등을 부드럽게 쓰다듬는 행위를 통해서 그들의 스트레스가 감소하는 것을 보고하고 있다. 뿐만 아니라 동물매개활동 참여를 통해서 직장동료 간의 관계 형성에 도움이 되며 동료 간의 신뢰성 향상을 통한 생산적인 상호작용(more productive coworker interaction)이 이루어지는 등 보다 효용적인 동료관계(more effective collaboration)로 이어짐을 입증하고 있다.

그림 3-3 아이도 편안하고 개도 편안하게

출처: ITA R.E.A.D, used by permission.

그림 3-4 성인을 위한 리딩독 프로그램

출처: ITA R.E.A.D, used by permission.

호주(Australia)에서는 비영리단체인 Delta Society Australia의 치료도우미 동물팀(Therapy Animal Team)이 동물매개일터복지(AAWW) 전문팀을 운영하여 단기 프로그램으로 직장에서 직원들의 업무 스트레스를 줄이고 직장생활의 활력을 위한 동물매개치료 프로그램을 실행 중이다.

(2) 동물매개치료(Animal-Assisted Therapy, AAT)

① 목적

- 참가자의 신체적, 인지적, 행동적, 그리고 사회정서적 기능 향상

② 특징

- 동물들은 사람들과의 유대감 형성에 자연스러운 경향을 지님
- 동물은 따뜻하고 안전한 분위기 조성
- 동물은 다른 중재와 함께, 또는 보조역할로 참여
- 목표지향적 개입의 계획적이고 구조화된 전문적, 보완대체의학적 치료행위
- 건강, 교육전문가 또는 동물매개치료사나 의료전문가 등에 의해 실행
- 규칙적, 다회성 프로그램: 계획, 기록 및 관찰, 그리고 프로그램 실행 과정 및 결과에 대한 평가가 이루어지는 치료프로그램으로 규칙적이고 다회성으로 진행(Anderson, 2004; Kruger & Serpell, 2006; Odendaal, 2002)
- 프로그램의 분석 과정이 문서화되고, 중재과정이 측정되고 효과가 평가되며, 전문적인 기록이 작성되는 전문적인 보완대체의학적 치료행위(Kirnan et al., 2016)

③ AAT 실행 분야(Pet Partners, 2018)[12]

보완대체프로그램인 동물매개치료(AAT)는 다음과 같은 다양한 임상분야(clinical problems)에서 실행되고 있다.

12 https://petpartners.org/wp-content/uploads/2018/09/PP_Flyer-AAI-Hierarchy-Graphic.pdf

• 자폐스펙트럼 분야
• 치료분야
• 정신기능
• 정서문제
• 바람직한 행동
• 신체적 문제
• 모든 연령층의 개인들

AAT 프로그램은 프로그램의 목적에 따라서 다음과 같은 용어로 표현되기도 한다.

• 동물매개작업치료(Animal-Assisted Occupational Therapy)
• 동물매개물리치료(Animal-Assisted Physical Therapy)
• 동물매개상담치료(Animal-Assisted Counseling)
• 동물매개사회복지치료(Animal-Assisted Social Work)
• 동물매개언어치료(Animal-Assisted Speech Therapy)
• 준전문가 동물매개치료 서비스 모델(Paraprofessional AAT Service Model)

동물매개상담(AAC)은 IAHAIO '2018 백서'에서 AAI의 하위분류로 AAA, AAT, AAE와 함께 AAC로 분류된다. 그러나 여전히 가볍고 부담없이 1회 또는 단기활동으로 필요한 교육과정을 이수한 자원봉사자나 핸들러에 의한 AAA 프로그램을 제외하고, 관련 학위를 가진 전문가들에 의해 계획되고 실행되는 동물매개중재 프로그램들은 대부분 동물매개치료(AAT) 분야로 분류하는 연구자나 기관들이 많다. 일 예로 IAHAIO의 정회원인 미국의 Pet Partners도 2022년 개정된 홈페이지상에서 AAC의 별도 구분이 없이 AAA, AAT, AAE로 구분한 용어 정의를 설명하고 있으며, 대부분의 동물매개중재(AAI)를 실행하고 있는 기관들은 병원, 요양원, 학교, 암센터, 치매치료시설, 학교 등을 방문하여 진행하는 전문적인 계획과 기록, 결과평가가 수반되는 프로그램을 동물매개치료(AAT) 프로그램들로 설명하고 있다.

④ 프로그램 실행자격

의사, 작업치료사, 물리치료사, 자격증이 있는 치료레크리에이션 전문가, 간호사, 사회복지사, 언어치료사, 심리치료사, 정신건강 전문가, 동물매개심리치료사 등(Kruger & Serpell, 2006; Pet Partners, 2022)이 있으며, 핸들러와 같은 자원봉사자의 경우에는 일정한 교육을 이수하고 전문가의 감독하에 동물매개치료(AAT) 프로그램을 진행할 수 있다.

(3) 동물매개교육(Animal-Assisted Education/Pedagogy, AAE)

① 구성

AAE는 문해능력 발달을 위한 동물매개읽기(AAR)와 학생들의 동물에 대한 이해와 사랑을 교육하는 인성교육인 'Humane Education'으로 구성된다(Pet Partners, 2021).

a. Humane-Education(인도주의교육)

인간과 동물 그리고 자연환경에 대한 배려와 공감, 보호를 위한 교육이다.

b. Animal-Assisted Reading(읽기도우미동물) 프로그램

동물에게 소리 내어 책을 읽어주는 Animal-Assisted Reading 프로그램은 1999년 미국에서 초등학교 저학년 시기의 읽기부진 아동의 읽기에 대한 흥미와 호기심을 이끌어내어 아동의 정서안정 및 읽기능력 향상, 아동의 자아존중감 및 사회성 향상을 목적으로 개발되었다. 교실에서 개의 존재 효과를 연구한 Hergovich 등(2002)에 의하면 장애의 유무와 상관없이 아동을 위한 개의 학급 방문은 아동들 행동을 긍정적으로 변화시키는 것으로 확인되고 있다.

최초의 동물매개교육읽기 프로그램으로 1999년에 탄생한 ITA의 R.E.A.D.는 미국 50개 주를 넘어 유럽, 아시아, 아프리카, 오세아니아 등 전 세계 국가의 학교와 도서관에서 6,500여 자원봉사팀이 읽기도우미견 프로그램을 활발하게 실행하고 있다(R.E.A.D., 2020).

② 목적

- 책임감 있게 반려동물 키우기 촉진
- 학업 목표의 향상, 친사회적 기술 발전과 인지기능 향상
- 어린 아동들의 동물의 복지에 대한 인식개선, 생명존중의식의 함양 (Humane Education)
- 읽기에 대한 동기부여와 지원(Animal-Assisted Reading)
- 친사회적 기술 및 인지기능 향상

③ 특징

- 목표지향적, 계획적, 구조화된 개입
- Humane-Education, Animal-Assisted Reading(AAR)의 2개 분야로 구성(Fung et al., 2017: IAHAIO, 2018; Pet Partners, 2022).
- 프로그램 실행과정은 학생의 진도 측정과 문서화 및 효과에 대한 평가 포함

④ 실행자격

- 교육 관련 서비스 전문가: 일반교사나 특수교사 자격증 소지자, 교육 관련 전문가, 동물매개심리치료를 포함한 다양한 심리치료전문가
- 교육에 대한 전문적인 자격뿐만 아니라, 참여동물의 행동, 욕구, 스트레스 지표 및 관리에 대한 적절한 지식을 지녀야 함(IAHAIO, 2018)
- 핸들러와 같은 자원봉사자의 경우에는 일정한 교육을 이수하고 전문가의 감독 아래 동물매개치료프로그램을 진행할 수 있음

(4) 동물매개상담(Animal-Assisted Coaching/Counseling, AAC)

① 목적

- 내담자의 개인 성장 강화
- 참여자(the Coachee or Client)의 사회적 기술(Social Skills)과 사회·정서적 기능(Socio-Emotional Functioning) 향상

② 특징

- 목표지향적, 계획적, 구조화된 동물중재프로그램(AAI)
- 중재진행 상황을 전문적인 기록으로 문서화하고, 과정 및 효과에 대한 분석과 평가가 이루어짐
- 직접 상담자에게 설명하기 어려운 피해자가 개에게 먼저 마음을 털어놓고, 상담자는 귀를 기울여주는 방식으로 피해자 마음의 불안과 부담을 감소시켜주는 장점이 있음
- 참여아동의 사회화와 의사소통 능력의 향상에 도움을 주며, 위축된 아동의 소외감과 외로움이 감소하고, 우울과 불안이 저하되며 밝은 기분을 생성하는 데에 도움
- 슬픔과 상실 감정이 진정되고, 자존감과 자기효능감이 향상되며, 학대 행동의 감소 및 신뢰감의 증가

③ 실행자격

- 동물매개심리치료사, 상담심리전공자, 임상사회복지사 등 정신건강과 관련된 정식학위나 자격증을 지닌 전문상담사 등

이와 같은 AAI 프로그램 실행의 장점에도 불구하고 중재동물에 대한 지식과 인식의 부족은 종종 AAI 프로그램에 참여하는 동물의 복지문제에 대한 논쟁으로 이어지곤 한다. 따라서 AAI 프로그램의 효과적인 결과를 위해서는 AAI에 참여하는 핸들러와 카운슬러가 중재동물의 신체언어에 대한 이해를 높일 수 있도록 사전교육이 필요하다.

중재동물에 대한 이해증진교육 내용으로는 중재동물의 건강, 행동, 욕구, 스트레스, 신체언어를 통한 의사표현 인지 및 이해 등이 있다(Chandler, 2012).

그림 3-5 동물매개중재의 범위

(The Spectrum of Animal-Assisted Interventions) (Fine, 2015)

자원봉사자인 핸들러의 경우에는 일정한 수준의 프로그램 교육뿐만 아니라 중재동물의 관리와 복지 및 행복에 대한 교육이 필요하다. 관련 전문 자격이 없는 자원봉사자 핸들러는 일정한 교육과정을 이수한 후에 교사를 비롯한 관련 분야 전문가의 지도 아래에서 AAT, AAE, AAC 프로그램의 실행이 허용된다(IAHAIO, 2018 White Paper).

5. 도우미동물(Service Animals)의 특징과 분류

미국의 A.V.M.A.(미국 수의학협회), ITA(Intermountain Therapy Animals), 오랫동안 동물매개중재연구의 선도적 역할을 맡아온 세계 최대의 동물매개중재연구 및 실행기관인 Pet Partners(구. Delta Society)에 의한 도우미 동물 관련 용어 정의를 종합해보면 인간의 삶에 도움을 주는 도우미동물들(Service Animals)은 동물매개중재(AAI) 프로그램에 참여하는 치료도우미동물(Therapy Animals), 시각이나 청각장애인을 위한 도우미동물로 불리는 서비스동물(Assistance Animal), 정서지원동물(Emotional Support Animal), 그리고 시설에서 관리하는 시설동물(Facility Animal)로 구분된다.

도우미 동물로도 번역되는 서비스 동물(Service Animal)이라는 용어는 영어 표현에서도 인간의 삶에 도움을 주는 동물을 모두 지칭하는 동시에 장애도우미동물(Assistance animal, 또는 Service animal)에 한정하는 의미의 용어로도 함께 사용하고 있어서 용어 의미의 혼란을 초래할 수 있다.

마찬가지로 한글 번역에서도 용어 사용의 혼란이 초래되므로 본 교재에서는 장애도우미동물(Assistance Animal, 또는 Service Animal), 치료도우미동물(Therapy Anmals), 정서도우미동물(Emotional Support Animal)로 용어를 표현하도록 한다.

오랫동안 동물매개중재(AAI) 연구의 선도적 역할을 해온 세계 최대의 동물매개중재연구 및 실행기관인 Pet Partners(표 3-7), 리딩독 프로그램의 선두주자로 아동들의 문해력 향상연구에 노력하고 있는 ITA(표 3-8), 인간과 동물의 유대와 동물의 복지와 건강을 연구해온 미국수의학협회AVMA(표 3-9)의 정의 및 분류(윤혜경, 2022)는 다음과 같다.

Pet Partners(표 3-7)에 의하면 치료도우미동물의 주요 임무는 '많은 사람에게 도움을 제공하기'이다. 반면에 장애도우미동물과 정서도우미동물의 주요 임무는 특정한 1인을 지원하는 데 있다. 또한, 치료도우미동물로 대부분의 기관들이 선택하고 있는 '개'의 경우에는 공공장소에서 사람들이 가까이 접근하거나 쓰다듬기가 허용되지만, 신체장애도우미견과 정서도우미동물의 경우에는 타인의 접근이나 쓰다듬기는 허용되지 않는다.

치료도우미견과 정서도우미견은 자질 평가과정에서 다양한 환경에서 잘 적응할 수 있는지를 평가받는다. 그러나 신체장애도우미견은 이와 같이 다양한 환경에서의 적응능력 평가는 하지 않는다.

그리고 반려동물거주가 금지된 주거지일지라도 정서도우미견과 신체장애도우미견은 주인과 함께 거주할 수 있다. 그러나 치료도우미견은 반려동물을 허용하지 않는 장소에서는 거주가 허용되지 않는다.

신체장애도우미견인 서비스 동물(또는 보조동물)은 주인과 함께 방문하는 모든 장소에 동반출입이 허용되는 것과 달리 치료도우미동물(Therapy Animal)과 정서도우미동물(Emotional Support Animal)은 주인과 함께 가는 모든 장소에 출입이 허용되지는 않는다.

그림 3-6 리딩독이 옆에 있는 것만으로도 아동은 책읽기가 편안해진다.

출처: ITA R.E.A.D., used by permission.

표 3-7 서비스 동물의 차이점(Pet Partners)

Pet Partners Touching Lives, Improving Health	치료도우미 동물	장애도우미 동물	정서지원 동물
주요임무는 여러 사람에게 도움을 제공하기이다.	○	×	×
주요임무는 개인 1인에게 도움을 제공하기이다.	×	○	○
공공장소에서 개에게 접근하여 쓰다듬기가 허용된다.	○	×	×
다양한 환경 적응력이 평가된다.	○	○	×
"반려동물 금지" 구역의 주거지에서 거주가 가능하다.	×	○	○
쇼핑센터, 식당, 비행기 등 공공장소 접근을 위한 특별한 권리가 부여된다.	×	○	×

* Assistance Animal은 서비스, 청각, 안내견이 포함됨

출처: www.petpartners.org

ITA의 서비스 동물의 특징에 대한 서술에 의하면(표 3-8) 정서도우미견은 반려관계를 통한 주인의 정서 지원이 주업무이며, 장애도우미견은 건강상 신체장애가 있는 사람을 지원하는 데에 그 목적이 있다. 식당이나 쇼핑센터와 같은 공공장소에 주인과 함께 출입할 권리가 있는 장애도우미견과 정서도우미견과 달리 치료도우미견은 출입이 허용되지 않는다.

주인과 함께 비행기 기내에 탑승할 수 있는 권리는 장애도우미견만 가능하며, 2021년 1월부터 미국 교통부의 법령에 의하면 정서지원동물은 반려동물로 간주되므로 항공기 탑승의 경우에 반려동물 탑승조건이 적용된다.

표 3-8 서비스 동물의 차이점(ITA)

Comparative Descriptions ITA	치료도우미 동물	장애도우미 동물	정서지원 동물
많은 사람에게 치료적 편의 제공	예	아니오	아니오
반려관계를 통해서 주인의 정서지원을 주업무로 함	아니오	아니오	예
건강상 장애가 있는 사람 지원 목적	아니오	예	아니오
다양한 환경에서도 온화하고 포용력 있게 적응하며 행동하기	예	예	아니오
식당이나 쇼핑센터와 같은 공공장소 출입할 수 있는 권리	아니오	예	예
반려동물 출입 불가 주거지역에서도 예외적으로 거주할 수 있는 권리	아니오	예	예
주인과 함께 비행기 기내에 탑승할 수 있는 권리	아니오	예	아니오
주인의 허락을 받은 후에 반려견에게 접근하거나 쓰다듬을 수 있다.	예	아니오	아니오

* 2021년 1월부터, 미국의 교통부는 정서지원동물(emotional support animals)을 반려동물로 간주한다. 따라서 정서지원동물과 함께 항공기 탑승을 원하는 경우에는 반려동물의 탑승조건을 적용한다.
* 주의사항: Intermountain Therapy Animals(ITA)는 치료도우미동물(therapy animals)의 특징을 잘 이해하고 있으므로 장애도우미동물(service/assistance animals)이나 정서지원동물의 치료도우미동물(therapy animals) 지원은 허용하지 않는다.

출처: 윤혜경(2022).

미국 장애인법에 의해(AVMA, 2022) 장애도우미견은 추가비용 없이 주인과 기내탑승이 가능하다. 그러나 치료도우미견과 정서도우미견은 반려동물의 탑승기준을 바탕으로 항공사에서 탑승의 승인 여부를 판단한다(표 3-9).

표 3-9 서비스 동물의 차이점(AVMA)

Comparative Descriptions AVMA	치료도우미 동물	정서지원 동물	장애도우미 동물
다양한 환경에서도 잘 적응하고 온화하게 포용한다.	예	아니오	예
도움이 필요한 주인과 함께 모든 장소의 출입 가능	아니오	아니오	예
반려견 금지 지역일지라도 주인과 함께 거주 가능	아니오	예	예
동물에 대한 추가비용 없이 주인과 기내탑승 허용	아니오	아니오	예

* 치료도우미동물: 반려인 이외에 구조화된 활동에 참여하는 사람들에게 정서적 지원을 제공하고 위안을 주는 역할을 함
* 정서지원동물: 정서장애가 있는 반려인의 정서지원을 담당하는 동물로 반려인의 정서장애를 치료하고 있는 전문의의 정서지원동물 인증서가 수반되어야 함
* 장애도우미동물: 특히 장애가 있는 사람을 도울 수 있도록 훈련받은 동물

출처: 윤혜경(2022).

1) 치료도우미동물(Therapy Animal)

(1) 특징

반려동물로서 성품의 자격요건 심사를 통해서 합격한 경우에 한해 일정 교육과정을 이수해야 하며, 동물매개중재 프로그램에서 필요로 하는 내용의 훈련 및 평가 그리고 인증을 거쳐 관련 기관에 'therapy animal'로 등록을 한 뒤에 활동이 가능하다.

치료도우미동물은 반려인 이외에 많은 다른 사람들에게 마음의 안정과 치유, 자신감과 사회성 향상 등 심리적인 도움을 제공하는 동물이다.

일반적으로 의료시설, 돌봄센터, 학교와 같은 시설 환경에서 상호작용하는 동물을 통해서 신체적, 심리적, 정서적 이점을 제공할 수 있다.

(2) 치료도우미동물 종류

대부분 인간과의 상호작용과 훈련효과가 우수한 동물인 '개'를 선택하며, 길들여진 동물 중 고양이, 토끼, 기니피그, 말, 가금류(닭, 거위, 염소 등) 등도 선택할 수 있다.

(3) 자격요건

핸들러에 의해 치료도우미동물로 지원되는 반려동물들은 다양한 사람들과 다양한 환경에서 안전하게 상호작용을 할 수 있는 능력에 대한 평가를 받으며, 추가훈련과정과 평가인증 후 동물매개중재팀을 파견하는 기관에 등록된다. AAI 기관마다 다르기는 하나 보통 주 1회부터 적어도 매월 1회 정도의 AAI 관련 자원봉사 참여를 기본으로 한다.

(4) 치료도우미동물의 핸들러(therapy animal handlers)

치료도우미동물의 핸들러는 대부분 자원봉사자들로 지역사회에서 자신들의 반려동물과 함께 시간을 내어 프로그램 실행에 참여하거나, 전문적으로 세팅된 프로그램 현장에서 인간과 동물의 유대관계의 효과를 실용적으로 적용하는 실무자들이다.

핸들러는 참여프로그램에 대한 기본교육뿐만 아니라 치료도우미동물로 참여하는 자신들의 반려동물의 복지에 책임을 다할 수 있도록 사전교육을 받은 후 파견되며, 이후에도 지속적으로 추가교육을 받는다.

(5) 치료도우미동물의 출입권한

신체장애를 보조하는 서비스 동물과 달리 자신들을 초대한 프로그램이 실행되는 장소 이외에 반려인과 함께 어디나 들어갈 수 있는 특별한 출입권한은 없다.

따라서 '반려동물 출입 금지(no pets policies)' 장소나 목적지에 상관없이 비행기를 반려인과 함께 탑승할 수 있는 권리가 없으며, 비행기 탑승 시에는 항공사의 '반려견 탑승 규칙'에 따라야 한다.

(6) 치료도우미동물팀(Therapy Animal Team)

Bright and Beautiful Therapy Dogs, ITA, Pet Partners, TDI 등 미국의 대표적인 AAI 프로그램 실행 기관들은 안전관리 측면에서 치료도우미동물팀(Therapy Animal Team)은 핸들러 1인과 치료도우미동물 1마리를 한 팀으로 구성하여 자신이 거주하는 지역사회 내에서 AAI 자원봉사팀으로 등록하고 활동하는 것을 원칙으로 한다.

2) 장애도우미동물 또는 서비스동물 (Assistance Animal, 또는 Service Animal)[13]

(1) 시각장애안내견의 역사

제1차 세계대전 후 시력을 잃은 상이용사의 재활을 목적으로 1916년 독일에서 최초로 안내견 훈련센터가 설립되었으며, 최초의 안내견은 1916년에 탄생한 독일 셰퍼드 종으로 알려져 있다. 안내견에 대한 인식을 전 세계로 확산시킨 미국의 도로시 H. 유스티스(Mrs. Dorothy H. Eustis)에 의해 1929년에 설립된 'The Seeing Eye'가 가장 오래된 안내견학교로 알려져 있다. 영국에서도 1931년 도로시 H. 유스티스의 지원을 받아 1931년 안내견을 분양받고 안내견 학교 설립의 기틀을 마련하였다.

1951년 호주, 1952년 프랑스, 1957년 일본, 1973년 뉴질랜드 등 세계 여러 나라에서 안내견 학교가 설립되었으며, 현재 27개국 80여 개 단체에서 안내견을 양성 중이다. 국내 최초의 시각장애안내 활동견은 1972년 미국에서 공부를 마치고 대구대학교의 교수로 부임한 임안수 교수가 미국에서 귀국할 때 함께 온 셰퍼드 종 '사라'이다. '사라'는 미국에서 훈련받은 개로 임안수 교수의 안내견이 되어 국내에서 활동한 최초의 시각장애안내견이다.

---

13 Pet Partners
https://petpartners.org/blog/a-beginners-guide-to-animal-assisted-intervention-terminology/

최초의 국내 안내견은 1993년 9월에 설립된 '삼성화재안내견학교'에 의해 1994년에 첫 배출된 리트리버종의 '바다'이다. 이후 29년째 삼성화재안내견학교는 매년 12~15두의 안내견을 시각장애인에게 무상으로 분양 중이다. 그동안 총 267두의 안내견을 분양하였으며, 현재 국내에는 약 70여 마리의 안내견이 활동 중이다(출처: 삼성안내견학교 https://www.guidedog.co.kr/, accessed October 04, 2022).

(2) 특징

- 장애가 있는 사람을 위해 개별적으로 훈련된 서비스 동물로 보조동물 또는 도우미 동물로 명명된다.
- 미국의 장애인법(Americans with Disabilities Act, ADA)에 의하면, 서비스견(또는 도우미견, assistance dogs)은 특정한 임무를 수행하는 개로 반려동물이 아니다.
- 서비스견(도우미견)은 도움을 필요로 하는 장애인과 함께 상시 동행하므로 장애인 법에 의거하여 쇼핑센터, 식당, 사무실, 비행기 탑승 시에 항상 동행이 가능하다.

신체장애를 돕는 서비스동물 또는 장애보조견으로 불리는 장애도우미동물은 치료도우미동물보다는 체력소모가 크므로 강인한 체력이 필수적이다. 주로 학습능력이 뛰어나며, 이동 및 관리가 용이한 '개'가 선택되며, 드물게는 장애인을 위해 개별적으로 훈련된 '미니어처 말'이 서비스 동물이 되기도 한다.

(3) 도우미동물(도우미견, 또는 보조견)의 역할

① 안내견(Guide Dog): 시각장애안내견

시력 손상이나 시력의 완전 손상 장애를 지닌 사람들을 위한 길 안내 임무를 수행하는 도우미견 또는 보조견

그림 3-7 삼성화재안내견학교의 시각장애인 안내견

출처: 삼성화재안내견학교

그림 3-8 6~8년여의 임무를 마치고 은퇴한 안내견 분양식

출처: 삼성화재안내견학교, used by permission.

② **청각도우미견**(Hearing Dog)

청각을 완전히 상실하거나 낮은 청력의 장애인에게 도움을 주도록 훈련과 평가를 마친 개인 청각도우미견은 일상생활에서 전화벨 소리, 핸드폰 울림, 현관 초인종 소리 등 소리에 대한 반응을 청각 장애인에게 전달하는 임무를 수행하는 도우미견 또는 보조견이다. 청각도우미견으로는 대부분 소형견들이 활동 중이다.

그림 3-9 소리훈련의 예(현관 초인종 소리 전달훈련)

출처: 한국장애도우미견협회 제공

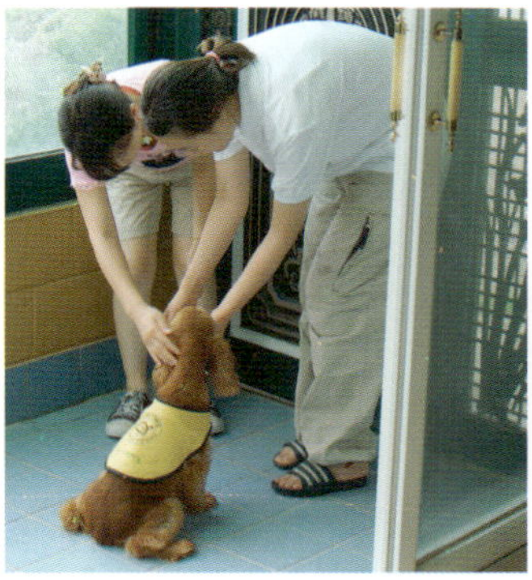

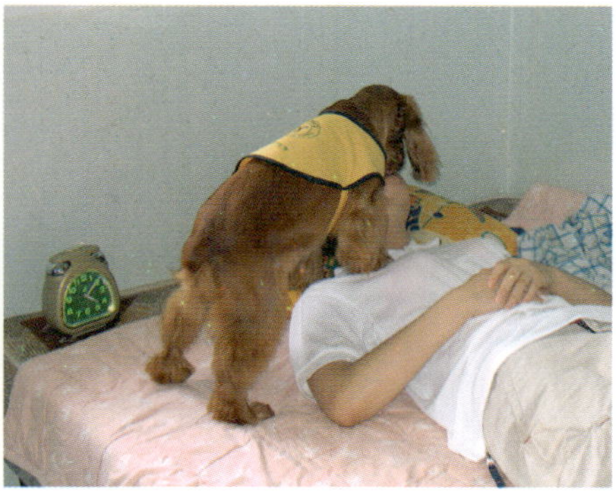

그림 3-10 소리훈련의 예(현관 초인종 소리 전달훈련)

출처: 한국장애도우미견협회 제공.

그림 3-11 소리훈련의 예(부엌 커피포트 끓는 소리 알려주기 등)

출처: 한국장애도우미견협회 제공.

③ **이동도우미견**

이동이 어려운 신체장애인(physical disabilities)의 휠체어 등을 끌어주는 임무를 수행하는 역할의 도우미견 또는 보조견

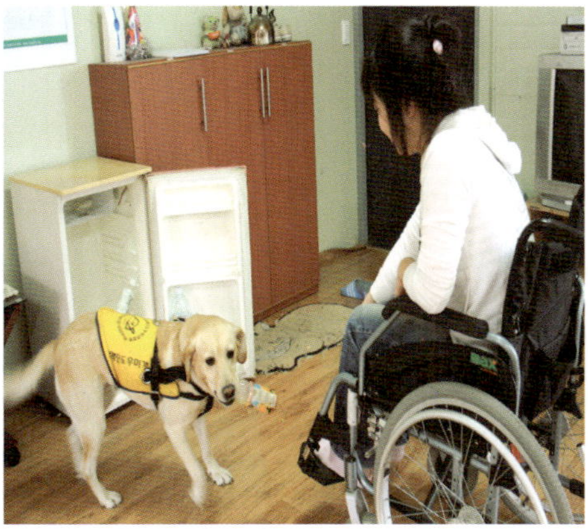

냉장고 문 열고 물병 꺼내오기

벽 전등 스위치 켜고 끄기

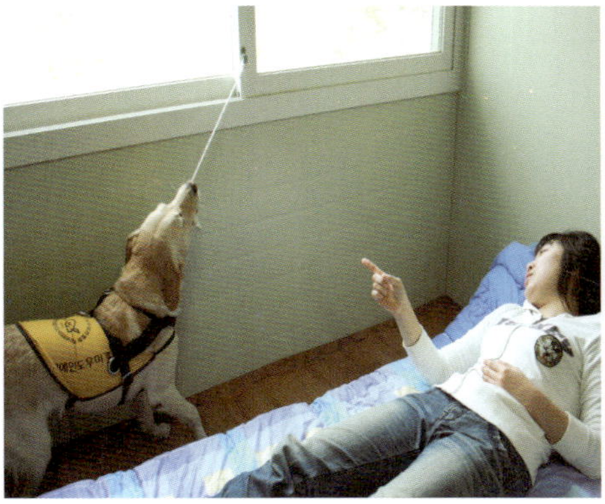

창문 열어주기

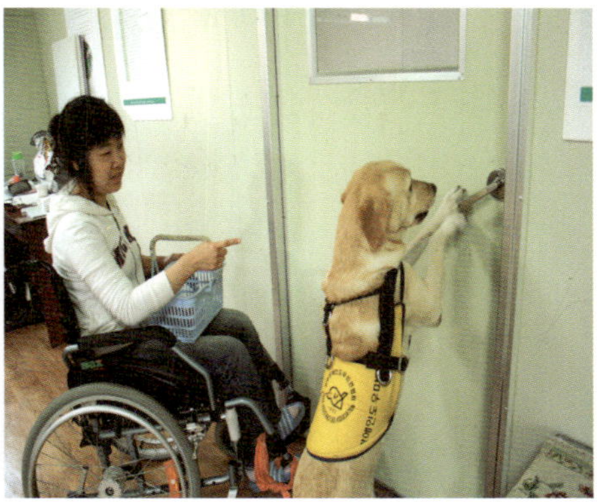

문 열어주기

그림 3-12 지체장애도우미견의 훈련의 예

출처: 한국장애도우미견협회 제공.

④ 그 외 도우미동물(도우미견)

자폐(autism) 환자, 또는 정신장애(psychiatric diagnoses) 등을 돕거나 뇌전증(epilepsy)을 지닌 사람의 발작(seizure)을 알려주는 임무 수행 등에 적합하게 훈련된 도우미동물 또는 보조동물이 있다.

그리고 사역견인 Working Group의 개로 목양견, 목축견, 경찰견, 군용견, 경주견, 경비견, 구조견, 썰매견, (시각장애인)안내견 등이 있다.

3) 정서지원동물(Emotional Support Animal)

대부분의 반려동물이 반려인에게 정서지원을 할 수 있다. 그러나 합법적인 정서지원동물(legal ESA)로 인정되기 위해서는 그동안 환자의 치료를 전담하고 있는 '공식적인 정신과 의사의 처방전'이 있어야 한다.

정서지원동물은 각각의 개별 장소나 시설 관리자의 명시적 허가를 받은 경우에 한해서 주인과 동행할 수 있다. 거주지에서는 설령 반려동물금지구역이라 하더라도 미국의 경우에 장애인법에 의거하여 정서지원동물이 정서장애인과 함께 거주할 수 있는 권리가 보장된다.

예를 들어서 항공사에서 탑승 승객과 함께 이동하는 정서지원동물임을 확인할 수 있도록 해당 승객의 치료를 그동안 담당해온 정신건강 전문의가 그 동물의 존재가 그 환자의 장애를 개선하는 데 도움이 될 것이라는 것을 인식하고, 그 환자를 지지하는 특정 동물을 한정해서 인증서를 발급해야 한다.

즉 불안감을 가진 사람의 삶의 질을 높이기 위해 해당 동물이 환자의 사회적 기술을 향상시키는 것을 도울 수 있음을 인증한다는 정신건강 전문의사가 발급한 인증서를 제시했을 때 정서지원동물의 출입을 허용하는 장소에 동반 출입이 허용된다.

미국에서는 정서지원을 위한 동물로 '개'가 가장 많이 선택되며, 그 외 고양이, 고슴도치, 토끼, 족제비(ferret), 뱀, 미니어처 말, 미니 돼지 등이 ESA Registration of America에 등록되어 있다(ESA Registration of America[14], 2022).

정서지원동물은 치료도우미동물이나 신체장애 보조동물과 달리 일정한 수준의 훈련정도를 필수적으로 요구받지는 않는다. 정서지원동물은 존재만으로도 불안장애 환자에게 정서지원을 하는 것으로 인정되고 있기 때문이다.

미국에서는 비행기 탑승객들 중 반려동물을 정서지원동물로 속이고 가짜 정서지원동물의 '무료 항공기 탑승제도'를 악용하거나 정서지원동물의

14 https://www.esaregistration.org/ (accessed August 15, 2022)

기내에서의 소동들이 발생하면서 항공기 탑승객들의 안전 문제가 꾸준히 제기되어왔다. 이런 문제들에 대한 개선책으로 최근에는 미국 내에서 정서지원동물의 항공기 탑승에 대해서는 정신과 전문의의 진단서뿐만 아니라 항공회사 자체적으로 판단하여 기내탑승 허용을 결정할 수 있도록 항공사에 재량권이 부여되었다(AVMA, 2022).

4) 시설동물(Facility Animal)

시설동물은 주거환경이나 임상환경에서 정기적으로 거주하는 동물을 일컫는다. 종류는 개, 고양이, 새, 물고기 등 다양하다. 이들은 시설의 직원이 관리하며, 매일 직원과 함께 출근하거나 시설에서 관리를 받으며 거주하기도 한다.

단, 시설동물이 동물매개중재 프로그램에 참여할 목적으로 거주하는 경우에는 특별히 훈련을 받아야 한다. 시설동물은 장애인과 동반하여 장애인을 보조하는 장애보조견이 아닌 경우에는 동물의 출입이 금지된 공공장소 입장이 불가하다.

6. 치료도우미동물(Therapy Animals)

Pet Partners는 치료도우미동물과 함께하는 반려인이나 핸들러에게 '핸들러로서의 당신의 가장 중요한 책무는 'YAYABA'라는 표어를 강조한다.

'YAYABA'는

'You Are Your Animal's Best Advocate'

(여러분은 여러분 반려동물의 최고 보호자)라는 의미이다.

즉 다양한 상황의 참여자들을 대상으로 하는 동물매개중재 프로그램에 참여하는 핸들러와 치료도우미동물로 구성된 동물매개치료도우미팀은 무엇보다도 프로그램에 참여하는 치료도우미동물의 안전과 복지에 최선을 다하도록 해야 한다.

1) 정의

치료도우미동물은 평소에는 반려동물로서 생활하며, 핸들러와 함께 주 1회~월 1회 또는 최소한 3개월마다 1회 정도의 빈도로 자원봉사활동에 참여하며, 일정과정의 훈련을 마치고, 행동과 반응이 평가되고, 인증되고, 관련 기관에 등록된 심성이 고운 반려동물이다.

그림 3-13 치료도우미를 자원하는 동물 선발의 기본적인 평가기준으로 사람을 좋아하고, 다른 동물과도 잘 어울리는 온화한 성품을 꼽는다.

출처: Intermountain Therapy Animals, used by permission.

2) 종류

AAI 프로그램에 참여하는 치료도우미동물로는 물고기, 파충류, 조류, 햄스터, 기니피그, 토끼, 양, 염소, 소, 돼지, 고양이, 개, 말, 돌고래, 원숭이, 곤충 등이 있다. 그러나 대부분의 AAI 활동기관 및 단체들은 치료도우미동물로 사람과의 상호작용이 뛰어나고 훈련효과가 우수한 '개'를 선택하고 있다.

Pet Partners는 AAI 도우미동물로 개, 고양이, 말, 새, 돼지, 라마와 알파카, 토끼, 쥐(rats), 기니피그 등 9종을 정하였다. 실제로는 Pet Partners의 AAI 프로그램에 참여하는 치료도우미동물(therapy animal) 중 개의 참여가 94%에 달한다(Pet Partners, 2022). Love on a Leash(미국)는 개, 토끼, 고양이를 치료도우미동물로 참여시키고 있으며, 이들의 평가기준을 홈페이지에 올려두고 있다.

자폐스펙트럼 아동 등 장애가 있는 사람들을 위한 심리치료 방식으로 인기를 끌었던 '돌고래와 함께하는 동물매개치료(AAT)'는 최근 들어서 동물학대에 대한 인식이 높아지면서 고래 및 돌고래 보존 협회(The Whale and Dolphin Conservation Society')에서는 반대의견을 강하게 제기하고 있다.

실제로 행동반경이 넓은 돌고래의 경우 광활한 바다에서가 아니라 좁은 수족관에 갇혀서 훈련을 받으므로 원래의 수명보다 훨씬 단명하는 것에 대한 동물학대 의견이 증가하고, 고래멸종위기에 대한 염려와 함께 대두된 '고래와 함께하는 AAT 프로그램의 효과'에 대한 의견들이 분분해지면서 찬반 논쟁이 이어져 왔다(IAHAIO 2018 White Paper, p.8).

따라서 근래에는 먼 바다에서 자연스러운 돌고래의 유영을 바라보는 방식을 제외하고, 동물원이나 해양 박물관 등지의 수조에 갇힌 돌고래와 물속에서 직접 접촉하여 상호작용을 하는 방식의 AAT 프로그램은 쇠퇴하는 분위기이다.

3) 치료도우미동물들의 평가 등급

치료도우미동물은 사육성, 운반성, 감정소통성, 안전성, 인간의 운동성, 동물 자신의 즐거움, 감염의 안정성 정도를 '매우 좋음, 좋음, 보통, 나쁨'의 4단계의 수준으로 구분할 수 있다(표 3-10).

① 사육성이 매우 좋은 동물: 물고기, 조류, 햄스터, 기니피그, 토끼
② 운반성이 매우 좋은 동물: 햄스터, 기니피그, 토끼
③ 상호접촉성이 매우 좋은 동물: 개, 고양이, 토끼, 기니피그, 양과 염소 (또는 라마와 알파카)
④ 감정 소통성이 매우 좋은 동물: 개, 고양이, 말
⑤ 안전성이 매우 좋은 동물: 물고기, 조류, 기니피그, 토끼
⑥ 인간의 운동성이 매우 좋은 동물: 개, 말, 돌고래
⑦ 동물 자신의 즐거움이 매우 좋은 동물: 고양이, 개
⑧ 감염의 안전성이 매우 좋은 동물: 말

요약하면 Pet Partners의 AAI 프로그램에 가장 많이 참여하는(94%) 치료도우미동물인 개는 상호접촉성, 감정소통성, 인간의 운동성과 동물 자신의 즐거움에서 최고등급인 '매우 좋음'으로 평가된다.

고양이는 상호접촉성, 감정소통성, 동물 자신의 즐거움에서 '매우 좋음' 등급으로 평가받고 있다. 그러나 '인간의 운동성' 측면에서는 개보다는 낮은 등급인 '좋음' 등급을 받고 있다.

그리고 개와 고양이는 사육성, 운반성, 안전성, 감염의 안전성 면에서는 두 번째 등급인 '좋음'으로 평가되고 있다.

또한 토끼와 기니피그는 사육성, 운반성, 상호접촉성, 안전성에서 '매우 좋음' 등급으로 평가받고 있으며, 감정소통성과 동물 자신의 즐거움 측면에서는 개와 고양이에 이어 말도 최고등급인 '매우 좋음'으로 평가되고 있다.

표 3-10 치료도우미동물의 특징(Characteristics of Therapy Animals)

특징	개	고양이	토끼	기니피그	양/염소	새	물고기	말	햄스터
사육성	B	B	A	A	C	A	A	C	A
운반성	B	B	A	A	C	C	D	D	A
상호접촉성	A	A	A	A	A	B	D	B	C
감정소통성	A	A	B	C	B	C	C	A	C
안전성	B	B	A	A	B	A	A	B	B
인간의 운동성	A	B	C	C	B	D	D	A	C
동물 자신의 즐거움	A	A	C	C	C	C	C	A	C
감염의 안전성	B	B	B	B	B	B	B	A	B

(A: 매우 좋음, B: 좋음, C; 보통, D: 나쁨)
*김옥진(2017: 378). 표의 등급 ★☆◇▽을 본 연구자가 ABCD로 바꾸어 구분하고, 현재 국내에서 AAI 프로그램에 참여 중인 동물만 선택하여 표를 작성함

대부분의 동물매개중재 기관들은 그 기관들이나 프로그램의 이름(예, Bark and Read, BARKS, Good Dog Foundation, Read with Dogs, Story Dogs, Therapy Dogs International)에서도 짐작할 수 있듯이, 치료도우미동물로는 주로 사람과의 유대관계 역사가 오래되고 영특하여 사람과의 상호작용이 빠르며, 훈련 효과가 뛰어난 반려동물인 '개'를 선호한다.

Pet Partners 등 대부분의 AAI 프로그램 실행 기관들은 치료도우미견 지원동물의 나이는 지원기준을 1살 이상의 성견으로 정하는 등 치료도우미를 지원하는 반려견의 나이를 제한하지만, 치료도우미견의 크기나 품종은 제한하지 않는다. 사람과 개가 함께 행복할 수 있도록 건강하고 천성이 온순하되 지나치게 활발하지 않으며, '기본복종 교육을 마친 반려견'을 선택하여 추가적인 치료도우미견 활동에 필요한 훈련 프로그램을 지원 운영한다.

그림 3-14 Reading to a Cat

출처: ITA R.E.A.D., used by permission.

7. AAI 기관들의 치료도우미동물(therapy animal) 평가 및 선발 기준

미국의 American Kennel Club(AKC)과 영국의 Kennel Club이 반려견의 행동훈련 등급별 기준을 중심으로 치료도우미동물 훈련의 기준을 제공하고 있다. 따라서 미국의 American Kennel Club(AKC)에서 인증하는 동물매개치료기관 200여 개를 비롯하여 미국 내의 많은 동물매개중재기관들이 치료도우미견 평가에 AKC의 치료도우미동물 평가 기준을 도입하고 있다.

영국에서는 Kennel Club의 제휴 동물매개중재기관들이 Kennel Club의 Therapy Dog Titles를 기준으로 평가하고 있다. 본 교재에서는 미국과 영국의 애견연맹인 Kennel Club에서 표준으로 정하고 있는 치료도우미견 타이틀 기준을 소개한다.

1) American Kennel Club(AKC)의 'Canine Good Citizen' Test

미국에서 동물매개중재에 주로 참여하는 동물인 '개'의 치료도우미견(therapy dog) 자격을 평가하는 기준으로는 American Kennel Club(AKC)의 반려견 교육 평가인 'Canine Good Citizen(CGC)' Test를 기준으로 하는 곳들이 많다.

모든 치료동물은 핸들러의 통제하에 있어야 하며, 모든 치료도우미동물들은 자격을 갖추기 위해서는 사전에 기본훈련을 받아야 한다.

CGC Test는 반려견의 기본 복종훈련(Basic Training)으로 다음과 같이 구성되어 있다.

- 지시에 대한 복종상태: 이리 와(come), 앉아(sit), 기다려(stay), 엎드려(down) 등
- 다른 개들이 있을 때 반응하는 태도
- 반려견 행동테스트: 기본적인 바른 매너 테스트

따라서 이미 CGC Test를 통과한 반려견이라면 아주 훌륭한 치료도우미견 후보임을 의미한다. 치료도우미동물팀과 동물매개중재프로그램을 실행하는 대부분의 기관들은 파견되는 치료도우미동물의 자격으로 최소한 American Kennel Club(AKC)의 CGC Test를 통과할 것을 요구하고 있다.

미국 최초이자 최대규모의 동물매개치료기관인 TDI는 읽기도우미견의 경우에는 1991년부터 'American Kennel Club'의 'Canine Good Citizen(CGC)' Test를 도입하여 Therapy Animal 자격을 평가하였으며 2013년부터 자체적인 Test 규약을 도입하였다. ITA R.E.A.D.나 Helping Paws International의 B.A.R.K.S. 등 전문적인 읽기도우미견 프로그램에서는 현재 치료도우미동물의 프로그램 참여에 필요한 자체적인 표준 행동 훈련 이외에도 다음과 같은 리딩독의 특징적인 행동훈련을 추가하기도 한다(B.A.R.K.S., Helping Paws International, ITA R.E.A.D., 2022).

- 서가에서 책을 꺼내 골라오기 (그림 3-16)

- 책의 페이지를 발로 짚는 행동

그림 3-15 서가에서 책을 꺼내고 있는 R.E.A.D. Dog

출처: ITA R.E.A.D, used by permission.

표 3-11 Canine Good Citizen Test Items (AKC, 2022)

1	친절한 낯선 사람 받아들이기	평가자는 핸들러에게 다가가서 손이 6~12인치 떨어진 상태로 악수하는 척한다. 개는 만지지 않는다.
2	쓰다듬을 수 있도록 점잖게 앉아있기	평가자가 개를 쓰다듬는다: 개는 수줍음이나 적개심을 드러내지 않는다.
3	외모와 미용상태	평가자의 개 외모 검사하기(가벼운 빗질, 귀와 앞발 상태 확인)
4	산책을 위한 외출	평가자는 개와 함께 오른쪽으로 돌기, 왼쪽으로 돌기 등 돌기와 멈추기를 포함한 짧은 걷기 시도
5	군중 사이로 지나가기	개와 핸들러가 몇 사람에게 가까이 다가간다: 개가 잠깐 관심을 보이지만, 달려들지는 않는다.
6	'앉아, 엎드려, 기다려' 시행	핸들러는 개에게 '앉아, 엎드려'를 실행하고, 개를 놓아둔 채 스무 걸음을 더 걸어간 뒤에 곧 돌아온다.
7	부르면 즉시 달려오기	개와 스무 걸음 떨어져 있는 상태에서 핸들러는 열 걸음을 걸어간 후 개를 부른다.
8	다른 개에 대한 반응	두 명의 핸들러와 개들이 접근하여 악수하는 척하며, 안부 교환 후 이동한다.

9	주의산만에 대한 반응	주의 산만함이 나타남: 당황하거나 공격성을 보이지는 않을 수 있다.
10	핸들러와 3분 동안 분리 후의 반응	핸들러는 3분 동안 시야에서 사라지고, 평가자가 6걸음 떨어진 상태에서 개의 목줄을 잡고 있다.

2) American Kennel Club의 'AKC Therapy Dog Titles'

치료도우미견이란 학교, 병원, 요양원 등지의 시설에서 자원봉사를 목적으로 핸들러와 함께 방문하는 개들이다. 즉 사람들의 삶의 질을 향상시키기 위해 팀으로 치료도우미견과 반려인인 핸들러가 함께 읽기를 학습하는 학교의 아동부터 요양원의 노인 방문 등 다양한 시설이나 기관들을 방문한다.

치료도우미견은 특정한 장애인에게 도움을 주기 위해 배치되는 장애도우미견과 달리 여러 사람들에게 도움을 주며, 평소에는 핸들러와 함께 반려견으로 생활한다. 따라서 비행기나 음식점, 공공장소 출입 관련해서는 반려견의 출입 조건을 기준으로 한다.

AKC Therapy Dog Titles은 AKC 또는 AKC 인증기관에 등록된 반려견들과 반려인으로 구성된 자원봉사팀을 알리는 데에 그 목적이 있다.

(1) AKC Therapy Dog Titles 기준

- 하루에 한 개의 기관 방문하기
- 기관 방문 횟수 기준으로 계산함(참가자 수나 방문 시간 길이에 무관하게 1개 기관에서 1인당 30분씩 4명과의 프로그램에 총 2시간이 걸렸다 할지라도 1일 1회 방문으로 셈함)
- 오전에는 요양원, 오후에는 학교 방문과 같이 다른 기관 단체를 하루에 2곳을 방문한 경우라면 1일 2곳의 기관을 방문하였으므로 2회 방문으로 셈함
- AKC Therapy Dog Title 등록비: $25

(2) AKC Therapy Dog Titles

- 10회 동물매개중재프로그램 참여: AKC Therapy Dog Novice(THDN)
- 50회 동물매개중재프로그램 참여: AKC Therapy Dog(THD)
- 100회 동물매개중재프로그램 참여: AKC Therapy Dog Advanced (THDA)
- 200회 동물매개중재프로그램 참여: AKC Therapy Dog Excellent(THDX)
- 400회 동물매개중재프로그램 참여: AKC Therapy Dog Distinguished (THDD) 2022년 후반부터는
- 600회 동물매개중재프로그램 참여:AKC Therapy Dog Supreme(THDS) 타이틀이 추가되었다.[15]

AKC Therapy Dog Title은 성공적인 치료도우미견에게 필요한 안정적이고 우호적인 기질을 만들어주는 2개의 훈련과정인 강아지 훈련과정 'AKC S.T.A.R. Puppy'와 성견 훈련교육과정 'Canine Good Citizen' programs에서 교육하는 기술들을 기반으로 한다(표 6-1 참고).

3) U.K. Kennel Club의 'Good Citizen Dog Training'

영국의 Kennel Club이 1992년에 설립하여 운영해온 영국 최대의 개 훈련 프로그램인 'Good Citizen Dog Training'은 영국 내의 1,700여 개 동물

---

15 https://www.akc.org/sports/title-recognition-program/therapy-dog-program/apply-for-an-akc-therapy-dog-title/AKC, (accessed September 26, 2022)

매개중재 프로그램 실행기관에서 훈련참여를 장려하고 있다. 훈련참가를 목적으로 반려동물을 Kennel Club 회원에 등록할 필요는 없다. Kennel Club의 'Good Citizen Dog Training'은 반려인과 반려견이 함께 즐거운 참여를 할 수 있도록 하며 주(week) 단위로 운영한다.

이 반려견 교육은 반려견의 연령이나 장애 상태와 무관하게 백신을 접종한 개라면 모두 참여가능하다. 첫 회 교육 시간에 반려인은 반려견의 백신접종기록을 관계자에게 제출해야 한다.

수업은 주 1회 1시간으로 이루어지며, 매너 있는 반려인과 반려견 교육과정의 4단계(Puppy Foundation, Bronze, Silver, Gold)로 이루어진다.

Puppy Foundation Class(강아지 기초반)과 Bronze Class 코스는 일반적으로 6~8주 코스로 구성되며, Silver Class과 Gold Class 코스는 기간이 더 걸린다. 각 단계의 프로그램을 마친 후에는 'a Good Citizen Dog Training scheme certificate'를 받게 된다.

훈련클럽과 연락을 통해서 현재 강아지의 문제점을 상의 후 훈련클럽의 평가자에 의해 반려견과 반려인은 알맞은 코스에 배정된다. 백신접종을 완료하고 반려견 훈련에 참여하는 개는 칼라와 리드줄 착용과 함께 반드시 반려인의 주소와 연락처가 새겨진 이름표를 착용해야 한다.

훈련의 4단계

① Puppy Foundation: 10주부터 또는 2번째 백신접종 후부터 12개월 미만 나이의 강아지와 핸들러를 위한 사회화, 건강관리 등 기초훈련, 최소 4주 이상 교육

② Bronze: 통제된 매너를 갖춰서 행동하는 방법의 교육에 목표를 두며 모든 성견이 갖춰야 할 기본 행동 수칙교육

③ Silver: Bronze 교육과정에 더해서 난이도가 있는 수준을 추가한 교육으로 친구와 인사하기, 일상을 활력 있게 하는 길거리 산책 매너와 자동차를 피해서 걷기 등 훈련

④ Gold: 반려견을 위한 최상급 훈련단계로 달리기 훈련 등 포함

4) 미국 Intermountain Therapy Animals(ITA)의 치료도우미견 기준

전 세계적으로 약 6,500개의 R.E.A.D. 자원봉사팀을 운영 중인 ITA는 천성이 온순하고 기본 복종훈련이 되어있는 개 중에서 다음과 같은 특징을 기준으로 선택한다(Chandler, 2012; ITA, 2022).

- 차분하고 조용하며 주의력이 좋고 편안한 분위기
- 난폭한 아동 등 대규모 집단과의 예상치 못한 만남에도 대처 가능
- 확실한 복종 능력
- 혼란스러운 환경과 갑작스럽게 시끄러운 소음에도 대범하게 잘 적응함
- 잡아당기기, 끌어당기기, 과격한 핸들링에 대해서도 관대함
- 쓰레기통 속의 인형과 도시락 찌꺼기에 무관심

5) Love on a Leash(미국)의 치료도우미동물 개, 토끼, 고양이의 평가기준

대부분의 AAI 실행 기관들은 치료도우미동물로 쉽게 훈련이 가능하고 사람들과의 상호작용이 좋은 반려동물인 '개'를 선택한다. 1980년 초에 창립되었으며, 2020년 기준 전국에 2,500여의 치료도우미동물팀을 운영 중인 'Love on a Leash'는 개와 함께 반려동물로 선택 비율이 높은 편인 고양이와 토끼를 치료도우미동물로 적극 참여시키고 있다. 'Love on a Leash'의 치료도우미 동물의 선택 기준은 다음과 같다.

(1) 치료도우미 개(The therapy dog)

치료도우미견으로 불리는 치료도우미 '개'는 일반적으로 다음의 조건을 기준으로 평가받는다.

- 지난 1년 동안 정기적으로 수의사의 건강진단과 백신접종, 구충제를 복용한 반려견
- 차 타는 걸 좋아하고 방문 장소에 도착해서 스트레스가 없는 상태의 반려견

- 훈련이 잘되어있어야 하며 깨무는 사고 경험이 없는 반려견
- 방문 시 항상 4피트(약 121.92cm, 1피트 = 30.48cm) 길이의 리드줄과 가슴줄을 착용한 반려견
- 작은 크기의 개는 가슴줄과 리드줄을 맨 상태에서 개 유모차나 바구니에 담긴 채 이동 가능
- 모든 종류의 개들과 편안히 잘 지내야 하고, 고양이나 토끼 등 다른 동물과 만나거나 함께 있어도 온화하고 침착한 태도를 유지하는 반려견
- 가장 중요한 항목은 사람을 사랑하는 반려견
- 소심하고 겁이 많거나 지나치게 흥분하는 개는 행동 예측이 어려우므로 치료도우미견 활동에 적합하지 않음

(2) 치료도우미 고양이(The therapy cat)

고양이를 기르다가 요양원에서 지내게 된 노인들의 경우에 치료도우미 '고양이'는 특히 정서적인 효과가 좋다. 치료도우미 '고양이'는 일반적으로 다음의 조건을 기준으로 평가받는다.

- 사람과 함께 있는 것을 좋아하는 고양이
- 개와 마찬가지로 4피트 길이의 목줄과 가슴줄 하네스(harness)를 착용하는 고양이
- 개와 마찬가지로 리드줄을 맨 채 걷기를 할 수도 있는 고양이
- 자동차를 타고 이동하는 것을 두려워하지 않는 고양이
- 방문 시 유모차에 실어서 이동 가능
- 개들과 함께하는 활동에서도 편안한 고양이
- 쌀쌀맞은 성격의 고양이는 자신을 쓰다듬어주는 손길에 대해서 성을 내는 모습을 보이기도 하므로 AAI 활동에 부적합함

그림 3-16 Reading to a Cat

출처: ITA R.E.A.D., U.S.A., used by permission

(3) 치료도우미 토끼(The therapy rabbit)

가족의 첫 반려동물로 어린아이들이 돌볼 수 있는 토끼의 인기가 높다. 토끼들은 굉장히 영리하고 호기심이 많다. 미국에서는 약 150만 명이 토끼를 반려동물로 키우는 것으로 알려져 있다. 가족 구성원들이 반려동물 토끼와 함께할 수 있는 일상적인 일들로 먹이 주기(feeding), 청소해주기(cleaning), 털 관리(grooming) 그리고 운동하기(exercising) 등이 있다. 토끼는 사회성이 좋은 편으로 혼자 지내는 경우에는 가족구성원들이 토끼와 많은 시간을 함께 보내야 하므로 토끼를 한 쌍으로 키우는 편이 토끼의 정신건강에 좋다.

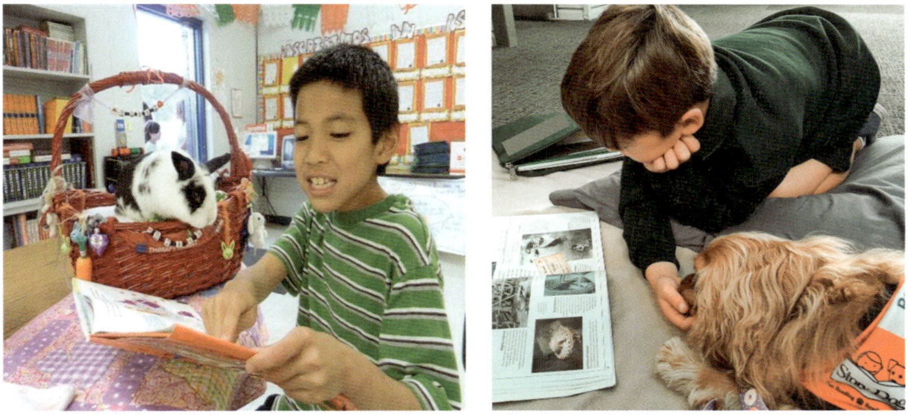

그림 3-17 읽기도우미동물을 위한 편안한 분위기 조성하기

출처: ITA R.E.A.D., U.S.A. / Story Dogs, Australia used by permission

그림 3-18 환자를 방문한 치료도우미토끼

토끼는 집안에서 돌아다니기를 좋아하는 개나 고양이와 달리 독립적으로 토끼장에서 잘 지낼 수 있으므로 반려동물을 처음 키우는 경우에 시도하기에 좋은 동물이다.

개나 고양이보다는 드물지만, 토끼는 인기 있는 치료도우미동물이다. 토끼의 경우에도 수의사의 건강진단 및 건강평가가 필요하며, 사람과 함께할 때 편안함을 느끼는 성격이어야 한다.

뿐만 아니라 토끼는 길들여져 있어야 하고 자동차에 의한 이동에도 잘 적응하고, 도착 장소에서 스트레스를 느끼지 않아야 한다. 또, 바닥에 항상 타월을 깔고 그 위에 토끼를 앉혀주어야 한다.

토끼는 4피트 길이의 줄이 달린 가슴줄을 착용하고 있어야 하며, 시설이나 기관을 방문 시에는 타월로 안거나 타월이 깔린 바구니에 담긴 채 이동할 수 있다.

또한 개와 함께 있어도 두렵지 않아야 한다. 등을 사람들이 쓰다듬을 때 움츠리는 등 겁이 너무 많은 토끼(skittish rabbit)는 스트레스를 많이 받게 되므로 동물매개중재 활동에 적합하지 않다.

6) Pet Partners(미국)의 치료도우미견팀 평가 기준

AAI 기관에 등록되어 자원봉사하는 치료도우미동물팀이 되기 위해서는 먼저 기관의 평가자가 치료도우미동물팀이 되고자 하는 자원봉사자의 마음가짐이나 태도 및 자세에 대해 자원봉사자가 미리 제출한 설문지의 답변을 통해서 확인하고, 자원봉사자와 반려동물에 대한 평가과정을 거친다.

반려동물의 기본 품성과 복종하는 태도 등을 확인하는 기본 평가에 합격한 후에 일정한 교육과 훈련과정에 응시할 수 있다. 치료도우미동물팀 교육과정을 완전히 마친 후에 치료도우미견팀으로서 적절한 태도와 자세가 갖춰져 있는지에 대한 평가, 인증, 등록과정을 거쳐서 신입치료도우미동물팀이 탄생하게 된다.

AAI 기관에서는 AAI 프로그램에 개의 참여가 많으므로 치료도우미동물팀을 치료도우미견팀으로 명명한다. 일부 AAI 기관들에서는 신입치료도우미견팀의 현장방문은 슈퍼바이저와 함께하여 일정한 횟수의 방문실습 과정을 마친 후 독립적인 프로그램 실행이 가능하도록 원칙을 정하고 있다.

(1) 핸들러가 제출한 설문지 답변 검토(Review the Handler's Questionnaire Form)

- 핸들러는 팀 평가자, 그리고 보조평가자와 만남을 통해서 치료도우미 견팀의 자원봉사 지원자로서의 태도를 보여준다.
- 평가자는 핸들러의 설문지 답변을 확인한다. 이를 통해서 지원자의 치료도우미팀 자원봉사자로서 어린아이부터 노인, 그리고 병원 환자에 이르기까지 인내심을 갖추고 반려동물의 안전을 책임지며, 프로그램 참여자들의 마음이 편안해지게 친절한 도움을 줄 수 있는지에 관한 지원자의 자질을 확인한다.
- 핸들러는 자신의 반려견이 보여주는 휴식의 필요성이나 '떠나고 싶다'는 의사표현 방법을 평가자와 공유한다.

(2) 치료도우미 지원견에 대한 평가

치료도우미동물은 무엇보다도 온순하며, 명령을 잘 따르고 누구에게나 낯을 가리지 않으며, 건강하여야 한다. 치료도우미 후보 동물의 성품과 태도를 확인하기 위해 다음과 같이 몇 가지 평가를 한다.

① 친절한 이방인 수용하기(Accepting a Friendly Stranger)

- 핸들러와 평가자는 서로 인사하고 악수하기
- 평가자가 핸들러의 반려견을 바라보기는 하나 만지지 않는다.
- 반려견은 몸의 위치는 바꿀 수 있지만 계속해서 핸들러 옆에 머문다.

② 이방인의 쓰다듬기 수용(Accepting Petting)

- 평가자는 다시 핸들러의 반려견에게 다가가서 머리와 몸을 쓰다듬는다.
- 평가자는 핸들러팀 주위를 천천히 걸어서 돌고 다시 원래의 자리로 돌아간다.
- 핸들러 옆에서 머무는 반려견은 기꺼이 쓰다듬기를 받아들인다.

③ **외모와 미용**(Appearance and Grooming)

- 평가자는 핸들러의 반려견의 털, 눈, 귀, 발톱 상태를 확인한다.
- 평가자는 반려견의 앞 발가락을 들어 올려 검사한다.
- 평가자는 자연스레 반려견의 털을 가볍게 빗질한다.
- 반려견은 자세는 바꾸면서도 평가자가 자신의 몸에 손을 대는 것을 수용한다.

④ **바깥 산책**(Out for a Walk)

- 평가자는 걸어서 지나갈 경로에 대해서 핸들러에게 설명해준다.
- 핸들러와 반려견은 산책하는 도중에 '멈춤'을 요구받는다.
- 반려견이 핸들러를 완벽하게 뒤따를 필요는 없으나, 느슨한 리드줄을 잡고 핸들러에게 주의를 기울이며 핸들러 곁에서 함께 걷는다.

⑤ **군중들 사이 지나가기**(Walk through a Crowd)

- 평가자는 핸들러에게 지나갈 경로에 대해 설명해준다.
- 3인의 보조평가자가 핸들러와 반려견이 지나가는 지역을 걸어서 지나갈 것이다.
- 핸들러는 친화적으로 군중들 사이로 통과한다.
- 반려견은 핸들러 옆에서 느슨한 리드줄을 멘 채로 핸들러에게 집중하며 걷는다. 독자적으로 방문을 위한 접근은 불가하다.

⑥ **주의산만 반응**(Reaction to Distractions)

- 평가자는 걸어서 지나갈 경로에 대해 핸들러에게 설명한다.
- 두 종류의 주의 산만함에 대한 반응을 확인하는 것으로 첫 번째는 핸들러팀 앞에서 시각적 소란스러움을, 두 번째는 핸들러팀 뒤에서 청각적 소란스러움을 제공한다.
- 반려견은 핸들러에게 주의를 기울이며 느슨한 리드줄에 메여 핸들러 옆에서 함께 걷는다.
- 핸들러는 필요할 때면 개를 지원해준다. 개가 호기심을 나타낼 수도 있다: 놀라는 경우에도 곧 회복한다.

⑦ 신호에 따라 앉기

- 평가자는 핸들러에게 개를 앉히라고 지시한다.
- 핸들러는 구두 신호나 손 신호를 사용해서 반려견에게 앉으라는 신호를 줄 수 있다.
- 핸들러의 반려견은 행동 신호를 해제할 때까지 3초 동안 앉아있을 수 있어야 한다.
- 반려견은 핸들러 앞 또는 옆에 있을 수 있다.

⑧ 신호에 따라 엎드리기

- 평가자는 핸들러가 반려견에게 엎드리기를 시키도록 지시한다.
- 핸들러는 개가 엎드리도록 구두 신호나 손 신호를 사용할 수 있다.
- 핸들러의 반려견은 핸들러가 해제할 때까지 3초 동안 엎드려 있어야 한다.
- 반려견은 핸들러 앞 또는 옆에 있을 수 있다.

⑨ 제자리에서 기다리기(Stay in Place)

- 평가자는 10피트(약 304.8cm) 길이의 줄을 제공하고 그것을 반려견에게 부착하도록 핸들러에게 요청한다.
- 핸들러는 반려견을 앉히거나, 엎드리거나, 서 있도록 한다(선택사항).
- 핸들러는 개에게 그곳에 머무르도록 신호를 보낸다.
- 핸들러는 10피트쯤 떨어진 곳으로 걸어간 후 돌아서서 반려견을 돌아본다.
- 핸들러는 3초 동안 기다렸다가 반려견에게 돌아간다.
- 반려견이 자세를 바꿀 수는 있으나 그 자리에 있어야 한다.

⑩ 부르는 소리를 들으면 핸들러에게 다가오기(Come When Called)

- 아직 긴 줄이 반려견에 매어져 있다.
- 평가자는 개를 쓰다듬어 개의 주의를 분산시킨다.
- 핸들러는 긴 줄을 잡은 채 10피트 떨어진 지점으로 걸어간다.

- 평가자는 핸들러가 신호를 보내서 개를 부르도록 한다.
- 반려견이 지체하지 않고 핸들러에게 돌아오도록 한다.
- 표준 리드를 다시 부착하고 긴 줄은 평가자에게 반환한다.

⑪ 헬퍼독(Helper Dog/Neutral Dog)에 대한 반응

- 핸들러와 반려견 팀이 평가보조자와 서 있다.
- 헬퍼독팀(중립견으로도 번역됨)이 방으로 들어오고, 다른 보조자와 함께 잠시 방문한다. 핸들러는 필요하면 자신의 반려견을 도운다.
- 헬퍼독팀이 떠나면 반려견팀 2개 팀이 서로 다가서며, 대략 한팔의 길이만큼의 거리를 유지하며 떨어져서 지나간다.
- 핸들러팀은 헬퍼독팀이 떠나면 다른 평가보조자와 함께 들어온다.
- 핸들러의 반려견은 핸들러 옆에서 자리를 지키고 있으며, 공격성이나 과도한 공포심을 보이지 않아야 한다.

⑫ 개를 위한 적성검사(Aptitude Exercises for Dogs)

a. 전체적으로 개를 만져보며 상태 확인하기

- 평가자가 핸들러의 반려견과 눈 맞춤을 하고, 여러 부위의 신체접촉에 대한 반응을 평가한다(예, 반려견의 꼬리 잡기, 귀 만지기, 이빨을 들여다보거나 발 만지기).
- 핸들러는 필요하면 반려견의 상호작용을 촉진하고 개를 도와준다.

b. 활기차게 그리고 서툴게 쓰다듬기(Exuberant and Clumsy Petting)

- 평가자는 제한적인 이동성과 운동능력이 낮은 사람의 '반려견 쓰다듬기'를 모의실험한다.
- 평가자는 개와 상호작용 중 고음이나 삐걱거리는 소리를 내고, 이상한 소음을 만들어낸다.
- 핸들러는 필요하면 개와 상호작용을 촉진하고 개를 지원한다. 핸들러의 반려견은 기꺼이 쓰다듬는 것을 받아들인다.

c. 꼭 껴안기(Restraining Hug)

- 평가자는 핸들러의 반려견과 눈을 마주친 다음, 몸을 숙여 15초 동안 강아지의 어깨를 완전히 껴안는다.
- 핸들러는 필요하면 상호작용을 촉진하고 반려견을 지원한다. 핸들러의 반려견은 기꺼이 포옹을 받아들인다.

d. 비틀거리는 몸짓하기(Staggering and Gesturing Individual)

- 모자/가운을 입고 의료 장비를 사용하는 보조평가자가 비틀거리며 손짓을 하고, 핸들러팀에게서 6피트 정도 떨어진 지점에서 신음소리를 낸다.
- 보조평가자가 멈추고, 핸들러팀에게 가까이 오도록 한 뒤 핸들러의 반려견을 쓰다듬는다.
- 핸들러는 필요하면 상호작용을 촉진하고 반려견을 지원한다.
- 반려견은 기꺼이 다가가서 쓰다듬는 것을 받아들인다.

e. 성나서 소리치기(Angry Yelling)

- 두 명의 보조평가자가 핸들러와 반려견팀에서 6피트쯤 떨어진 지역에서 서로에게 소리를 지르기 시작한다. 그 고함소리는 핸들러팀을 향한 게 아니다.
- 보조평가자들은 고함을 지르지 않고 중립적이 되고, 보조평가자 한 사람은 핸들러팀에게 가까이 접근하도록 부른다.
- 핸들러는 필요하면 상호작용을 촉진하고 반려견을 지원한다.
- 반려견은 보조평가자들에게 기꺼이 다가가서 상호작용을 받아들인다.

f. 2개의 손가락으로 가볍게 두드리기(Two-Fingered Tap)

- 핸들러와 핸들러의 반려견이 방을 가로지르는 동안, 평가자가 뒤에서 다가와 두 손가락을 개의 옆이나 등에 대고 부드럽게 개를 톡톡 두드린다.
- 핸들러는 강아지를 가볍게 두드리는 것을 인식하고 필요하면 강아

지를 지원한다. 반려견은 잠시 놀라겠지만 곧 회복한다.

g. 붐비는 곳에서 여러 사람이 개를 쓰다듬기(Crowded and Petted by Several People)

- 세 사람의 보조평가자가 한 번에 한 사람씩 다가와서 개를 만지기 시작한다. 세 사람이 모두 가까이 모여질 때까지 계속 만지며, 반려견의 주의를 끌도록 한다.
- 보조평가자 한 사람이 건강보조기구를 착용한 채 핸들러팀에게 가까이 다가간다.
- 핸들러는 군중들을 잘 조절하고, 필요하다면 상호작용을 촉진하고 반려견을 도와준다.
- 반려견은 사람들이 자신을 쓰다듬는 것을 기꺼이 받아들인다.

h. 장난감 놓아두기(Leave It)

- 평가자가 반려인에게 걸어갈 경로를 설명한다.
- 지나갈 길에 장난감을 놓아두고, 핸들러와 반려견은 장난감과 2피트(두 걸음, 약 61cm) 정도 떨어져서 지나간다.
- 반려견은 그 장난감을 만지거나 입에 물면 안 된다. 바라보거나 킁킁거리는 것은 괜찮다.

I. 간식 제안하기(Offered a Treat)

- 평가자는 손에 개의 간식을 들고 핸들러 팀을 향해 걸어와서 "선생님의 반려견에게 간식을 줘도 될까요?" 하고 묻는다.
- 핸들러는 개에게 간식을 허용할지 여부를 결정해야 한다. 만일 간식제공을 허용하지 않는다면 반려견과 프로그램 진행을 위해 방문한 시설에서의 간식은 허용하지 않아야 한다.
- 핸들러가 다른 사람이 핸들러의 반려견에게 간식 주는 것을 허용하는 경우, 어떻게 간식을 주는 것이 가장 좋은지에 대해 평가자에게 알려줘야 한다. 그리고 반려견은 온순하게 간식을 가져간다.

8. 치료도우미견 관리

1) 성품

치료도우미동물을 선택할 때는 공격적이지 않고 온화한 동물의 성품이 무엇보다도 중요하고, 동물매개중재 프로그램에 참여하기 위해서는 인간과 동물의 유대관계 형성 및 상호작용능력 또한 중요하다.

치료도우미견은 기본적으로 반려동물로 가정에서의 적응능력이 좋고, 반려가족의 반려동물에 대한 평소 관리가 수월해야 하며, 프로그램 실행을 위한 병원이나 학교 등을 방문할 때 교통편을 이용한 운반성 또한 중요하다. 치료도우미견은 드라이브를 좋아하고 자동차를 이용한 이동에도 멀미 등의 신체정서적 불편이 없어야 하며, 새로운 기관 단체 등을 방문했을 때 낯선 환경에 잘 적응하는 무난한 성품이 요구된다.

2) AAI 참여빈도

뿐만 아니라 치료도우미동물은 일반적으로 핸들러와 팀이 되어 자원봉사팀으로 활동하며, 자원봉사팀 활동 빈도는 핸들러의 직장생활이나 일상에 방해가 되지 않는 범위에서 주 1~2회(예, Reading Dog의 경우)에서 월 1회(예, Bright and Beautiful therapy Dogs, 도서관 Reading Dog 프로그램), 따라서는 3개월마다 최소 1회 이상 방문 등의 선택도 가능하다.

그러나 대부분의 AAI 프로그램 실행 기관들은 자원봉사자들의 프로그램 참여를 적어도 매월 최소한 1회, 회기당 1시간의 시설 방문으로 정하고 있다.

3) 건강관리

정기적인 백신접종 및 구충제 복용과 동물병원을 통한 수의사의 규칙적인 반려동물 건강검진 또한 중요하다. 이를 통해서 반려동물로부터 사람에게 전염되는 질병을 예방할 수 있다.

4) 항상 신체언어 관찰하기

핸들러는 치료도우미견이 다른 개들과 상호작용을 하지 않도록 하며, 치료도우미견은 환자들과 상호작용을 하도록 가르친다. 핸들러는 자신의 반려견이 다른 개의 영역을 침해하여 개들끼리 다툼이 발생되지 않도록 미리 교육한다. AAI 프로그램 참여를 위해 기관이나 단체를 방문하는 동안 개가 신체적 정신적 고통을 보이면 은퇴해야 한다. 핸들러는 개의 신체언어를 가까이서 관찰하고 다음과 같은 스트레스 사인을 인지해야 한다.

개가 다음과 같은 신체적인 표현을 보여줄 때는 핸들러는 개의 프로그램 참여를 즉시 중지하고 개에게 휴식을 우선적으로 제공하여야 하며, 개의 상황을 관찰하는 것이 중요하다. 필요하다고 판단되면 핸들러는 프로그램을 중단하고 개와 함께 귀가하도록 한다(Bright and Beautiful Therapy dogs, https://golden-dogs.org/guidelines/).

- 지나치게 헐떡거리거나 하품 또는 얼굴 표정의 변화
- 방어를 위해 핸들러에게 뛰어오르기
- 숨으려고 하거나 눈맞춤 회피
- 몸이나 다리를 흔들거나 떨기
- 귀나 꼬리를 몸에 바짝 붙임
- 함께 어울리기를 거절하기

5) 청결유지[16]

① 기관이나 시설에 들어가기 전에 치료도우미견이 지저분한 곳을 밟지

16 https://golden-dogs.org/guidelines/

않도록 유의한다.

② 방문 전에는 치료도우미견의 물을 제한한다.

③ 음용수는 방문 프로그램이 마무리된 후에 제공하도록 한다.

④ 항상 배변 봉투를 들고 다녀야 한다.
예기치 못하게 생긴 개의 배설물의 경우에 참여자들에게 사과를 하고, 즉시 클린업 배변 봉투를 사용해서 처리하도록 한다.

⑤ 미용관리와 방문 24시간 전 청결한 목욕관리도 필요하다.

⑥ 개와 핸들러는 청결해야 하며, 방문시에는 털이 잘 다듬어져 있어야 한다.

⑦ 침을 흘리는 품종의 경우에는 개가 깔끔하도록 젖은 수건을 사용해서 입 주변을 자주 닦아준다.

방문하는 동물매개중재 프로그램에 참여하는 개의 경우를 기준으로 보면 방문을 요청한 기관들이 가장 염려하는 문제는 위생과 청결 문제, 감염병 전염 위험 및 개물림 사고이다. 따라서 핸들러와 파견기관은 이러한 문제에 대한 철저한 사전점검이 필요하다.

6) 안전관리

① 치료도우미견은 방문 중에는 항상 줄에 매어져 있어야 한다.

② 한 사람의 핸들러 당 한 마리의 치료도우미견으로 팀이 구성된다.

③ 시설의 감독이 없는 상태에서는 치료견 방문이 허용되지 않는다.

④ 시설의 안내자는 치료도우미견팀을 프로그램 실행장소까지 안내해야 한다.

⑤ 시설에서는 현장 방문 및 비상사태 시 현장 이용에 도움이 될 수 있도록 프로그램 실행 현장에 직원이 상주하도록 한다.

⑥ 14세 이하의 핸들러는 반드시 성인과 동반해야 한다.

Chapter 04

동물매개교육(Animal-Assisted Education)

READING DOG

그림 4-1 동물매개교육(AAE): 생명존중교육(개와 교감하기 교육중)

출처: SitStayRead, used by permission.

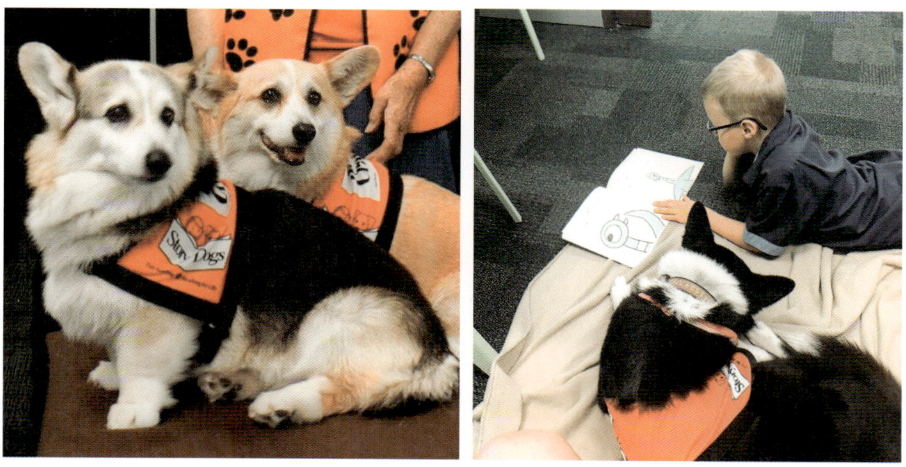

그림 4-2 Reading to a Dog in Australia

출처: Story Dogs, used by permission.

IAHAIO의 '2018 백서'에 의하면 'Animal-Assisted Education(또는 Animal-Assisted Pedagogy)'이라고 명명된 동물매개교육은 목표 중심적이고 계획되고 구조화된 중재이며, 학위가 있는 일반교사나 특수교사 등의 교육전문가나 관련 서비스 전문가에 의해 그룹 또는 1:1로 수행된다.

정규교사에 의한 AAE의 예로는 책임감 있는 반려동물 키우기를 촉진하는 교육적인 방문이 있다. 특수(치료) 교육 교사에 의해 수행되는 AAE도 마찬가지로 치료적이고 목표지향적인 개입으로 간주된다.

AAE 프로그램의 초점은 학업 목표, 친사회적 기술(pro-social skills), 인지기능(cognitive functioning)에 있으며, 참여 아동의 발달상황은 측정되고 기록된다.

정규 학교 교사(또는 교육 전문가의 감독하에 동물을 다루는 자원봉사자인 핸들러)를 포함한 AAE를 수행하는 전문가는 프로그램에 참여하는 반려동물의 행동(behavior), 욕구(needs), 건강(health) 및 지표(indicators)와 스트레스 규제(regulation of stress of the animals)에 대한 충분한 지식을 가지고 있어야 한다.

AAI 프로그램에 참여하는 동물의 복지에 대한 가이드라인을 발표한 IAHAIO의 '2018 백서(IAHAIO 2018년 백서)'의 Animal-Assisted Intervention (AAI) 분류에 의하면 동물매개중재(AAI)는 활동(AAA), 치료(AAT), 교육(AAE), 상담(AAC)의 네 분야로 구분된다.

그 중 동물매개교육(AAE)은 학문적 목표, 사회적 기술, 인지기능에 특히 초점을 두며, 인도주의교육(Humane Education)과 동물매개읽기(Animal-Assisted Reading, AAR)로 구분된다[1].

---

1 https://iahaio.org/best-practice/white-paper-on-animal-assisted-interventions/ (accessed July 23, 2022)

1. 교실 반려동물의 효과

1) 미국 Dogs in the Classroom[2]의 연구결과

교실 반려동물의 존재는 다음과 같은 효과를 보여준다고 강조한다.

① 사회적 지지에 대한 인지 향상(O'Haire, M. E., 2017)
② 위기에 처한 사람을 지지(Chandler, 2008)
③ 트라우마 회복에 도움(O'Haire et al., 2015)
④ 일반적인 불안 수준의 감소(Ein, N., Li, L., & Vickers, K., 2018)
⑤ 의기소침 증상 감소(Souter, M. A., & Miller, M. D., 2007)
⑥ 정신건강 치료에 도움(Barker, S. B., & Wolen, A. R., 2008)
⑦ 읽기속도, 정확성, 유창성 그리고 독해 등 읽기 능력 향상(Treat, W. A., 2013)
⑧ 대상 인식 및 분류기술 등 주요능력 향상(Gee et al., 2010, 2012)
⑨ 특히 기말고사와 같은 이벤트에서 받는 스트레스 수준의 완화(Barker et al., 2016; Reynolds, J. A., & Rabschutz, L., 2011)
⑩ 학습에 대한 동기부여, 자극 및 집중력의 원천 제공(Gee et al., 2012)

1990년에 교실에서 반려동물과의 상호작용을 통해서 학생들의 교육 및 개인적인 발달에 도움을 주는 것을 목표로 워싱턴 D.C.에서 설립된 The Pet Care Trust의 'Pets in the Classroom'이 2021-22학년도에 classroom pet의 교실 도우미 역할을 경험한 교사들을 대상으로 한 설문조사 분석 결과에서 응답 교사 중 99%는 classroom animals(교실반려동물)와의 긍정적 경험을 한 것으로 답하였다. 또 92%의 교사는 '교실 반려동물' 프로그램을 강력히 추천하고 싶다고 답하였다.

---

2 https://www.petsintheclassroom.org/dogs-in-the-classroom-educational-program-research/

2) 2021-22학년도 교사 대상 설문지 분석 결과(출처: Pets in the Classroom)

① 출석률 향상(attendance): 설문에 참여한 교사 중 86%는 교실 반려동물 덕분에 아동들의 결석이 줄어든 것으로 보고하고 있다.

② 불안감 감소(decreased anxiety): 설문에 참여한 교사 중 95%는 교실 반려동물 덕분에 교실 아동들의 불안이 감소하는 것을 보았다고 했다.

③ 공감력 증가(empathy/compassion): 설문에 참여한 교사 중 약 98%는 교실 반려동물 덕분에 아동들의 공감능력이 향상되어 스스로의 거친 행동에 대한 자제력이 향상되고, 타인의 행동에 대한 공감능력이 향상된 것으로 답하였다.

④ 성적 향상(academic performance): 약 84%의 교사가 교실 반려동물에게 소리 내어 책 읽기를 한 학생들이 시험점수의 향상을 보여주었다고 응답하였다.

⑤ 책임감 향상(responsibility): 교사 응답자의 약 98%가 교실 반려동물을 보살피고 이들과의 상호작용을 통해서 아동들의 책임감이 증가한 것으로 답하였다.

⑥ 자아존중감 향상(self-esteem): 교사들 중 93% 이상이 아동들의 자아존중감의 향상을 경험한 것으로 응답하였다. 교사들은 교실 반려동물(classroom pet)에게 말을 건네는 아동들은 반려동물에게 일어나는 소소한 일들에 주의를 기울이게 되고 배려하면서, 마치 사람에게 실제로 말을 건네듯 긴장을 풀고 편안하게 자신의 생각을 말하므로 사회적 기술(social skills)이 향상되고, 이를 통해서 자아존중감이 향상하면서 아동들의 또래관계에도 도움을 준다고 답하였다.

⑦ 사회적 기술 향상(increased social skills): 96%의 교사들은 아동들의 사회적 기술 향상을 증언하였다. 동물과 잦은 대화를 통해서 대화의 기술을 습득하고 또래관계에서도 이를 적용하게 되면서 교실 아동들의 사회적 기술이 향상되고, 새롭게 친구들을 사귀게 된다. 또한 아동들의 관계에서 교실동물이 icebreaker의 역할을 하면서 아동들의 공동 화

제로 등장하게 되고, 이는 아동들의 새 친구와의 관계 향상에 도움을 준다고 보고한다.

⑧ 활동 참여(Student engagement): 96%의 교사들은 교실 반려동물이 학생들의 학습활동이나 교실활동 참여율 증가에 도움을 준 것으로 답하였다.

⑨ 학생훈육 감소(Decrease in necessary student disciplinary measures): 대부분의 교사들은 교실 반려동물의 존재는 아동들 간의 부정적인 언행으로 인한 의견충돌을 감소시켜서 소란도 줄어들고 교사의 훈육의 필요도 감소한 것으로 보고하였다.

이와 같이 아동들이 자신보다 약하고 보살핌이 필요한 교실 반려동물에 대해서 관심을 기울이고 배려를 해줌으로써 스스로의 행동을 조절하고 절제하며, 이를 기반으로 다른 친구들에게도 배려하는 태도가 생겨난다. 궁극적으로 이는 아동들의 정서안정과 사회적 기술 향상으로 이어진다.

결과적으로 교실 동물의 존재 효과를 기반으로 한 학교 교실에서의 치료도우미 동물은 학생들에게 학업적으로, 사회적으로, 정서적으로 긍정적인 효과를 준다(Beetz, 2013; Brelsford et al., 2017; Hergovich et al., 2002; Kotrschal & Ortbauer, 2003; Kropp &, 2017).

특히 교실에서의 읽기도우미견은 다음과 같은 효과를 가져온다는 연구결과들이 이어지고 있다.

- 읽기부진아동을 격려하고
- 학습 동기를 자극하거나
- 비판단적인 친구 역할을 해주면서
- 자아존중감이 향상된 학습부진 아동들의 놀라운 변화 초래

2. 동물매개교육

1) 인도주의교육(또는 생명존중교육 Humane Education)

(1) 용어 정의

'Humane Education'은 '살아있는 것(living things)에 대한 연민(compassion)과 존중(respect)을 기르기 위한 교육'이며, '사람, 동물, 환경에 대한 연민과 존중의 필요성에 대한 이해를 장려하고, 모든 생물의 상호의존성(interdependence of all living things)을 이해하도록 하는 교육과정'으로 인도적 교육, 인도주의교육, 또는 생명존중교육으로 번역된다(Latham Foundation, 2022).

즉 인도주의교육(또는 생명존중교육)은 동물에 대해, 다른 사람에 대해, 모든 환경에 대해서 존중하고, 동정하고, 공감을 보임으로써 다른 사람들을 돕기 위한 과정이다. 인도주의교육은 개인의 책임감(personal responsibility)의 가르침이다.

'Institute for Humane Education(IHE)'은 인도주의교육 또는 생명존중교육으로 번역되는 'Humane Education'을 넓은 의미로는 살아있는 존재(living beings), 즉 생명체에 대한 연민(compassion)과 존중을 길러주는 교육으로 정의하고 있다.

미국에서 1996년에 설립되어 아프리카를 제외하고 미국, 캐나다, 유럽, 호주, 아시아, 남아메리카 등 전 세계에서 연민과 존중을 다음과 같이 표현하고 있다.

인도주의교육(생명존중교육 Humane Education)
||
동물보호(Animal Protection)
+
사회정의(Social Justice)
+
환경윤리(Environmental Ethics)

동물보호(Animal Protection)는 동물 학대를 줄이고 사람과 동물 사이의 긍정적 관계 증진을 의미한다.

사회정의(Social Justice)는 다루기 힘든 문제에 직면한 청소년들이 공감(empathy), 친절(kindness), 이해(understanding)를 촉진하고, 모두를 위한 보다 정의롭고 포용적인 사회 조성을 의미한다.

환경윤리(Environmental Ethics)는 학생들이 자연자원(natural resources)과 환경(environment)을 보호하면서 지속가능한 사회를 위한 노력을 할 수 있도록 격려하기 위한 탐구(inspiring inquiry), 경외(reverence), 책임감(responsibility) 고취를 의미한다.

즉 인도주의교육은 인간 이외의 동물(non-human animals)에 대한 인도적인 대우에 초점을 맞추는 것 외에도 다른 사람들에 대한 연민적인 대우 그리고 환경과 관련된 내용이 포함되며, 사람과 지구 관련 이슈들의 상호 연결성과 관련된 내용들이 점점 더 많이 포함되고 있다.

(2) 역사

개별적인 교육 분야로서의 Humane Education(인도주의교육/생명존중교육)은 1800년대 후반 George Angell 등 개인들에 의해 사회적 부조리를 다루고 동물에 대한 학대를 막기 위한 시도로 만들어졌다.

학교에 기반한 프로그램과 활동 외에도 동물보호소, 동물매개중재기관, 인간교육센터, 청소년클럽, YWCA, YMCA, 문화센터 및 종교 센터 등이 인도주의교육을 위한 다양한 교육활동을 펼쳐왔다.

현재 인도주의교육은 동물복지단체(animal welfare organizations)와 Latham Foundation(1918년 설립), the Association of Professional Humane Educators (APHE, 전문인도주의교육자협회), 국제인도주의교육네트워크(InterNIChe), ACTAsia (2006년 설립)와 같이 주요 관심사에 인도주의교육을 포함하는 단체들에 의해 수행되어왔으며, 근래에는 동물매개중재 연구 및 실행기관들에 의해 학교나 사회단체, 직장 등에서 인도주의교육 프로그램을 실행하고 있다.

(3) 교육목표 및 내용, 교육전략

인도주의교육(또는 생명존중교육)은 인간이 동물을 비롯한 생명체와 인간과 동물이 살고 있는 자연환경에 대한 관심과 배려를 바탕으로 동물의 행복하고 건강한 삶을 위한 배려를 배우고, 이를 바탕으로 자신뿐만 아니라 다른 사람의 삶에 대한 이해와 배려를 학습하며, 학습을 통해서 인간과 동물의 삶의 기반인 자연환경의 지속적인 보전을 위한 실천을 목표로 한다.

인도주의교육에서는 아이들이 동물을 친절하게 대하는 법을 배움으로써 그들이 사람들에게도 똑같이 배려하고 이해하는 태도를 실천할 수 있도록 하는 것이다.

인도주의교육프로그램은 학교에서 다양하게 이루어지고 있으며, 관련 전문가나 교사에 의해 실행된다. 방법은 정규교과과정이나 보충수업 형태로 이루어진다.

Latham[3]은 인도주의교육과정을 다음과 같이 6단계로 표현하고 있다.

- 동물에 대한 친절
- 서로에 대한 친절
- 다른 사람들에 대한 친절
- 내 나라에 대한 친절
- 다른 나라에 대한 친절
- 세계에 대한 친절

Institute for Humane Education(2022)에 의하면 동물매개교육(Animal-assisted education, AAE)은 동물에 대한 직접적인 상호작용/인식(direct interaction/perception of animals)을 활용하여 학습을 강화하는 교육이다. 이러한 프로그램 중 하나로 유기견센터의 개들(shelter dogs)이 참여한 프로그램을 통한 학교폭력예방과 인성교육 프로그램이 있으며, 도움을 필요로 하는 동물에 대한 참여아동들의 인식변화와 학교에서의 공격적 태도의 감소, 공감력 향상 등과 같은 긍정적 효과들이 보고되고 있다.

3 https://www.latham.org/about/latham-steps/

그림 4-3 인도주의교육 6단계

출처: Latham, used by permission.

즉 동물을 매개로 한 인도주의교육 프로그램은 참여아동의 친사회적 행동과 태도의 긍정적 변화에 효과적이다. 한편, 인도주의교육을 연구하고 실행하는 기관들은 다음과 같다.

인도주의교육 기관들(List of Humane Education Organizations)

- Humane Education Coalition
- Institute for Humane Education
- Association of Professional Humane Educators
- Latham Foundation for the Promotion of Humane Education
- Bands of Mercy
- Factory Farming Awareness Coalition
- HEART
- Animalearn
- External links
- ACTAsia for Animals
- Academy of Prosocial Learning
- The Association of Professional Humane Educators(APHE)
- Green Chimneys
- Humane Education Coalition
- Humane Environmental Education(HEED®)
- Humane Education Advocates Reaching Teachers(HEART)
- Institute for Humane Education
- The Latham Foundation
- Humane Education at the MSPCA
- The National Humane Education Society

2) 호주 안전교육 프로그램 'Delta Dog Safe'

(1) 필요성

최근에는 동물을 활용한 아동의 사회적 기술 향상을 포함한 인성교육, 생명교육 및 환경보전교육의 실행이 활발하다. 오스트리아를 비롯한 유럽 국가들이나 호주 등지에서 아동들의 정서 안정을 위해 교사의 반려견이 교실에 머물게 하는 시도와 연구도 이어지고 있다. 또 일본이나 한국에서는 아동들의 인성교육 및 정서안정을 목적으로 한 동물교감치유를 위해 학교동물 키우기를 실행 중이다.

동물매개중재 프로그램의 활발한 실행과 함께 최근 20여 년 동안 개를 비롯한 동물의 읽기도우미견 프로그램을 포함하여 학교 교육 프로그램 참여가 급속도로 증가하면서 국제적으로도 아동과 동물의 안전과 동물복지에 대한 우려의 목소리 또한 높아지고 있다.

뿐만 아니라 동물매개중재교육 참여자들의 부주의에 의해 발생되기 쉬운 참여동물의 부상 사고나 학대 또한 예방되어야 한다. 따라서 AAE(동물매개교육) 프로그램에 참여를 원하는 아동과 치료도우미동물의 안전과 복지를 위해서 핸들러, 참여아동, 교사를 비롯한 AAI 프로그램 참여신청 기관 관계자들 등 모두 사전교육이 필요하다.

(2) 대상

4~8세의 초등학교 유치원 및 저학년 아동과 어린이집 아동을 대상으로 한다. 해당 아동들의 보호자들에게는 안전교육 소책자가 배부된다.

(3) 실행자격

동물행동학을 전공하였거나 교육전문가가 아동 연령층에 맞게 교육한다.

(4) 교육현황

전국적으로 초등학교의 읽기부진 아동을 대상으로 한 동물매개읽기(AAR) 프로그램을 실행하고 있는 오스트레일리아에서는 개물림 사고의 예방을 위해서 안전사고예방 프로그램을 최근에 정부 주도로 실행하기 시작했다.

2021년 태즈메이니아(Tasmania) 주정부는 Delta Society Australia에서 개발한 안전사고예방 프로그램을 리딩독 프로그램을 신청한 태즈메이니아주의 모든 학교들에서 의무적으로 실행하도록 하여 학교 관계자들과 학생들이 '동물에 대한 지식'과 '개물림 사고 예방을 위한 안전 수칙' 등의 행동요령을 익히도록 했다. 즉 Delta Society Australia에서 개발한 안전교육 프로그램인 'Delta Dog Safe'의 실행을 의무화하고 태즈메이니아 주정부가 소요 예산을 전액 지원하였다(Delta Society Australia, 2022).

리딩독 프로그램 신청학교를 대상으로 실행된 태즈메이니아주 정부 주도의 안전사고예방 프로그램의 성공을 바탕으로 2022년부터는 오스트레일리아 6개 주 전체에서 리딩독 프로그램을 신청한 학교의 학생들과 학부모의 반려견에 대한 인식과 상호작용 시 주의사항 및 반려견의 신체언어 인지 등을 내용으로 한 개물림 사고 예방 프로그램이 연방정부의 전액 지원으로 실행되고 있다.

(5) 교육내용

총 30분에 걸친 1회 교육으로 프로그램 진행은 위협적이지 않은 봉제인형으로 만들어진 개들과의 상호작용과 역할극이 포함되어있으므로 개를 무서워하는 아동들도 두려움이 없이 참여할 수 있다. 교육내용은 다음과 같다.

- 개의 신체언어를 읽는 방법
- 개와 안전하게 소통하는 방법
- 개에게 안전하게 접근하는 방법
- 특정 상황에서 안전하게 반응하는 방법

3) 동물매개읽기교육(Animal-Assisted Reading Education)

그림 4-4 Children reading to a dog loudly

출처: ITA R.E.A.D., U.S.A., used by permission.

(1) 읽기부진

모든 읽기부진(all reading difficulties) 이 읽기장애(learning disabilities)에서 비롯되는 것은 아니다(NICHY, 2004). 일부 학생들은 읽을 수 있지만 읽기를 기꺼이 선택하지 않을 뿐이다. 그들은 그야말로 읽기를 내켜 하지 않는 학생(reluctant readers)이다. 그들은 독서장애는 없지만 공부와 관련된 문제가 있다. 이와 같이 읽을 수는 있지만 읽기를 내켜 하지 않는 학생들(reluctant readers)의 수가 증가함에 따라 사회적 관심사가 되고 있다. 이들을 'reluctant readers'(Worthy, 1996)라고 한다.

이와 같이 독서에 흥미가 없는 'reluctant readers' 들은 읽기능력이 점점 줄어들고 학년이 올라갈수록 점점 더 읽기가 부담스러워지면서, 결국은 읽기능력이 뒤처지게 되어 학습부진아동(struggling readers)이 된다(Beers, 2003).

이처럼 독서에 흥미가 없는 아동들을 위해서 읽기에 대한 흥미를 이끌어내고, 동기를 향상시키는 일이 무엇보다도 중요하며, 이를 위한 새로운 읽기방법이 필요하다.

치료(읽기) 도우미동물은 학습부진으로 불안이나 스트레스를 느낄 수 있는 학생들에게 편안함과 지원을 제공할 수 있다. 예를 들어, 개는 읽기 방법을 학습하는 아동들에게 편안하고 비판적이지 않은 환경을 제공할 수 있으므로 학생들이 수업 시간에 또래들이나 교사 앞에서 소리 내어 읽기를 할 때 받는 부담을 줄여줄 수 있다.

따라서 조용히 귀를 기울여주는, 감촉 좋은 부드러운 모발의 개의 존재는 아동들의 스트레스를 줄이고, 심박수를 낮추며, 혈압을 낮춰주는 등 관찰이 가능한 불안 징후를 줄일 수 있다(Jalongo et al. 2004; Katcher et al., 1983).

(2) 개가 참여하는 학교 읽기프로그램

동물에게 책을 읽어주는 Animal Assisted Reading(AAR), 즉 동물매개읽기 프로그램은 초등학교 읽기부진 아동들의 문해능력 향상을 목표로 비판하지 않는 동물들의 참여를 통한 아동의 읽기능력 향상을 목표로 하는 새롭고 신선한 방식의 읽기이다. 그 중 읽기도우미견(Canine- Assisted Reading)

프로그램은 아동들의 정서를 안정시키고 편안한 읽기 환경을 조성해주는 반려동물 중 특히 인간과의 유대관계 형성이 좋으며, 인간과의 상호작용과 훈련효과가 뛰어난 반려견을 선택한다. 선택된 반려견은 훈련, 평가, 인증 및 등록 과정을 거쳐서 핸들러와 자원봉사팀을 구성하여 학교와 도서관 등지에서 아동들의 읽기 파트너로 참여하게 되는 새로운 스타일의 프로그램이다.

개는 사람의 외로움을 완화하고, 신뢰를 키우고, 의사소통을 개선하고, 인지기능을 향상시키며, 통증으로부터 분산되는 환경 제공으로 약물 치료의 필요성을 줄이고, 환자의 빠른 회복을 위한 동기를 제공할 수 있다.

역사적으로 사람들은 치료 환경에서 동물들(예, 치과 병원의 수족관 물고기)을 사용해왔다. 지난 수십 년 동안 동물 중 특히 '개'는 학교, 병원, 외래 환자 프로그램 및 교도소(Chandler, 2001)를 포함한 치료 환경에서 공식적으로 사용되었다.

동물매개중재 프로그램 연구결과에서 스트레스와 불안을 낮추는 '개'의 이점들이 입증되면서(Bueche, 2003; Jalongo, 2005; Pillow-Price, 2014; Siegel, 2004; Treat, 2013) 학교 등 교육기관에서도 동물의 중재를 통한 독서장려와 독서능력 향상에 도움이 되는 동물의 중재를 허용하고 '개'의 참여를 장려하기 시작했다.

1999년에 세계 최초로 읽기도우미견 프로그램 'R.E.A.D.를 개발한 S. 마틴(S. Martin)은 ITA 이사회 위원이자 직업간호사로 병원에서 불안이나 스트레스 감소 치료에 도움이 되는 동물매개치료의 긍정적인 효과를 경험하였다. 이후 AAT 프로그램을 학교의 읽기부진 아동을 위한 프로그램에 응용하면 효과적이지 않을까 하는 생각에서 읽기도우미견 프로그램, 즉 리딩독 프로그램을 개발하게 된 것으로 알려져 있다.

그림 4-5 'COVID-19' 팬데믹 시기에 마스크 착용하고 개에게 책 읽어주기

출처: ITA R.E.A.D., used by permission.

그림 4-6 운동장 잔디 위에 앉아 1:1 리딩독 프로그램 진행 중

출처: Story Dogs, Australia. used by permission.

Chapter

05

동물매개읽기교육

(Animal-Assisted Reading Education)

READING DOG

그림 5-1 Children Reading to a Dog in U.S.A.
(다른 학생들과 분리되어 편안하게 교실 한쪽 공간에서 1:1 또는 2:1로 리딩독 프로그램 참여)

출처: SitStayRead, used by permission.

1. 용어 정의

초등학교를 입학한 어린 아동들의 읽기 학습 중 특히 '소리 내어 책 읽기'는 복잡한 과정이다. 어린 아동들은 교실의 또래 친구들 앞 또는 교사나 부모와 같이 아동들의 읽기수준을 평가하는 성인들 앞에서 크게 소리 내어 읽을 때 스트레스를 느낀다. 읽기에 어려움을 겪는 아동의 경우에는 이와 같은 소리 내어 읽기의 반복으로 인해서 위축감을 겪기도 한다(Fuchs & Fuchs, 2005). 결과적으로 읽기학습의 어려움을 경험하는 아동들은 읽기를 회피하려는 태도가 나타나게 되고 점점 읽기에 대한 흥미나 동기를 잃게 된다(Jalongo & Hirsh, 2010).

다행히 아동들은 사람 앞에서보다 동물들 앞에서 긴장감이 줄어들고 스트레스가 낮아지며 마음이 편안해지는 경향이 있다. 따라서 그동안 동물매개치료(AAT) 프로그램이 병원, 요양원, 유아원 및 학교 등지에서 실행되어 치료효과를 가져오는 것에 착안한 1999년 미국 동물매개중재기관인 ITA에 의해서 최초로 아동들의 읽기교육 프로그램에 동물이 참여하는 아이디어가 개발되었다.

즉 동물매개읽기(AAR) 프로그램이란 어린 아동들이 교실에서 또래나 교사 앞에서 긴장하며 책을 소리 내어 읽는 대신, 편안하게 꾸며진 환경의 특별공간이나 학교 도서관 등지에서 훈련된 반려동물에게 소리 내어 책을 읽으며 이를 통해서 책 읽기에 대한 흥미를 끌어낼 수 있도록 개발된 '동물을 매개로 한 읽기프로그램'이다.

세계 최초의 공식적인 AAR(Animal Assisted Reading) 프로그램인 ITA의 'R.E.A.D.(Reading Education Assistance Dogs)'는 인간과의 유대관계를 기반으로 상호작용이 뛰어나고 훈련 효과가 우수한 반려동물인 '개'의 참여를 통해 아동의 책읽기에 대한 불안감과 스트레스를 낮추고, 책읽기에 대한 흥미와 호기심을 이끌어내며, 궁극적으로 아동들의 문해능력 향상을 통한 의사소통 능력 발전을 목표로 하는 동물매개중재(AAI) 프로그램이다(ITA R.E.A.D., 2022).

이후 미국에서 설립된 B.A.R.K.(AKC), B.A.R.K.S.(Helping Dogs International) Good Dog Foundation, Read with Me(Pet Partners), SitStayRead 등 대부분의 동물매개읽기(AAR) 프로그램들은 ITA R.E.A.D.와 마찬가지로 읽기도우미동물로 충성스럽고 훈련 효과가 우수하며, 사람과의 소통능력이 뛰어난 '개'를 주로 선택하고 있다.

'개에게 소리 내어 책을 읽어주기' 프로그램은 '개'가 참여하는 읽기 프로그램이라는 의미로 'Canine-Assisted Reading Program(Beetz & McCardle, 2017; Fung, 2017; Kirnan et al., 2020; Lane et al., 2013; Sorin, 2015)' 또는 'Dog-Assisted Reading Program(Kirnan et al., 2018; Chantelle et al., 2019)'으로 표현된다.

또한, '읽기 교육에 개의 참여를 통한 도움을 받는다'는 의미의 'Reading Education Assistance Dog Program(Jalongo, 2005)'으로도 표현된다. Hall 등(2018)은 '아이들이 개에게 소리 내어 책을 읽어주는 프로그램'이라는 의미의 'Children Reading to Dogs Program'으로 표현하였다.

읽기도우미견은 무엇보다도 성격이 좋고 사람들을 좋아하며, 기본 복종 훈련이 되어있는 반려견으로 AAI에 참여하는 'therapy animals'가 필요로

그림 5-2 품에 안긴 작은 강아지에게 소리 내어 책 읽어주기

출처: ITA R.E.A.D., used by permission.

하는 훈련, 평가, 인증과정을 마쳐야 한다. 학교 교실이나 도서관에서 아동들의 읽기교육 프로그램에 참여하는 읽기도우미견이 되기 위해서는 반려견이 특히 어린아이들을 좋아하는 성품이어야 한다.

'읽기도우미견'은 치료도우미동물이 되기 위한 훈련과정을 모두 마치고 추가로 읽기교육을 위한 도우미견에게 필요한 프로그램훈련을 이수한 후 평가와 인증 및 등록 과정을 거친다. 이후 동물매개교육(AAE)에 필요한 교육과정을 완수한 반려인 또는 핸들러와 팀을 이루어 학교와 도서관 등지에서 <아동이 개에게 소리 내어 책 읽어주기> 프로그램에 참여하는 '개'로 정의된다(AVMA, Connell et al., 2019; Henderson et al., 2020; Pet Partners, R.E.A.D., 2022).

읽기도우미견(Reading Dog) 프로그램에서 치료도우미동물(Therapy Animal)의 역할은 읽기에 대한 불안과 위축감이 있는 읽기부진 또는 학습부진 아동의 불안을 낮춰주는 역할로 '진정 효과(calming effect)'의 장점이 크다(Anderson, 2016; Booten, 2011; Le Roux et al., 2014; Kirnan et al., 2020).

사람들은 동물과의 친밀감이나 유대의 정도와 관계없이 동물을 바라보는 것만으로도 불안이나 긴장이 감소될 수 있다. 읽기부진아동은 교실에서 또래 아동들이나 교사 앞에서 읽기 할 때 느끼는 스트레스와 불안감, 위축감이 동물과의 읽기에서는 낮춰지면서 편안한 읽기를 경험할 수 있다.

반려동물과 치료도우미 동물로는 개와 고양이가 가장 일반적으로 선택되고 있으나 그 외 상황에 따라서 여러 종류의 동물이 선택되기도 한다(Pitts, 2005).

읽기도우미동물(또는 읽기도우미견)을 칭하는 용어는 'therapy animal(dog)'(Kirnan et al., 2016), 'reading assisted dog'(Henderson et al., 2020), 'reading dog'(Kirnan et al., 2016; Lane & Zavada, 2013) 등으로 표현되고 있다(표 5-1).

그림 5-3 친절과 창의적 사고 교육이 되는 교실 반려동물 돌보기

표 5-1 읽기도우미견 용어(Terminology of Reading-Assisted Dog)

Terminology	Reference
독서도우미견	강주연(2021, 2022), 박창균(2020)
독서보조견	최세환(2006), 허순영(2013)
리딩독	윤혜경(2022), 이형석 등(2018)
읽기교육보조견	이형석 등(2018), 최세환(2006)
읽기도우미견	윤혜경(2020, 2022)
치료도우미견/치료도우미동물	김옥진(2017), 문현민(2019), 임은경(2018)
animal assisted literacy dog	Dragani-Reagan(2019)
literacy dogs	Dragani-Reagan(2019)
reading assistance dog	Alameri(2012), Lenihan et al.(2016), Levinson et al.(2017)
reading dog	Barber & Proops(2019), Lane & Zavada(2013), Le Roux et al.(2014), Kirnan et al.(2016), Walsh(2014)

Terminology	Reference
reading therapy dog	Anderson(2016), Jalongo(2005), Kirnan et al.(2016), Klotz(2014)
therapy animal(dog)	Chandler(2012), Fine(2010), Fung(2017), Kirnan et al.(2016), Le Roux et al.(2014), Smith(2010)
therapy dog for reading	Clune(2019)

출처: 강주연(2022); 윤혜경(2022).

동물매개중재(AAI)에 참여하는 동물의 종류에 따라서 다음과 같이 표현되기도 한다(Min & Zaw, 2016).

Pet-Facilitated Therapy(PFT)

반려동물이 치료촉진자의 역할을 하는 Pet-Facilitated Therapy(PFT)에는 개, 고양이뿐만 아니라 새, 토끼, 기니피그, 물고기 등이 참여하며, 참여하는 동물에 따라서 다음과 같이 표현된다.

- 개의 참여 : Canine-Assisted Therapy(CAT)
- 고양이의 참여: Feline-Assisted Therapy(FAT)
- 말의 참여 : Equine-Assisted Therapy(EAT)
- 돌고래의 참여: Dolphin-Assisted Therapy(DAT)

일반적으로 미국을 비롯한 여러나라들의 읽기도우미견 프로그램에서는 'therapy animal' 교육을 마친 치료도우미동물 중에서 읽기도우미 동물로는 어린 아동들이 가장 친숙하게 여기는 '개'를 선택하고 있으며, '개'는 '동물관리'나 '이동성' 그리고 '교육효과' 등에서 특히 우수하다(Nimer & Lundahl, 2007).

AAR(Animal-Assisted Reading)에 참여하는 동물이 주로 반려견인 '개'이므로 개를 의미하는 'Canine'이나 'Dog'이 읽기에 도움을 준다는 의미로 다음과 같이 표현되고 있다(표 5-2).

- Canine(Dog)-Assisted Education(Jalongo et al., 2018)
- Canine(Dog)-Assisted Read aloud(Fung, 2017)
- Canine(Dog)-Assisted Reading(Beetz & McCardle, 2017; Fisher & Cozens, 2014; Fung, 2017; Kirnan et al., 2020; Lane et al., 2013; Linder et al., 2018; Sorin, 2015)
- Canine(Dog)-Assisted Reading Intervention(Prater, 2018)
- Canine(Dog)-Assisted Therapy(CAT) Reading Program(Mayer, 2018)
- Children Reading to Dogs(Hall et al., 2016)
- Reading Dog Program(Strand, 2012)
- Reading to a Dog Program(Stefania et al., 2018; Uccheddu et al., 2018)

뿐만 아니라, 문해능력에 도움을 준다는 의미로 다음과 같이 표현한다.

- Canine(Dog)-Assisted literacy program(DLPs)(Chantelle et al., 2019; Fisher, 2014; Kirnan et al., 2018; Rousseau, 2018)

또는 읽기를 위해 개가 방문하는 프로그램이라는 의미로 표현하기도 한다.

- Canine(Dog)-Reading Visitation Program(Bassette & Taber-Doughty, 2013)

세계 여러 나라의 90개 이상의 연구기관과 학자들이 회원으로 참여하고 있는 IAHAIO의 2014년과 2018년 두 차례에 걸친 '용어정의(term definition)' 발표에도 불구하고, 이와 같이 AAI 프로그램을 지칭하는 표현이 통일되지 않고 있는 것에 대해 Fine(2019), Kruger & Serpell(2010), Winkle 등(2020)은 AAI 용어 혼용의 문제점을 지적하고 있다.

한편, 리딩독 프로그램을 최초로 개발하고, 세계적으로 6,500여 개가 넘는 읽기도우미견팀이 활동하며, 학교 현장에서 실행되고 있는 Children Reading Dog Program의 선두주자인 ITA 'R.E.A.D'는 '읽기도우미견'을 'literacy mentors'로 등록하고 있다(Friesen, 2009; ITA R.E.A.D., 2022).

국내에서는 'Reading Dog Program'(Strand, 2012) 표현을 연도별로 보면

읽기교육 보조견 프로그램(이형석 등, 2018; 최세환, 2006), 독서도우미견 프로그램(순천시 기적의 도서관, 2009; 강주연, 2021, 2022; 윤혜경, 2020, 2022), 독서보조견 프로그램(허순영, 2013), 동물매개중재활동(김옥진, 2018), 동물매개치료(문현민, 2018), 동물교감교육(성소영, 2019), 동물매개교육(김유겸, 2019; 백승희, 2019), 동물매개독서교육 프로그램(박창균, 2020), 읽기도우미견 프로그램(강주연, 2021, 2022; 윤혜경, 2020, 2022), 리딩독 프로그램(강주연, 2022; 윤혜경, 2022; 이형석 등, 2018) 등으로 번역되어왔다(표 5-2).

표 5-2 동물매개읽기(AAR) 프로그램 용어(국제, International)

Terminology	References
Animal-Assisted Education Reading Programme	Davidson(2015)
Animal-Assisted Intervention on the Reading	Beetz(2017), Linder et al.(2018)
Animal-Assisted Literacy Program	Dragani-Reagan(2019), Friesen & Delisle(2012), Treat(2013)
Animal-Assisted Literacy Mentoring	Friesen & Delisle(2012)
Animal-Assisted Learning	Friesen & Delisle(2012), Reilly et al.(2020)
Animal-Assisted Reading	le Roux et al.(2014), Sorin et al.(2015)
Animal-Assisted Therapy on Reading	Griess(2010)
Animal-Assisted Therapy Reading Programs	K. Smith(2010)
Canine(Dog)-Assisted Reading Aloud	Beetz & McCardle(2017), Fisher & Cozens(2014), Fung(2017), Kirnan et al.(2020), Linder et al.(2018), Sorin(2015)
Canine(Dog)-Assisted Reading Intervention	Prater(2018)
Canine-Assisted Therapy(CAT) Reading Program	Mayer(2018)
Children Reading to Dogs	Hall et al.(2016)
Classroom Canines Program on Children's Reading	Sorin et al.(2015)

Terminology	References
Dog–Assisted Literacy Program(DLPs)/ Dog Assisted Reading	Chantelle et al.(2019), Kirnan et al.(2018)
Dog–Reading Visitation Program	Bassette & Taber–Doughty(2013)
Literacy Mentor's Program/ Reading Assisted Dog Education	U.S.A. R.E.A.D.(2022)
Reading Animal Programs	Smith(2010)
Reading Dog Program	Strand(2012)
Reading to a Dog Program	Stefania et al.(2018), Uccheddu et al.(2018)
Therapy Dog Elementary School Reading Inspiration Program	Dragani–Reagan(2019)

출처: 강주연(2022).

표 5-3 동물매개읽기(AAR) 프로그램 용어(국내, Domestic)

Animal-Assisted Reading	Pet Partner	References
독서보조견 프로그램	핸들러	최세환(2006), 허순영(2013)
동물매개중재활동	핸들러	김옥진(2018)
동물매개치료	핸들러	문현민(2018)
동물교감교육	핸들러	성소영(2019)
리딩독 프로그램	핸들러	강주연(2022), 윤혜경(2020, 2022), 이형석 등(2018)
읽기교육 보조견 프로그램	핸들러	이형석 등(2018), 최세환(2006)
동물매개교육 프로그램	핸들러	김유겸(2019), 백승희(2019)
개(도우미견)에게 책 읽어주기 프로그 램, 동물매개독서교육 프로그램	견주(핸들러)	박창균(2020)
읽기도우미견 프로그램	핸들러	윤혜경(2020, 2022)
독서도우미견 프로그램	핸들러	강주연(2021, 2022) 순천시 '기적의 도서관'(2009)

출처: 강주연(2022).

2. 동물매개읽기교육 프로그램의 필요성

초등학교에 입학한 어린 아동들의 읽기 학습은 아동들에게 부담이 된다. 그중에서도 특히 '소리 내어 책 읽기'는 아동에게 쉽지 않은 과정이다. 교실의 또래 친구들이나, 교사, 또는 부모와 같이 자신들의 읽기 수준을 평가하는 사람들 앞에서 크게 소리 내어 읽기는 어린 아동들을 움츠러들게 하는 스트레스가 될 수 있다(Fuchs & Fuchs, 2005).

이러한 학습 과정에서 어려움을 경험한 저학년 시기의 아동들은 종종 읽기에 대한 동기를 상실하거나 불편한 불안감이 높아지면서 갈수록 함께 읽기를 회피하는 경향이 있다(Jalongo & Hirsh, 2010).

읽기능력이 뒤처져서 소리 내어 읽기에 대한 스트레스가 크고, 실수를 두려워하게 된 초등학교 아동의 경우에는 무엇보다도 읽기에 대한 불안감을 낮춰주고, 읽기 동기를 북돋울 수 있도록 하는 것이 중요하다.

'또래들 앞에서 소리 내어 읽기'에는 스트레스를 받으며 자신감을 상실한 아동들이 자신보다 연약하다고 여기는 '반려동물에게 소리 내어 읽기'를 할 때에는 훨씬 편안함을 느낀다(https://petpartners.org/act/allears/). 아동들의 읽기에 귀를 기울여주는 반려동물은 아동들의 읽기 수준 정도를 전혀 평가하지 않으며 그저 아동의 옆에서 머물며 들어줄 뿐이므로 읽기에 자신이 없는 아동들조차도 긴장하거나 불안하지 않아도 되는 까닭이다.

어린 아동들이 반려동물에게 책을 읽어주기(Reading to pets)는 아동들이 읽기에 대해 흥미를 느낄 수 있는 좋은 읽기 방법이다. 어린 아동들은 전혀 긴장하지 않고, 불안하지도 않으며, 누구의 눈치도 볼 필요가 없이 그저 편안하게 책을 읽을 수 있다. 여러 연구들(Hall et al., 2016; Kirnan et al., 2016)에서 반려동물에게 책 읽어주기가 아동들의 읽기점수의 향상으로 이어질 수 있음을 입증하고 있다.

이들 연구에 의하면 반려동물은 사랑스럽고 비판단적이므로 아동들이 교실에서보다 반려동물에게 책읽기에서 더 편안함을 느끼며, 이는 아동들의 읽기습관을 키워줄 수 있는 계기가 된다. 이를 바탕으로 아동들의 책 읽기 시간이 늘어나고, 읽기점수의 향상으로 이어진다.

Bassette(2016)은 'Canine(Dog)-Assisted Reading'의 특징을 다음과 같이 요약하고 있다.

- 아동의 책 읽기에 대한 편안한 분위기 조정을 통해서
- 아동의 불안감을 낮춰주고
- 읽기에 대한 흥미와 호기심을 키운다.

즉 동물의 중재를 통한 문해능력 향상을 목표로 하는 읽기도우미견 프로그램(Canine/Dog-Assisted Reading)은 아동의 읽기에 대한 불안을 낮춰주고, 학습부진 아동의 성장을 위한 실현방법 중의 하나로 읽기도우미동물의 중재를 통해서 학생들의 흥미와 동기를 유발하는 읽기방법 중의 하나이다.

최근 20여 년 동안 미국을 비롯한 세계 여러 나라에서 초등학교 저학년 아동을 주 대상으로 읽기능력향상을 통한 문해능력 발달과 의사소통 능력의 증진을 목적으로 대학연구기관들의 연구와 동물매개중재기관의 프로그램 실행이 활발하게 이어져 왔다.

읽기부진 아동의 읽기에 대한 흥미를 끌어내기 위한 '읽기도우미견(Reading Dog) 프로그램'은 재미있으면서도 쉬운 그림책을 선택하여 유아 시기부터 초등학교 3학년 아동들을 주 대상으로 개에게 소리 내어 책을 읽어주면서 스스로 책 읽기에 대한 편안한 경험을 할 수 있게 한다. 최근 20여 년 동안 미국을 비롯하여 세계 각국에서 훈련된 반려견의 중재를 통한 Canine/Dog-Assisted Reading, 즉 리딩독 프로그램은 참여아동과 학부모, 학교 교사 그리고 도서관 사서에 이르기까지 호응이 높다.

읽기도우미견에게 책을 읽을 때의 이점을 보크먼(Boeckman, 2015)은 다음과 같이 표현하고 있다.

a. 아동은 개가 자신들의 실수를 판단하거나 지적하지 않을 것을 알기 때문에 개를 위협적인 상대로 생각하지 않는다.
b. 개를 쓰다듬으면서 아동의 스트레스, 불안, 혈압이 낮아질 수 있다.
c. 아동들은 읽기능력을 향상하는 데에 필요한 자신감과 동기를 얻는다.

d. 개와의 긍정적인 상호작용은 아동이 읽기에 대한 긍정적 태도를 발전시키는 데에 도움을 준다.

필로우 프라이스 등(Pillow-Price et al., 2014)은 읽기도우미견의 읽기중재 효과를 다음과 같이 부언하고 있다.

a. 자아존중감이 낮은 아동의 읽기와 자신감 증진에 읽기도우미견이 효과적 도구가 될 수 있다.
b. 아동들은 개에게 책을 소리 내어 읽어주며 편안함을 느끼고, 개에게 책을 읽어주는 동안 자신의 읽기능력의 한계를 실감하지 못한다.
c. 결과적으로 읽기부진 아동을 위한 '읽기도우미견에게 책을 소리 내어 읽기' 프로그램은 아동들의 읽기능력을 향상시킨다.

또한, 교실의 또래 친구들과 교사 앞에서 부담스러운 '소리 내어 책 읽기'에서 벗어나서 '반려동물에게 편안한 장소에서 소리 내어 책 읽어주기'의 특징을 스톤(Stone, 2008)은 다음과 같이 표현하고 있다.

- No pressure(부담 없음)
- No embarrassment(당황스럽지 않음)
- No humiliation(창피함 없음)

그림 5-4 나란히 누워서 개에게 책 읽어주기

출처: ITA R.E.A.D., used by permission.

리딩독 프로그램에 참여한 아동은 도우미견에게 자신이 교사가 되어 책을 소리 내어 읽어주며 읽기에 대한 흥미를 키우게 되고, 개에게 읽기를 가르치는 즐거움과 보람을 느낄 수 있다. 그러나, 사실은 개에게 읽기를 가르치는 것이 아니라, 마음이 편안하게 귀를 기울여주는 읽기 파트너(attentive audience)인 개에게 '읽어주기를 통해서 스스로를 가르치는 역할'을 수행한다.

최초의 동물매개읽기 프로그램인 R.E.A.D.가 1999년에 미국 비영리기관인 ITA에 의해서 개발되기 전에 Friedmann 등(1983)은 아동이 '소리 내어 읽기'를 할 때 받는 스트레스에 의해 상승된 생리학적 수치들이 개가 있는 환경에서 읽기를 하면 낮아지는 것을 확인하였다.

1999년에 설립되어 2019년 기준으로 20년 동안 미국 50개 주 전체와 전 세계적으로 6,500여 읽기도우미견 자원봉사팀이 활동하며 아동의 문해능력 향상에 도움을 주는 ITA R.E.A.D.(2022)는 동물이 아동의 이상적인 읽기 친구인 이유를 다음과 같이 설명하고 있다.

- 긴장을 풀어주고
- 혈압을 낮춰주며
- 주의 깊게 들어주며
- 판단하거나, 비웃거나, 비난하지 않으며
- 아이들 각자의 속도로 읽기를 하게 해주고
- 또래 친구들보다 덜 위협적이며
- 아동으로 하여금 교사 역할을 하도록 한다.

뿐만 아니라 R.E.A.D.는 읽기도우미동물(Reading Dog)로 '개'를 선택한 이유를 '개가 소리 내어 읽을 수는 없지만, 최고의 청자(listeners)가 될 수 있어서'라고 설명한다.

R.E.A.D. 프로그램의 연구결과들은 읽기프로그램에서의 개의 존재가 아동의 긴장을 풀어주고(relaxed), 편안하고(comfortable), 안전하며(safe), 판단하지 않으며(nonjudgmental), 아동에게 교사 역할의 권한을 주며(empowering), 재미있

는(fun) 읽기 파트너가 되어 매력적이고 동기부여가 되는 읽기 환경을 만들고 있음을 입증하고 있다(R.E.A.D., 2022).

즉 반려인인 핸들러(handler)와 한 팀이 된 읽기도우미견(Reading Assisted Dog)은 '학교 교실이나 도서관 등지에서 읽기부진 아동들의 읽기 수준을 비판하지 않고 아동들이 편안함을 느끼도록 조용히 아동 옆에 앉아 아동들의 읽기에 귀를 기울여준다.'는 특징이 읽기부진 아동의 읽기에 대한 흥미를 이끌어내고, 책 읽기에 대한 동기를 키운다(Hall et al., 2016; Johnson, 2017).

동물매개읽기교육(AAR) 전문가들은 다음과 같은 믿음들을 근거로 아동들의 책 읽기 훈련에 개의 중재를 시도하는 중이다(Jalongo, 2005).

- 개는 어린아이들의 최고의 친구이다.
- 아이들은 책 읽기를 하면서 편안하게 개와 놀 수 있다.
- 개는 수줍은 성품의 아동에게 용기를 줄 수 있다.
- 어린아이들과 개는 서로를 이해할 수 있다.

아동은 개를 쓰다듬거나, 개 등에 손을 얹거나 개를 품에 안은 채 책을 읽을 수 있으며, 개와의 상호작용을 시도하도록 하는 읽기도우미견 프로그램(Canine/Dog-Assisted Reading)은 문해능력을 향상시키는 독특한 방법으로 아동에게 읽기와 관련한 특별한 경험을 제공한다(Fitch, 2017).

아동이 동물에게 책을 소리 내어 읽어주는 '동물매개읽기(AAR) 프로그램'은 아동의 문해능력(literacy skill) 향상을 위해 아동의 읽기에 대한 긍정적 정서의 함양을 시도한다. 즉 위협적이지 않고 비판하지 않는 특성을 지닌 동물의 중재를 선택하는 새로운 방식의 읽기 프로그램인 읽기도우미견 프로그램(Canine/Dog-Assisted Reading)은 참여아동뿐만 아니라 학부모, 도서관 사서, 그리고 학교 관계자들의 열렬한 환호를 받아왔다(Fick, 2015; Kirnan & Ventresco, 2018).

특히 비웃거나 판단하지 않아서(nonjudgmental) 아동에게 편안함을 주는 개의 부드럽고 따스한 털의 감촉, 낯선 사람에게도 반가워하며 꼬리를 흔드는 모습, 반짝거리는 눈빛, 무조건적인 동물의 신뢰와 사랑이 만드는 온화한 읽기 분위기는 사회적 지지가 필요한 읽기부진 아동이나 읽기를 막 학습하기 시작한 아동의 책 읽기에 대한 긴장감을 낮춰주고 편안함과 자신감을 불어넣는다.

그림 5-5 엎드린 자세로 개의 귀를 만지며 책 읽어주기

출처: ITA R.E.A.D, used by permission.

3. 반려동물에게 책을 소리 내어 읽어주기의 장점

읽기를 배우는 어린아이들은 자신의 읽기 능력에 대해 자주 자신이 없어 한다. 더구나 또래들이나 교사가 지켜보는 앞에서 '소리 내어 책읽기'는 많은 아이들에게 스트레스를 유발하고 불안감을 안겨주는 일이다. 따라서 읽기에 자신감이 높지 않은 어린아이들은 자신들이 어떻게 읽더라도 읽기수준에 대해서 평가하지 않고 다소곳이 귀를 기울여 들어주는 반려동물에게 소리 내어 책을 읽어줄 때는 더 마음이 편안한 것으로 알려져 있다(Friesen, 2015; Kropp & Shupp, 2017; Sorin et al., 2015).

미국의 ITA R.E.A.D. 프로그램에 의하면 아동들은 '개에게 소리 내어 읽기 프로그램'을 다음과 같은 읽기방법으로 받아들인다.

- 긴장감을 늦추게 되고(relaxed)
- 편안해지며(comfortable)
- 안전하게 느끼고(safe)
- 판단받지 않으며(nonjudgmental)
- 힘이 생기고(empowering)
- 재미있는(FUN!)

또한 스미스(Smith, 2010)의 홈스쿨링 아동들을 대상으로 한 연구에서는 '리딩독' 프로그램이 학생들의 읽기 속도 향상에 효과적인 것으로 입증되었다.

트릿(Treat, 2013)의 연구에서는 리딩독 프로그램이 10대 학생들의 문해율에 미치는 영향을 조사한 결과 '개와 함께 책을 소리 내어 읽기'에 참여한 아동들은 읽기속도, 읽기 정확성, 그리고 읽기의 유창성 및 이해력에서 최소한 1년 이상 공부한 학습효과를 얻는 것으로 밝혀졌다.

커넌 등(Kirnan et al., 2016)의 연구에서는 개에게 소리 내어 읽어주기에 참여한 유치원 아동들은 읽기점수 향상에서 통계적으로 유의미한 차이를 보였다.

바셋과 타버-도프티(Bassette & Taber-Doughty, 2013)는 읽기도우미견과 함께 읽기를 한 정서행동장애(emotional and behavioral disabilities, EBD) 아동들이 읽기 프로그램에서 평소의 산만한 행동이 잦아들며 주어진 임무에 대한 집중력이 더 좋았음을 확인하였다.

홀 등(Hall et al., 2016)의 리딩독(Reading Dog) 프로그램 연구논문 48편의 비교분석 결과를 보면 리딩독 프로그램이 지속된 시간이 연구자에 따라서 다양하다. 즉 1:1의 경우는 반려동물에게 소리 내어 책 읽어주기 시간이 인사 나눔 시간을 포함하여 10~15분(Treat, 2013)이나 20분(Le Roux, 2014; Martin, 2001; Peterson, 2008) 정도이고, 그룹 읽기 경우에는 30분(Lenihan, 2016)~1시간(Smith, 2009)으로 진행되는 등 연구자와 아동의 숫자에 따라서 다양하다.

리딩독 프로그램은 1:1 리딩독 프로그램 또는 2~7명의 그룹을 대상으로 진행되었으며, 기간도 4주(Bassette, 2013)부터 5주(Lenihan, 2016), 8주(Smith, 2009), 10주(LeRoux, 2014), 13주(Griess, 2010), 16주(Moore, 2013), 15개월(Martin, 2001) 등으로 다양하다.

홀 등(Hall et al., 2016)의 선행연구 분석에서는 통계적 수치의 변화 측면에서는 차이가 없거나 효과가 없다는 연구 결과는 3편(Booten, 2011; Lenihan, 2016; Petersen, 2008)이고, 대부분의 리딩독 프로그램을 실행한 연구에서는 아동들의 읽기 태도나 참여율, 사회성 향상, 또래와의 관계 개선, 읽기 성적 향상 등 긍정적 결과들이 나타나고 있다.

비교반이 없거나 참여아동의 수가 1~3명 정도로 지나치게 소수이거나, 연구자나 관찰자 또는 교사나 학부모의 주관적인 판단에 치우친 평가로 객관성이 미비한 경우들이 있기도 하지만, 8주 이상 진행된 많은 연구들에서 실제로 아동의 읽기능력이나 읽기 속도, 읽기 점수 결과에서 통계 수치상 향상된 것으로 나타나고 있다.

대부분의 리딩독 프로그램 연구가 8~12회 정도의 단기 프로그램임에도 불구하고, 프로그램 실행만으로도 아동들의 읽기불안 감소, 읽기스트레스 저하, 읽기동기 상승 및 자신감 향상, 자아존중감 향상, 사회적·정서적 지지감 인식, 읽기에 대한 즐거움 상승, 사회적 기술 형성을 토대로 한 사회성 증가, 협동성 증가, 학급프로그램 참여태도의 긍정적 변화는 초등학교 저학년의 학교생활에 대한 긍정적 신호를 주는 중요한 효과이다.

통계 수치상 유의미하진 않았으나 실제로는 읽기능력이 향상되었다고 보고한 던랩(Dunlap, 2010)뿐만 아니라, 프리즌(Friesen, 2012), 잘롱고(Jalongo, 2004), 클로츠(Klotz, 2014), 레인(Lane, 2013), 로이드와 소린(Lloyd & Sorin, 2014), 필로우 프라이스(Pillow-Price, 2014), 쇼(Shaw, 2013), 시걸(Siegal, 2004), 소린(Sorin, 2015) 등의 연구 결과에서 학습부진이나 읽기 부진, 또는 장애를 지닌 아동들이 참여한 '개에게 소리 내어 읽기 프로그램', 즉 '리딩독 프로그램'은 참여 아동들의 행동에 긍정적 영향을 주어서 궁극적으로는 읽기성적 향상으로 이어질 수 있음도 확인된다.

즉 리딩독 프로그램은 특히 반려동물과 반려인의 연구에서 자주 언급되는 사회적 지지(Social Support), 그리고 사회적 윤활유(social lubricant) 역할을 통한 또래관계 또는 교사와 학생 관계 이어주기, 그리고 주의집중력 향상과 학급활동에의 참여태도 개선을 통한 읽기흥미와 읽기 횟수의 증가나 읽기 능력 및 성적의 향상과 같은 긍정적 효과를 뚜렷이 보여주어 아동의 학교 적응에 도움을 주고 있다(Hall et al., 2016: 17).

개에게 소리 내어 읽어주기와 또래에게 소리 내어 읽어주기 팀을 비교 연구한 레빈슨 등(Levinson et al., 2017)의 연구 결과에서도 리딩독팀 아동들이 읽기유창성 점수가 훨씬 더 높게 향상되었음을 입증하였다.

즉 아이들이 친숙하게 여기는 반려동물 중 '개'에게 소리 내어 책을 읽어주기인 '리딩독 프로그램'은 아동중심의 읽기 프로그램으로 읽기에 흥미를 잃거나 읽기가 부진한 아동들의 읽기에 대한 부담이나 자신 없음을 줄여주고 핸들러의 섬세한 배려와 지원을 통해서 아동의 자신감과 자아존중감 향상에도 도움이 된다.

기존과 다른 편안하고 새로운 책 읽기 시도인 '반려동물과 함께한 읽기'는 무엇보다도 아동의 읽기능력에 맞추어준 아동 중심의 프로그램으로 아동들에게 읽기에 대한 긍정적 이미지를 전달할 수 있다. 따라서 '리딩독 프로그램'은 초등학교 아동들, 특히 읽기가 부진하거나 학교생활에 뒤처지는 저학년 아동들을 대상으로 읽기에 대한 흥미와 호기심을 이끌어내어 궁극적으로 읽기습관을 안착시키는 효과를 가져올 수 있다.

이를 종합할 때 '반려동물(특히 개, 고양이)에게 소리 내어 읽기'의 장점을 요약하면 다음과 같다.

① 쿠션과 카펫 등이 구비되어 편안하게 조성된 한적한 특별교실이나 도서관에서 반려견과 같은 친숙한 동물이 아동의 소리 내어 읽기에 참여함으로써 아동의 읽기에 대한 스트레스가 낮아지고, 마음이 편안해진다.

② 개나 고양이 같이 살아있는 동물의 따스한 체온과 부드러운 털의 감촉을 통해서 정서가 안정된다.

③ 판단하지 않고 충성스럽게 귀를 기울여주는 동물(개)에게 신뢰를 느낀다.

④ 동물(개, 고양이, 토끼 등)을 보살피면서 책임감을 인지하게 된다.
⑤ 교실에서 경험한 읽기에 대한 부담이나 위축감을 줄여준다
⑥ 새로운 방식의 읽기로 인해 읽기에 대한 흥미와 호기심이 증가한다.
⑦ 그림동화와 같은 쉬운 책의 반복 읽기를 통해서 자신감이 향상된다.
⑧ 읽기에 대한 자신감이 형성되며 자아존중감이 향상된다.
⑨ 반려동물팀의 전폭적인 지지, 특히 성인 핸들러의 지지를 받으며 자신감과 자아존중감이 향상되고 상호작용을 통해서 사회적 기술이 향상된다.
⑩ 동물(개)에게 읽기를 하면서 교사 역할을 실감하게 된다.
⑪ 특별한 프로그램 참여에서 습득한 새로운 정보를 또래들과 교환하는 과정을 통해서 교실에서의 또래들, 교사와의 사회성이 향상된다.
⑫ 결과적으로 읽기 능력의 향상과 함께 학교생활에 대한 긍정적인 태도 변화를 보인다.
⑬ 결석률이 감소된다.
⑭ 교실 활동에 점점 적극적인 참여태도를 보인다.

4. 세계 최초의 리딩독 프로그램 'R.E.A.D.'

1) '개에게 소리 내어 읽어주기' 프로그램의 개발 동기

원래 어린아이들은 동물에게 친근하며, 쉽게 마음을 여는 경향이 있다. 또한 아동들은 반려동물과 함께 있는 것만으로도 심장박동이 안정되고, 혈압이 낮아지고, 불안증세가 감소되는 등 스트레스가 완화된다는 연구결과도 있다.

동물매개중재는 어린아이들이 동물의 존재에 쉽게 마음을 여는 특징, 그리고 동물의 조용한 존재가 스트레스를 줄여주고, 모든 연령층 아동들의 70% 이상이 동물에게 말을 걸고, 동물에게 솔직하게 마음을 털어놓는 경

향이 있음에 근거하여 시작되었다. 2014년 IAHAIO의 백서발표 이전에는 동물매개중재(AAI)가 동물매개활동(AAA)과 동물매개치료(AAT)로 분류되었고, 리딩독을 비롯한 동물매개교육(AAE)은 동물매개치료(AAT)에 포함된 분야였다(Jalongo et al., 2004; Lane & Zavada, 2013).

세계 최초의 공식적인 동물매개읽기교육(AAR) 프로그램인 'R.E.A.D (Reading Education Assistance Dogs)'는 1999년 미국 ITA의 이사회 구성원인 Sandi Martin에 의해 개발된 세계 최초의 '개에게 소리 내어 책 읽어주기' 프로그램이다.

'R.E.A.D'는 병원에서의 동물매개치료 효과를 경험한 병원 간호사 샌디 마틴(Sandi Martin)이 동물매개중재 프로그램을 학교에 적용하여 읽기가 부진한 아동들이 편안한 환경에서 위축되지 않으며, 교사나 학부모와 같은 권위적인 인물에 대한 부담이 없고, 자신들의 서툰 읽기수준에 대한 굴욕감을 느끼지 않으며, 자신의 능력대로 '개에게 소리 내어 책을 읽어주기'가 가능하다는 데에 착안하여 탄생한 '아동중심의 읽기프로그램'이다.

2) 솔트레이크시티 공립도서관 'Dog Day Afternoon'의 'R.E.A.D.'

'아동 중심의 읽기(Child-centered Reading)' 프로그램인 R.E.A.D.는 솔트레이크시티 공립도서관의 'Dog Day Afternoon' 프로그램에서 처음으로 실행되었으며, 오늘날에도 도서관의 'Dog Day Afternoon' 프로그램은 아동을 대상으로 R.E.A.D.팀에 의해 매월 첫 번째 토요일 오후 1시~2시까지 운영된다.

교사가 중심이 되어 읽기를 지도하던 교실 학습과 달리 '읽기가 뒤처진 아동'이 중심이 된 '리딩독 프로그램'은 아동이 자신에게 귀를 기울여주는 읽기도우미견과 핸들러로 구성된 읽기도우미팀의 1:1 도움을 받으며 자신의 읽기 실수를 통해서 편안하게 배우는 장점이 있다.

사람들에게 친숙한 반려동물인 '개'가 학교와 도서관에서 어린 아동의 책읽기에 참여하는 새로운 모습의 교육방식을 선보인 R.E.A.D.는 등장과 함께 언론의 스포트라이트를 받으며 미국 전역에 소개되었다. 또한 참여

아동과 학부모, 그리고 학교 교사와 도서관 사서들의 폭발적인 지지로 짧은 시간에 학교와 도서관에서 어린 아동을 위한 문해 프로그램으로 안착했다(Hall et al., 2016; Henderson et al., 2020; Kelly, 2021).

1999년 11월에 출시된 R.E.A.D.는 솔트레이크시티 공립도서관 시스템의 6개 산하 도서관에서 매주 토요일 오후(1:00~3:00)에 예약된 아동들을 대상으로 훈련된 개와 핸들러로 구성된 6개의 읽기도우미팀이 나뉘어서 각각 2시간 동안 머물면서 1명의 아동당 15분씩 읽기도우미견에게 소리 내어 책읽기를 하도록 하였다.

공립도서관의 초기 'R.E.A.D.' 프로그램은 총 4회로 구성되었으며, 그 중 3회 이상 참여한 아동에게 '참가상'을 수여하고, 상품으로 새 읽기 책 1권과 치료도우미견의 발자국 스탬프, 스티커, 연필 등을 선물하여 아동들의 읽기에 대한 노력을 격려하였다. 그리고 1년이 채 안 되어서 R.E.A.D. 프로그램은 인근 초등학교의 읽기프로그램으로 안착되었다.

당시 개의 관공서 출입이 자유롭지 않은 환경에서 읽기도우미견의 도서관 출입을 시도한 솔트레이크시티 공립도서관에서는 도서관의 다른 방문객들에게는 미리 공지를 통해서 혹시 동물 털 관련 알레르기 질환이 있는 경우에는 'Dog Day Afternoons' 시간을 피해서 방문해줄 것을 정중하게 알렸다. 그리고 프로그램에 참여하는 아동은 사전예약제를 통해서 신청을 받았다.

그림 5-6 서가 코너에서도 리딩독 실행하기

출처: ITA R.E.A.D, used by permission.

5. R.E.A.D.(Reading Education Assistance Dogs)

현재 세계의 읽기도우미견 프로그램을 이끌고 있는 ITA R.E.A.D.가 읽기도우미견 프로그램을 운영하는 표준 기준에 의하면 읽기 도우미견의 특징은 다음과 같이 요약된다(R.E.A.D., 2022 기준).

1) 읽기도우미견(Reading Dog)의 특징

- 훈련되고, 건강, 안전, 알맞은 기술과 기질이 평가됨
- 판단하지 않음(Non-judgmental)
- 비웃거나 비평하지 않음
- 조용하고, 주의 깊고, 예측이 가능함
- 훌륭한 청자
- 또래나 성인보다 덜 위협적임
- 참여 아동들을 즐겁게 하고, 아동들이 읽기도우미견을 쓰다듬을 수 있음

2) 읽기도우미견 프로그램 실행 시 주의사항

리딩독 프로그램에서 안전과 위생관리는 특히 중요하다. 프로그램이 진행되는 동안 핸들러는 개와 참여아동의 안전을 위해 개의 리드줄을 항상 붙들고 있도록 한다.

그리고, 기본적인 치료도우미견의 위생관리 수칙으로 주 1회 방문을 기준으로 할 때 방문 24시간 전에 목욕을 하고 알레르기 발생 가능성을 예방하기 위해 프로그램 참석 전에 읽기도우미견의 몸에 비듬방지 스프레이(anti-dandruff spray)를 뿌린 후 참여한다.

프로그램에 참여하기 전에 핸들러와 읽기도우미견팀은 충분히 여유롭게 도착하여 읽기도우미견이 밖에서 배변을 평화롭게 해결할 수 있도록 배려하고, 배변 뒤처리는 미리 준비한 배변봉투에 수거하여 해당 장소의 담당

자와 의논한 곳에서 깔끔하게 처리하도록 한다. 또한 교실 한쪽에 배변패드를 놓아둔다. 읽기도우미견에게는 방문 직전에는 될수록 간식이나 물을 제공하지 않도록 하고 수업이 끝난 후에 보상으로 제공한다.

ITA R.E.A.D.에서 제안하는 읽기도우미견 프로그램 실행 시 주의사항은 다음과 같다.

- 위생(sanitation)
- 안전(safety)
- 다른 개들(other Dogs)
- 알레르기(allergies)
- 문화 차이(cultural differences)
- 개에 대한 공포(fear of dogs)

3) 핸들러(The Therapy Handler)

R.E.A.D.의 운영기준에 의하면 핸들러 조건은 다음과 같다.

- 40개 문항 필기 테스트와 교육 후 합격되어 평가인증된 핸들러에 한해서 인정됨
  상해 보험 제공됨, 평생회비 $60(1 핸들러+1 동물의 1팀당)
- ITA와 R.E.A.D. 자회사인 New York Therapy Animals에 등록되고 보험이 제공되는 치료도우미팀
- 요청된 R.E.A.D. 워크숍에 참여하고 문해와 상호작용 기술 완비
- R.E.A.D. 책자와 자료 복사본 수령
- 항상 자신들의 반려견과 상호작용, 보호, 지지
- 아이들 집단을 좋아하는 읽기지원 멘토 및 관리자
- 아이들을 참여시키는 좋은 사회적 기술
- 학생들의 어휘력과 유창성 향상을 위해 도움 제공
- 신뢰할 수 있고 학교 또는 도서관에서 자원봉사 헌신

4) 프로그램 실행을 위한 파트너들

읽기도우미견 프로그램을 수행하는 데는 도우미견이 등록된 AAI 기관과 프로그램을 신청한 학교나 도서관 등 기관 책임자 및 담당자 그리고 프로그램에 참여하는 참여아동과 시설 담당자들과의 긴밀한 협력이 필요하다. 프로그램 실행을 위한 파트너들은 다음과 같다.

- 학교 교장, 행정실장, 도서관장 등 시설이나 기관 책임자(administrators)
- 시설이나 기관 직원 등 관계자들(staff)
- 등록된 동물매개중재기관
- 프로그램에 참여하는 아동들(children)

5) 세계의 읽기도우미견 프로그램들

이민자 유입이 많은 미국과 캐나다를 비롯하여 영국, 프랑스, 독일, 스위스, 오스트리아, 핀란드, 덴마크, 스페인, 포르투갈 등의 유럽 국가와 아랍에미리트, 타이완, 홍콩 등 아시아, 그리고 오스트레일리아와 뉴질랜드, 남아프리카공화국 등 세계 여러 나라에서 아동들의 문해능력 향상을 위한 프로그램으로 리딩독 프로그램을 선택하고 있다. 물론 읽기도우미동물로 훈련된 개를 주로 선택하고 있어서 <리딩독 프로그램>으로 불리지만, 개뿐만 아니라 고양이, 토끼, 기니피그 등의 동물도 훈련과 평가 과정을 거쳐 관련 기관에 인증 등록 후 리딩독 프로그램에 참여하고 있다.

최근에는 초등학교 아동뿐만 아니라 병원이나 요양원 환자, 성인, 노인들을 위한 리딩독 프로그램들로 확대되고 있다.

Chapter

06

미국의 대표적인 Reading Dog 프로그램들

READING DOG

그림 6-1 의자에 앉아서도 Reading to a Dog

출처: ITA R.E.A.D, used by permission.

1980년대부터 동물매개중재(AAI) 분야와 치료도우미견의 활용에 대해서 상당한 발전이 이루어져왔다. 특히 AAI 연구와 실행에서 선도적 역할을 하고 있는 미국을 비롯하여 영국, 호주 등을 중심으로 전 세계에서 활발하게 실행되고 있는 동물매개중재 프로그램의 전문기관들은 자원봉사자들에게 자료를 제공하고, 자원봉사자와 치료도우미견을 선별하며, 치료적 세팅에서 개와 핸들러가 자원봉사를 하는 동안에 대한 책임보험(liability insurance)을 제공한다.

치료도우미동물 자격인증기관들은 이 분야의 전문기관이며, 미국에서는 난립하는 동물매개중재단체들로 인한 혼란을 줄이고자 미국애견연맹인 AKC가 전문성을 살려서 활발하게 활동을 하며 표준규약을 정하고 표준규약을 준수하는 기관들을 선별하여 AKC 인증치료도우미견 기관을 홈페이지[1]에 공고하고 있다.

'AKC Recognized Therapy Dog Organizations'
(AKC가 인정한 치료견 단체)

미국 전역의 다양한 규모의 AAI 기관 중 AAI 표준규약에 맞춰서 치료도우미견과 참여자의 안전과 복지를 준수하며, 치료도우미견 활동팀에게 책임보험과 규칙적인 재교육을 제공하고, 활발하게 활동하고 있는 기관으로 AKC가 인증한 단체는 210여 개에 달한다. 이들 대부분은 병원과 요양원 등의 AAA, AAT뿐만 아니라 학교와 도서관에서 리딩독 프로그램도 활발하게 실행하고 있다.

1. Intermountain Therapy Animals(ITA)와 R.E.A.D.

1 https://www.akc.org/sports/title-recognition-program/therapy-dog-program/therapy-dog-organizations/

1) ITA 특징

1993년에 미국 유타주 솔트레이크시티에서 설립된 Intermountain Therapy Animals(ITA)는 기관의 명칭에서도 알 수 있듯이 동물매개중재를 위해 치료도우미동물의 개입을 연구하고, 다양한 환경의 아동부터 성인, 노인을 대상으로 동물매개중재프로그램을 실행하고 있다. 1999년에는 세계 최초의 읽기도우미견 프로그램인 R.E.A.D.(Reading Education Assistance Dogs)를 개발하여 아동들의 문해능력 향상에 기여하고 있으며, ITA는 현재까지는 치료도우미동물로 '개'를 선택하고 있다. 아주 드물게 토끼나 고양이가 등록되어 치료도우미동물로 참여하는 경우도 있다.

2) ITA 목표

ITA는 인간과 동물의 유대관계를 통한 삶의 질 향상을 목표로 한다.

3) ITA 규모

2021년 3월 기준 유타(Utah), 아이다호(Idaho), 몬태나(Montana)주를 중심으로 시작하여 현재 미국 50개 주 전역에서 자회사나 제휴 기관을 통해서 동물매개중재 프로그램을 실행하며, 현재 300개 이상의 중재 팀이 100여 개의 기관이나 시설을 방문하고 있다.

4) ITA Therapy Dog Team의 방문 기관들

- 알츠하이머환자 병동
- 생활보조센터
- 청소년클럽
- 방과후학교 프로그램
- 암 등 다양한 사람 대상 캠프

- 발달장애, 어린이, 청소년 및 성인
- 섭식장애
- 애도(Grief and Grieving)
- 보호자 상주
- 취학 전 프로그램, 어린이집
- 호스피스 병동
- 병원들
  - -화상중환자실
  - -암치료
  - -재활치료들
  - -병실
  - -환자대기실
  - -응급실, 행동보건실
- 소년원/감옥, 재소자 교정시설
- 아동, 10대 청소년들의 약물중독 회복과 정신과 환자들 주거치료센터
- 특수학교, 읽기도우미견 프로그램(R.E.A.D.)
- 단기, 장기 노인 요양원
- 도서관(R.E.A.D.)
- 군인병원
- 여성, 아동 가정폭력 피해자

5) ITA 제휴기관(Affiliate Organization)

ITA는 미국 50개 주 전역에서 AAI 프로그램을 수행 중이며, 앨라배마주의 'Hand In Paw', 뉴욕주의 'New York Therapy Animals, Inc.', 코네티컷주의 'Cold Noses', 'Tails of Joy' 등 20개 이상의 지역 동물매개중재기관단체와 제휴하여 동물매개중재프로그램을 운영 중이다.

6) ITA 치료도우미 자원봉사팀의 지원 자격요건

(1) ITA 핸들러 연령

2018년 1월부터 모든 ITA 자원봉사자는 최소 16세 이상이어야 한다.

(2) ITA 동물 연령

자원봉사팀 지원 동물 중 개는 최소 18개월 이상 10살 이하 연령이어야 하며, 고양이는 최소 1살 이상, 기니피그류는 최소 6개월 이상 연령으로 한다. 그리고 유기동물을 입양한 경우에는 반려인과 최소 6개월 동거 후 치료도우미견 훈련이 가능하다.

(3) 서비스 동물이나 정서지원동물의 ITA 치료도우미동물 지원 불가

2017년 6월 1일 이후부터 사람과 동물의 복지를 기준으로 하여 서비스 동물이나 정서장애도우미동물은 이미 많은 헌신을 하였으므로 치료도우미 동물 지원을 허용하지 않는다.

(4) ITA 핸들러의 조건

- 16세 이상 연령으로 좋은 사회적 기술을 지닌 사람이어야 하며, 반려동물, 그리고 다른 사람들과 편안하고 좋은 관계 유지가 가능한 사람
- 핸들러와 반려동물의 관계 관찰을 통해서 핸들러가 자신의 반려동물의 성격, 그리고 욕구에 대하여 아는 정도를 확인
- AAA/AAT 방문 시에 시간 엄수, 받은 자료 숙지를 통한 충분한 준비, 시험 준비 정도, 이해가 안 되는 사항에 대한 질문 용의, 더 많이 듣는 자세, 지침 준수
- 낯선 사람과의 대화를 하는 것을 진심으로 즐기고, 어려운 상황에 적응하기를 좋아하는 사람
- 특별한 청자로서의 동물매개치료 핸들러는 그들의 삶에서 가장 어려운 순간을 겪고 있는 사람들과 공감하고 지지할 수 있는 능력을 지닌 사람

- 치료사나 환자/고객이 핸들러의 동물에게 안전하지 않거나 편안하지 않을 일을 요청했을 때 거절할 수 있는 사람
- 핸들러는 강한 신체적 냄새, 고통에 빠진 사람들, 화가 나거나 예측할 수 없는 행동을 보이는 사람들과 같은 다양한 치료법을 둘러싼 종종 불쾌한 상황에서도 편안할 수 있는 사람
- 알츠하이머 성인, 자폐증 어린이, 정신질환이나 심각한 신체적 손상을 앓고 있는 사람들처럼 함께 일할 다양한 환자 집단에 대해 배우기 위해 기꺼이 시간을 투자할 의향이 있는 사람
- 대충하거나 어쩌다 할 수 있는 일이 아니며, 환자들은 핸들러와 동물에게 의존하게 되므로 자원봉사에 전념할 수 있는 생활환경의 사람

(5) 치료도우미동물 종류

ITA는 치료도우미동물로 의료기관에 쉽게 이동이 가능한 동물인 '개'를 선택한다. 물론 개, 고양이 외에도 새, 토끼, 염소, 길들인 rats, 햄스터, 기니피그, 오리, 닭, 미니 돼지, 라마, 소와 말(그 외에도 농장 동물 등 특화한 동물매개중재 그룹도 있을 수 있다)도 가능하나 현재는 기본적으로 개를 선택하고 있다.

뱀, 족제비, 도마뱀, 그리고 야생동물이나 이국적 동물은 미국 내의 여러 주에서 합법적으로 인정되지 않을 뿐만 아니라, 그와 같은 동물의 행동이나 스트레스 반응을 정확히 평가하기 어렵고, 그와 관련한 연구자료가 충분히 없는 까닭에 ITA는 이들 동물을 치료도우미동물로 선택하지 않는다.

뿐만 아니라 입으로 무는 동작 훈련을 경험한 스포츠견이나 방어견은 치료도우미동물로 부적격하므로 받아들이지 않는다.

(6) 치료도우미동물 조건

- 충분히 높은 수준의 훈련을 받은 동물
- 사람들이 많이 모여있거나 시끄러운 소음이 나는 상황에서도 신뢰할 수 있고, 통제될 수 있는 동물
- 기본복종 훈련이 완료된 상태의 동물

- 침착하고 행동이 점잖으며 매너가 아주 좋은 치료도우미동물 후보
- 사람을 좋아하며, 방문을 즐겨서 함께하는 활동에 즐거움을 느끼는 동물
- 다른 사람에게 관심을 보이며, 새로운 사람과의 상호작용에 적극적으로 참여하는 동물
- 외향적이고 친근하며, 새로운 환경에도 잘 적응하는 동물
- 사람들의 다른 반응과 행동을 수용하는 동물
- 신뢰할 수 있고, 통제가 가능하고, 예측이 가능하며, 상호작용하는 사람에게 자신감을 불어넣는 행동을 보여주는 동물
- 편안한 신체 자세, 지속적인 눈 맞춤의 순간(종과 품종에 따라 다름) 및 편안한 표정의 동물
- 동물보다 사람을 더 좋아하는 동물
- 쓰다듬고 만지고, 껴안아짐을 좋아하는 동물
- 크게 소리치거나, 부주의하게 이동하거나 박수치는 행동을 하는 사람들 속에서도 조용한 태도를 유지할 수 있는 동물
- 후방에서 접근하면 호기심을 보일 수 있지만 놀라거나 으르렁거리거나 뛰어오르고 짖거나 제거하거나 수줍어하거나 분개하지 않는 동물
- 카펫, 콘크리트 또는 아스팔트, 타일, 리놀륨, 고무 매트, 나무 바닥 등 다양한 표면을 편안하게 걸을 수 있는 동물
- 외향적이며, 새로운 환경에서도 친근하고 편안한 동물

(7) 치료도우미동물이 되기 어려운 '개'의 특징

다음의 사항과 같이 지나치게 활발하거나 공격적인 성향의 개는 치료도우미동물이 되기 어려운 개로 판정된다.

- 지나치게 활동적이거나 사납거나, 사람이나 다른 동물에게 공격적인 동물
- 으르렁거리거나, 탁탁 소리를 내거나, 짖거나, 이빨을 드러내는 개
- 입으로 무는 훈련을 받은 개, 스포츠나 방어 훈련을 받은 개
- 건강상태가 양호하지 않거나 청결과 미용관리가 제대로 되어 있지 않은 개(예, 지저분하고 냄새나는 개)

- 성격이 급변하는 등 예측불가한 개
- 사람들 주변에 있는 것을 싫어하거나 수줍거나 뒷걸음질 치거나, 예민해지거나 부들부들 떠는 개
- 목줄이 채워진 채로 밖에서 기거하거나 밖에서 잠을 자는 개는 치료도우미동물로 적당하지 않다.

(8) 리딩독 프로그램: R.E.A.D.

(Reading Education Assistance Dogs)

① 특징

1999년에 ITA에 의해서 개발된 최초의 읽기도우미견 프로그램 R.E.A.D.는 문해멘토(literacy mentors)로 등록된 치료도우미동물팀의 도움을 통해서 아동들의 문해기술을 향상시키는 데 그 목적이 있다. 동물에게 읽어주기(Canine/Dog-Assisted Reading Program)라는 신선한 방법을 도입하여 아동의 읽기능력과 의사소통 능력의 향상을 목표로 한다.

② Mission

ITA READ는 아동의 책 사랑을 격려하고, 읽기 환경을 마련하고, 의사소통기술의 연습기회를 제공하며, 아동들의 의사소통 능력 향상을 사명으로 한다.

③ **초기 R.E.A.D. 프로그램(a pilot program)의 특징**

- 1999년 11월 ITA R.E.A.D. 프로그램이 the Salt Lake City Library 본점에서 최초로 “Dog Day Afternoons” 타이틀의 4주 프로그램으로 운영됨
- 아동과 리딩독 팀이 1:1로 ‘책을 소리 내어 읽기’ 프로그램을 실행함
- 총 4주 4회기 수업 중 3주 3회기 이상 출석할 것을 격려함
- 마지막 수업 후 열심히 참여한 태도에 대해 보상: 소장할 새 책 선택 기회 제공(좋아하는 R.E.A.D. dog의 발자국 스탬프를 책에 찍게 해줌)

- R.E.A.D. 프로그램 실행 초기에 아동과 학부모, 도서관 관계자의 폭발적인 호응으로 곧바로 the Salt Lake City Main Public Library와 5개 지점의 공립도서관까지 모두 6개 도서관에서 R.E.A.D. 프로그램을 실행하는 것으로 확대됨
- 매주 토요일 2시간씩 진행됨
- 도서관에서 즐거운 책 읽기 기회 제공을 목적으로 짧게 진행하였으므로 만나서 즐거운 활동이 특징인 AAA(Animal-Assisted Activity)에 해당함
- ITA의 R.E.A.D.프로그램은 도서관에서 첫선을 보인 지 채 1년도 되지 않아 인근 초등학교의 문해프로그램으로 운영되기 시작함
- 또한 반려동물이 참여한 새로운 형태의 독서프로그램의 신선한 충격을 매스컴들이 앞다퉈 소개하면서 빠른 시간 내에 미국 전역에 알려지는 결과를 가져옴

④ R.E.A.D.의 활약

현재 리딩독 프로그램 R.E.A.D.는 미국 50개 주와 캐나다뿐만 아니라, 유럽부터 아시아와 아프리카에 이르기까지 세계 여러 나라에서 리딩독 프로그램을 실행 중이며, 제휴하여 활동 중인 R.E.A.D.팀이 전 세계에 6,500여 개가 넘는다(ITA, 2022).

그림 6-2 읽기도우미견이 서가에서 책을 꺼내오기

출처: ITA R.E.A.D, used by permission.

ITA R.E.A.D.는 미국의 'Helping Paws International'의 'B.A.R.K.S. (Bonding, Animals, Reading, Kids and Safety)', 영국 Kennel Club의 'Bark and Read', 호주의 'Story Dogs' 등 수많은 리딩독 프로그램의 탄생에 직접적으로 또는 간접적으로 도움을 주거나 영향을 끼쳐왔다.

오늘날 R.E.A.D. 팀의 리딩독 프로그램 실행을 위한 방문 장소는 학교와 도서관에서뿐만 아니라 병원, 요양원, 청소년 쉼터, 치매환자 쉼터 등으로 확대되고 있다.

사람들도 괜찮지만 나는 개랑 책 읽기를 하는 것이 더 좋다.

그림 6-3 Reading to a Dog

출처: ITA R.E.A.D, used by permission.

⑤ 참여동물

모든 종류의 개, 즉 소형견인 작은 테리어 종(little terriers, 요크셔테리어 성견 몸무게 3~3.2kg, 체고 20~23cm)부터 대형 마스티프(giant mastiffs, 대형 마스티프 성견 몸무게 54~130kg, 체고 68~100cm)에 이르기까지 다양하게 읽기도우미동물팀에 참여하고 있으며, 개의 크기보다는 개의 기질이 더 중요하다.

읽기도우미동물로는 2022년 현재 고양이, 토끼, 기니피그에 이어 최근 아프리카 회색 족제비(African Grey parrot)가 추가로 인증되어(become a R.E.A.D.er) 참여 중이다.

그림 6-4 치료도우미 동물들

출처: ITA R.E.A.D., U.S.A., used by permission.

⑥ R.E.A.D. 팀이 되는 방법(Steps to Become a R.E.A.D. Team)

- 동물매개치료단체에 등록
- 동물매개중재 참여하는 동안은 보험을 제공하며, 훈련이 필요함
- ITA 홈페이지에서 자신의 주거지에서 가까운 지사를 찾아보기
- 해당되는 ITA 활동지점이나 제휴 기관 단체가 없을 경우에는 미국 내의 다른 동물매개치료단체를 AKC의 동물매개치료 인증단체 사이트에서 찾아보기
- R.E.A.D.훈련 패키지를 전화나 온라인으로 주문하기: 각자 훈련 패키지 필요함
- 매뉴얼을 읽고 DVD 시청하기
- 신청서 제출
- 40문항 필기시험
- ITA에 신청서, 사인 서류들, 필기시험 결과, 만기일자가 기록된 보험증서와 보험을 제공하는 동물매개중재단체 등록증 보내기
- 유효일자와 갱신 일자가 기록된 새 회원카드 복사본을 ITA에 보내기
- 추가 R.E.A.D. partners 비용은 1두당 $10
- 평가테스트 합격 후 membership card, R.E.A.D. dog tag, R.E.A.D. program 등록 서류를 ITA가 지원자에게 발송(지원자의 서류를 받은 일자부터 1~2주 소요)
- R.E.A.D. Team이 되기 위한 비용: 훈련비용 $79 + 배송비(shipping) (Training package fee: R.E.A.D. Training Manual and training video 포함).
- 평생등록비: $60(동물 1두와 핸들러 1인 기준)
- 공식적인 R.E.A.D. Affiliate Group 등록 회원 평생회비: $50

2. American Kennel Club과 B.A.R.K.

1) 특징

세계에서 두 번째로 설립된 애견연맹인 미국의 AKC(American Kennel Club, 미국애견연맹)는 1884년에 설립된 비영리단체(the not-for-profit AKC)이다. AKC는 Kennel Club(영국 애견연맹, 1873년 설립), FCI(세계애견연맹, 1911년 설립)와 함께 세계 3대 애견연맹으로 불린다. AKC는 반려견 연구와 순수 혈통견 보호 및 관리, 전시, 견종의 표준제정 및 관련 정보 공유를 목적으로 한다.

2) AKC의 인간과 동물의 유대관계 및 상호작용 활동들

(1) 1998년 The Canine Good Citizen(C.G.C.) Program[2] 개설

1998년에 AKC는 반려인이 반려견과 함께 평화롭게 사는 사회 조성을 목적으로 반려인과 반려견을 위한 바른 행동 및 반려견의 복종훈련 프로그램으로 The Canine Good Citizen(C.G.C.) Program을 고안하였다. C.G.C.

2 https://www.akc.org/products-services/training-programs/canine-good-citizen/ (accessed September 19, 2022)

프로그램은 10가지 기본적인 반려견의 행동훈련(Canine Good Citizen Test Items)이며, 미국 내 동물매개중재기관들은 일반적으로 CGC 자격을 치료도우미견이 되기 위한 기본조건으로 고려하고 있다.

▸Canine Good Citizen(CGC) Test Items: 10가지 기본적 행동훈련

Test 1

친절한 낯선 사람 받아들이기

이 테스트는 자연스럽고 일상적인 상황에서 친근한 낯선 사람이 개에게 다가와서 핸들러에게 말을 건네는 것을 허용하는 모습을 보여주는 테스트이다. 평가자가 개와 핸들러에게 접근하여 개는 무시한 채 다정한 매너로 핸들러와 인사를 한다. 평가자와 핸들러가 실제로 손을 잡지는 않으나 악수하는 척하며 의례적인 인사를 나눈다. 개는 적개심이나 수줍음을 내보이면 안 된다.

Test 2

외출 시 친절해 보이는 낯선 사람의 등 쓰다듬기를 받아들여 공손하게 앉아있기

개가 핸들러 옆에 앉아있는 상태에서, 평가자는 개의 머리와 몸을 쓰다듬는다. 핸들러는 연습하는 동안 내내 자신의 개에게 말할 수 있다. 그 개는 쓰다듬을 때 제자리에 설 수 있으며, 개는 부끄러움(shyness)이나 적개심(resentment)을 보여서는 안 된다.

Test 3

개의 미용 관리

개가 자신의 몸을 수의사나 미용사 또는 주인의 친구 등이 손질하도록 허용하는지를 확인한다. 평가자는 개가 깨끗하게 관리되고, 손질이 잘 되어 있는지 확인하기 위해 개를 검사한다. 개는 건강한 상태(즉, 적절한 체중, 깨끗한 상태, 건강한 상태 및 주의력)로 보여야 하며, 핸들러는 평소에 사용하는 개 빗(the comb)이나 브러시(brush)를 제공한다.

평가자는 개의 털을 부드럽게 빗질을 하고, 자연스럽게 개의 귀를 살피며, 앞발을 살며시 잡아본다.

개는 평가를 받는 동안 특정 자세를 유지할 필요는 없으며, 핸들러는 개와 대화하고 칭찬이나 격려를 할 수 있다.

Test 4

개의 바깥 산책; 느슨한 리드줄 메고 걷기

이 평가는 목줄을 매단 상태로 산책을 할 때 핸들러가 개를 통제하는 것을 확인하는 데에 목적이 있다. 개는 핸들러의 양쪽 중 어느 쪽이나 선택할 수 있으며, 개가 핸들러에게 주의를 기울이고 핸들러의 움직임과 방향 변화에 반응한다는 것을 확인한다. 개가 핸들러와 나란히 서거나 핸들러가 멈추면 개가 앉아있을 필요는 없다.

평가자는 미리 계획한 코스를 사용하거나 지침 또는 명령을 발행하여 핸들러/견 팀을 지휘할 수 있다. 두 경우 모두 우회전, 좌회전, 그리고 한 정거장 이상을 산책하고 목적지에서 우회전을 하도록 한다.

핸들러는 도중에 개에게 말을 걸거나, 개를 칭찬하거나, 정상적인 어조로 명령을 내릴 수 있으며, 개를 바닥에 앉힐 수 있다.

Test 5

군중 사이로 지나가기

이 테스트에서는 개가 보행자들 사이로 예의 바르게 지나갈 수 있고, 공공장소에서 목줄을 매고 있을 때 통제되는지를 확인한다.

개와 핸들러는 주변을 돌아다니며 최소 3인 이상의 사람들 옆으로 가까이 지나간다. 개는 낯선 사람들에게 약간의 관심을 보일 수는 있으나 지나치게 흥분하거나 수줍어하거나 분개하는 징후 없이 계속 핸들러와 함께 걸어가야 한다. 핸들러는 테스트가 실행되는 동안 개와 대화를 하거나, 격려 또는 칭찬은 할 수 있다. 그러나 개가 군중 속의 사람들에게 달려들거나 리드 줄을 잡아다녀서는 안 된다.

Test 6

신호에 맞춰 앉기, 엎드리기, 기다리기

핸들러가 주는 신호에 맞춰서 개가 알맞은 응답을 하는지를 확인하는 과정으로 '앉기(sit)', '엎드리기(down)', 그리고 '기다려(stay in place)' 동작을 보여주어야 한다. 개의 동작 과정에 핸들러가 가벼운 터치를 통한 도움을 주는 것은 가능하나 힘을 써서 동작을 강요하는 것은 허용되지 않는다.

Test 7

핸들러의 부름을 듣고 개가 핸들러에게 달려오기

개에게서 열 발자국 쯤 떨어진 지점으로 걸어가서 뒤를 돌아 개를 바라보며 부를 때 개가 핸들러의 부름에 적절하게 대응하는지를 확인하는 과정이다.

Test 8

다른 개에 대한 반응

치료도우미견을 지원하는 개가 다른 개들에게 정중하게 행동하는지를 확인하는 평가과정이다. 두 명의 핸들러와 각자의 반려견들이 약 20피트(약 609.6cm)거리에 서 있다가 서로에게 다가가 멈춰 서서 악수하는 척을 하고(손은 만지지 않음) 얘기를 나누며 즐거운 시간을 보내는 척하는 동안 두 핸들러의 반려견은 서로에게 단순한 관심 이상을 보여서는 안 되며, 이들 반려견이 다른 개나 상대 핸들러에게 가서는 안 된다.

Test 9

산만함에 대한 반응

일반적으로 수선스러운 상황에서 개가 특별한 반응 없이 편안한지를 평가한다.

주의를 산만하게 하는 예로는 의자 떨어뜨리기, 상자 돌리기, 굴리기, 개 앞에서 조깅하기, 목발이나 지팡이 떨어뜨리기 등이 있다. 이때 개는 자연스러운 관심과 호기심을 표현하거나, 약간 놀란 듯 보일 수는 있으나, 당황하거나 도망가거나 공격성을 보이며 짖기 등은 안 된다. 핸들러가 개에게 말을 걸고, 평가 중에 개를 격려하거나 칭찬할 수 있다.

Test 10

핸들러와의 분리에 대한 반응

이 테스트는 개가 필요한 경우 신뢰할 수 있는 사람에게 맡겨질 수 있으며, 훈련과 좋은 매너를 유지할 수 있는지를 평가한다. 평가자는 "개를 한 번 볼게요." 하고 핸들러에게 양해를 구한 다음 개의 목줄을 잡는다.

핸들러는 3분 동안 개의 눈에 띄지 않도록 하고, 평가자와 함께 있게 된 개는 제자리에 머물 필요는 없지만, 계속해서 짖거나 징징거리거나 불필요하게 걸음을 옮기는 등의 초조함을 내보이면 안 된다. 또한 평가자는 개와 가벼운 대화를 할 수는 있지만, 개를 진정시키기 위한 과도한 말이나 쓰다듬기 또는 관리를 시도하지 않도록 한다.

(2) 2008년 AKC Humane Fund & S.T.A.R. Puppy 설립

The AKC Humane Fund는 미국 전역의 반려동물 관련 기관이 반려견을 키우는 일반 국민들을 대상으로 반려동물에 대한 책임 교육을 통해서 반려인의 책임을 공감하고 실천할 수 있도록 하기 위해 반려인 대상 교육 보조금과 자료들을 지원한다.

AKC S.T.A.R.(Socialization, Training, Activity and a Responsible owner) Puppy Program은 강아지와 강아지의 반려인을 위한 6주 훈련 프로그램이다.

(3) 2011년 AKC Therapy Dog Titles 개설

AKC Therapy Dog Titles는 다른 사람의 웰빙(Well-Being) 개선을 위해 지속적인 지역사회 봉사를 제공해온 개와 그 반려인을 보상하기 위해 2011년에 제정되었다. AKC 치료견 타이틀은 AKC공인 치료도우미견 활동기관에서 인증을 받고 필요한 횟수의 방문을 완성한 개에게 수여된다.

AKC는 치료견을 인증하지 않으며, 치료견 인증은 이 분야의 전문가로서 인증과 훈련 자격을 갖춘 동물매개치료견 기관에서 수행한다.

AKC Therapy Dog Title(표 6-1)은 치료도우미동물팀의 현장 방문 횟수를 기준으로 치료도우미동물팀의 등급을 정하고 있으며 하루에 한 곳의 장소를 방문하는 것을 원칙으로 한다. 동물방문의 횟수는 다음과 같이 10회, 50회, 100회, 200회, 400회 방문을 기준으로 해당 등급을 부여한다.

표 6-1 AKC Therapy Dog Titles

	Therapy Dog 등급	약자	한글번역	기준
1	AKC Therapy Dog Novice	THDN	AKC 신규치료견팀	10회 방문
2	AKC Therapy Dog	THD	AKC 치료견팀	50회 이상 방문
3	AKC Therapy Dog Advanced	THDA	AKC 상급치료견팀	100회 이상 방문
4	AKC Therapy Dog Excellent	THDX	AKC 우수치료견팀	200회 이상 방문
5	AKC Therapy Dog Distinguished	THDD	AKC 명문치료견팀	400회 이상 방문
6	AKC Therapy Dog Supreme	THDS	AKC 최고치료견팀	600회 이상 방문

출처: accessed September 26, 2022

(4) 2015년 AKC 치료도우미견단체 인증제도(Recognized Therapy Dog Organizations)

1980년대 이후, 동물매개중재와 치료도우미견의 활동 분야에서 괄목할 만한 진전이 이루어져 왔다. 이어서 미국의 50개 주 전역에서 동물매개치료 프로그램의 인기를 업고 우후죽순으로 동물매개중재단체들이 설립되면서 동물매개치료 프로그램의 기준이 지켜지지 않거나 운영방법이 일치하지 않아서 프로그램을 신청한 단체들에게 혼란을 초래하는 등의 부작용이 나타나는 등 문제점들이 제기되었다.

치료도우미동물이 방문하는 미국 내 병원 45개, 노인건강시설 45개 그리고 27개의 치료도우미견 단체 등을 대상으로 한 건강과 안전에 대한 Linder 등(2017: 1)의 연구결과에서는 미국 AAI 프로그램을 위한 치료도우미견을 파견하는 기관의 70%는 생고기 식품을 먹는 치료도우미동물의 방문을 허용하여 결과적으로 환자들이 잠재적 위험에 처했던 것으로 나타났다.

또한 현재까지도 국가에서 동물매개중재와 관련된 표준프로그램의 기준을 제시하거나 관리하는 통합기관이 없어서 AAI 관련 단체나 기관이 IAHAIO, ISAAT 등 국제기구의 기준이나 자체적인 기준에 따라 활동하고 있으며, 전체적인 AAI 단체의 규모나 개수조차도 제대로 파악이 안 되고 있는 실정이다(Serpell et al., 2020).

Pet Partners나 TDI, ITA와 같이 체계적으로 조직화된 치료도우미견 활동기관들은 자원봉사자들에게 프로그램 실행에 필요한 교육자료를 제공하고, 자원봉사자와 개를 엄격한 기준과 평가에 의해 선발하여 치료도우미견 인증과 등록과정을 거치며, 개와 핸들러가 프로그램을 실행하는 환경에서 자원봉사를 할 때 책임보험(liability insurance)을 제공한다.

Alliance of Therapy Dogs(구, Therapy Dogs, Inc.), Bright and Beautiful Therapy Dogs, Love on a Leash, Pet Partners(구, Delta Society), Therapy Dogs International 등의 치료도우미견 인증기관들(Recognized Therapy Dog Organizations)은 이 분야의 전문가로서 헌신적으로 치료도우미견의 업무를 조직하고 발전시켜왔다. 반려견이 치료도우미견으로서 AAI 활동에 참여하고, AKC 치료도우미견 타이틀을 받기 위해서는 이들 기관 중 한 곳에서 인증을 받아야 한다.

활발하게 활동을 하고 있는 일정 규모 이상의 기관단체들을 인증하는 시스템을 통해서 동물매개중재 기관들의 난립에 대한 혼란을 방지하고자 AKC는 전국적 치료도우미견 등록 및 인증기관들인 Alliance of Therapy Dogs(구, Therapy Dogs, Inc.), Bright and Beautiful Therapy Dogs, Love on a Leash, Pet Partners(구, Delta Society), Therapy Dogs International(TDI) 등 5개 기관의 도움을 받아 2015년에 'AKC 인증 치료도우미견 기관 선정제도(Recognized Therapy Dog Organizations)'를 개설하였다.

현재 AKC의 'Recognized Therapy Dog Organizations'에는 체계적으로 훈련 및 관리가 이루어지고 활발하게 활동하는 200개 이상의 미국 AAI 단체가 AKC에 의해 인증되어 AKC 홈페이지[3]에 알리고 있다. 따라서 AAI 치료도우미견팀의 방문을 원하는 학교나 도서관, 유아교육기관, 아동시설, 병원, 노인요양시설 등의 기관단체들은 AKC 홈페이지에서 현재 자신들의 주소지에 가까이 위치한 단체와 단체의 특징 등을 확인 후 선택하여 신청할 수 있는 장점이 있다.

다음은 AKC 홈페이지에서 발표하고 있는 AKC 인증 치료도우미견 단

3 https://www.akc.org/sports/title-recognition-program/therapy-dog-program/therapy-dog-organizations/

체 200여 개 중의 일례이다. AKC 홈페이지의 Recognized Therapy Dog Organizations 페이지에서 상위에 놓인 미국의 대표적인 치료도우미견 인증단체 5곳과 함께 다음과 같이 알파벳 순서로 나열된 단체의 이름을 클릭하면 AAI 단체의 홈페이지로 연결되어 연락처, 위치, 프로그램 종류 등 관련 정보의 확인이 가능하다.

- Alliance of Therapy Dogs(구, Therapy Dogs, Inc.)
- Bright and Beautiful Therapy Dogs
- Love on a Leash
- Pet Partners(구, Delta Society)
- Therapy Dogs International(TDI)
- 4 Paws of Love(San Diego, CA)
- Angel on a Leash(Greater Philadelphia)
- BARK(Beach Animals Reading with Kids)(California, Arizona)
- Blue Ribbon Therapy Dogs(Quebec, Canada)
- Canine Assisted Therapy(Florida)
- Caring Canines, LTD(northern CO)
- H.A.B.I.T.(Human Animal Bond in Tennessee)
- Hands and Paws, Inc.(Hapi Pet Therapy)(South Central KS)
- Intermountain Therapy Animals and R.E.A.D.
- Love on 4 Paws(Greater Los Angeles, CA)
- Rainbow Animal Assisted Therapy, Inc.(Chicago and surrounding counties)
- Reading with Rover
- Sit Stay Read(Chicago, IL)
- Tails with Tales Therapy Dogs(Jefferson County, MO)
- The Good Dog Foundation(NY, NJ, CT, MA)
- TherapyPets(CA: San Francisco-Oakland Bay area)
- U.S.A. Therapy Dogs, Inc.(Central and SE Michigan)

이상의 단체를 포함하여 현재 총 200여 개의 동물매개중재 단체가 AKC Therapy Dog Orgrnizations(AKC 인증 치료도우미견기관) 인증을 받음(2022년 12월 기준)

(5) 2019년 AKC B.A.R.K. 개설

AKC는 리딩독 Dog 프로그램 AKC B.A.R.K.(Be A Reading Kids)[4]를 2019년에 개설하였으며, 아동들의 즐거운 읽기를 목표로 한 동물매개읽기(AAR) 프로그램으로 반려견과의 유대관계 형성을 통해서 즐거운 읽기와 함께 교육적으로 풍부한 경험을 제공하는 데에 그 목적이 있다.

이 프로그램에서는 자신들이 직접 선택한 개에게 책을 읽어줄 수 있으며, 보호자는 AKC 웹사이트에 아동의 책 읽기 시간의 기록을 도와준다. 만일 아동이 자신의 반려견이 없는 경우에는 지역의 AKC Canine Ambassador를 찾아서 방문 약속을 할 수 있다.

Canine Ambassadors는 AKC 클럽의 회원으로 자신들의 반려견과 함께 학교 방문, 청소년 센터(youth organizations) 방문을 통해서 클럽의 공교육 노력을 지원한다.

아동들은 일정한 목표(certain milestones)에 도달하면 그들이 책을 읽은 시간에 대한 보상을 받는다. 또한 B.A.R.K. 프로그램에 참여하기 위해 훈련받고 평가에 합격한 개들은 자원봉사에 참여할 수 있는 자격을 인증받게 되며, The AKC B.A.R.K. Program은 프로그램에 참여한 아동과 개에게 보상을 제공한다.

AKC Public Education의 가장 중요한 목표 중의 하나는 인간과 동물의 유대관계에 있으며, the B.A.R.K Program이 이와 같은 목표를 지원하고 있다.

AKC 리딩독 프로그램인 the B.A.R.K Program은 일반적으로는 참여아동이 자신의 반려견에게 책을 읽어주며, 반려견이 없는 경우에 지역의 자원봉사도우미팀의 방문을 요청할 수 있는 방식의 읽기도우미견 프로그램이다. 이는 고도로 훈련을 받고 평가인증과정을 거친 읽기도우미견팀이 초

---

4 https://www.akc.org/press-releases/american-kennel-club-launches-akc-b-r-k-program-get-kids-excited-reading/(accessed September 19, 2022)

등학교나 요청받은 기관 단체 등을 방문하여 진행하는 R.E.A.D.(ITA), Read with Me(Pet Partners), SitStayRead 프로그램 등 미국의 방문 읽기도우미견 프로그램들과 다른 점이다.

AKC의 the B.A.R.K Program에서는 반려견이 없는 아동의 읽기도우미견팀으로 아동을 방문하여 아동의 읽기 프로그램에 참여하는 자원봉사도우미견팀을 AKC Canine Ambassadors로 부르고 있다.

3. Pet Partners(구. Delta Society)와 Read with Me

1) 특징

1977년에 Delta Foundation을 설립한 뒤 1981년에 Delta Society로 개명하였다. 이후 2012년에는 기관의 특성이 담긴 이름인 Pet Partners로 개명하였다. 읽기도우미견 프로그램인 'Read with Me'는 2016년에 개발하였으며, 미국 50개 주 전체지역과 캐나다 일대에서 실행되고 있다.

2020년 전 세계적으로 치명적 호흡기 전염병인 COVID-19로 인해 학교의 잦은 폐쇄가 이어짐으로 인해서 아동들의 문해능력 저하를 염려하여 전 세계 아동들의 비대면 읽기도우미견 프로그램인 'We are All Ears'를 개설하였다.

2) 목표

Pet Partners의 목표는 인간과 동물의 유대관계를 통한 인간의 건강과 복지향상에 있다.

3) 역사

수의사인 레오 부스타드 박사(Dr. Leo K. Bustad), 정신과 의사 마이클 맥컬로치 박사(Dr. Michael J. McCulloch)와 그의 형제인 윌리엄 '빌' 맥컬로치 박사(Dr. William 'Bill' McCulloch), 수의학박사들인 R.K. 앤더슨(R.K. Anderson), 스탠리 다이쉬(Stanley L. Diesch), 조 퀴글리(Joe Quigley), 앨튼 홉킨스(Alton Hopkins) 등이 함께 동물매개중재 프로그램이 인간의 건강과 행복에 대한 긍정적 기여를 하는 것을 경험하고 관찰하게 된다.

수의사 부스타드 박사는 1977년에 오리건주의 포틀랜드시에서 의학박사이며 신경정신과 의사인 마이클 맥컬로치와 함께 보다 과학적인 연구의 필요성에 공감하여 전문기관인 Delta Foundation을 창립하고, 맥컬로치 박사가 Delta Foundation의 대표가 되었다.

1981년 Delta Foundation을 Delta Society로 개명하고 수의사이며 공동창립자인 부스타드 박사가 대표가 되어 인간과 동물 분야의 연구자와 의료인들을 중심으로 세를 급격히 확장해갔으며, 부스타드 박사는 인간과 동물의 유대관계 용어를 도입하여 널리 사용하였다.

1980년대 초에 Delta Society의 리더들은 인간과 동물의 유대관계의 중요성 인식의 토대를 닦았다. Delta Society의 공동설립자인 수의학박사 빌 맥컬로치는 1981년 인간과 동물의 유대관계 인식을 촉진하고, 전문가들의 역할을 장려하기 위해 미국 수의학협회인 AVMA의 인간과 동물 유대관계 추진위원회(Human-Animal Bond Task Force)에 참여하여 AVMA의 인간과 동물 유대관계에 대한 연구기구의 초석을 마련하였다. 이후 AVMA Committee는 오늘날까지 인간과 동물의 유대관계에 대한 연구활동을 지속하고 있다.

Delta Society 지도자들은 미국인들의 삶에서 반려동물 역할의 의미와 중요성을 알리는 1983년의 주택 및 도시 농촌 복구법의 통과에도 중요한 역할을 했다. 워싱턴 D.C.에서의 Delta Society 지도자들의 역할과 연방정부의 후속적인 법 통과는 미국인들의 삶에서 반려동물의 치료적 가치를 인정한다는 강력한 신호를 일반 국민들에게 보낸 것으로 이후 이와 관련된 연구들이 활발해졌다.

초기 연구결과들에서는 동물과 함께 시간을 보내며 혈압 저하와 스트레스 및 불안이 감소됨을 확인하였다. 뿐만 아니라 인간의 뇌에서 긍정적 감정을 끌어내는 화학물질인 엔도르핀(endorphin)이 동물과의 상호작용을 통해서 분비됨을 입증하였다.

이와 같은 중요한 과학적 연구결과에 힘입어 Delta Society 회원들은 반려동물과의 상호작용을 일상에 적용하기 시작했다. 1980년대 후반과 90년대 초에 Delta Society는 지역사회 차원의 직접적인 서비스 제공에 초점을 맞추며 Pet Partners program을 시도하였다.

3년마다 인간과 동물의 상호작용에 대한 국제컨퍼런스가 열려 세계의 학자와 연구자들이 모여 연구성과를 교환하고, 새로운 방향에 대한 논의들을 활발하게 개진해 오던 중 1990년 캐나다 토론토에서 열린 국제컨퍼런스에서 the Delta Society(미국, 이후 Pet Partners)는 AFIRAC(프랑스), Delta Australia, HABAC(캐나다), IEMT(오스트리아) 그리고 SCAS(영국)의 대표들과 공식적인 인간과 동물의 상호작용 협회 조직을 논의하고, 1992년 미국 워싱턴에서 비영리 NGO 기관으로 IAHAIO를 공식적으로 등록하며 IAHAIO의 창립멤버가 되었다.

자원봉사자(volunteers)와 의료전문가를 위한 동물지원 활동과 치료에 대한 최초의 포괄적이고 표준화된 교육을 하며, 2012년 Delta Society는 공식적으로 회사의 미션을 분명히 전달할 수 있도록 사명을 Pet Partners로 개명하였다. Pet Partners의 Therapy Animal Program에는 미국 전역에서 매년 약 300만 명 정도가 참여하고 있다.

4) Pet Partners의 치료도우미동물

(1) 치료도우미동물 9종

미국과 캐나다에서 동물매개중재에 참여하는 치료도우미동물로 9종의 동물을 등록하였으며, 대부분의 프로그램에서 개의 참여가 압도적이지만, 고양이(cats), 말(equines), 토끼(rabbits), 기니피그(guinea pigs), 라마(llamas)와 알파카(alpacas), 새(birds), 미니돼지(miniature pigs), 쥐(rats)도 참여동물로 등록되고, 활동 중이다. 이 중 개가 치료도우미동물의 94%를 차지하고 있다.

(2) Pet Partners 치료도우미동물의 자격기준(Criteria for Prospective Therapy Animals)

만 1살 이상의 반려동물은 동물의 품종이나 최대 연령 제한 없이 치료도우미동물 지원이 가능하다. Pet Partners는 시각이나 청각, 다리 등 신체 장애가 있는 동물(animals with a disability)도 기준에 합당하면 평가와 교육을 통해서 치료도우미동물 활동이 가능하다. 치료도우미동물팀으로 활동하기 위해서는 장애가 자원봉사팀 활동으로 인해 악화되지 않는 수준의 건강이 수의사에 의해 입증되어야 하며, 동물 스스로 방문활동에 적극적인 참여의사 표현이 분명해야 한다.

보호소의 유기동물들도 활동이 가능하며, 입양된 유기동물의 경우에는 반려인과 상호유대관계 형성을 위해 최소한 6개월의 동거 기간이 지난 후 치료도우미동물 자격 평가신청이 가능하다.

- 평가 시점에 반려견은 최소한 1살 이상, 토끼, 기니피그, 쥐는 6개월 이상의 연령이어야 한다.
- 반려견은 핸들러와 최소한 6개월 이상, 새의 경우는 1년 이상 함께 거주해야 한다.
- 신뢰할 수 있는 가정 교육을 받아야 하고, 새를 위한 비행복을 제외하고 개의 요란한 복장은 허용되지 않는다.
- 매년 광견병 예방접종을 받아야 한다. 토끼(rabbits), 기니피그(guinea pigs), 쥐(rats), 새(birds)는 이 요건에서 제외된다.
- 식단에서 생고기는 금지한다.
- 이전에 사람이나 다른 동물을 공격한 적이 없어야 한다. 무는 것을 장려하거나 공격적으로 방어하는 훈련을 받은 개는 치료도우미 활동에 참여할 수 없다.
- 반려동물은 느슨한 리드줄에 메여 걸어야 하며, "앉아(sit)", "엎드려(down)", "기다려(stay)", "이리와(come)", "내버려 둬(leave it)"와 같은 일반적인 명령에 안정적으로 응답하는 등 기본적인 복종기술을 훌륭하게 보여줘야 한다.

- 낯선 사람과의 상호작용을 환영한다.
- Pet Partners가 허용하는 치료도우미견 표식의 스카프(bandana)나 가슴줄 등을 편안하게 착용한다.

(3) 등록 갱신(renew their registration every two years)

모든 Pet Partners 치료도우미팀의 핸들러는 등록 시 안전하고 효과적인 방문을 위한 모범사례에 대한 지식을 입증하는 서면평가를 통과해야 하며, Pet Partners 팀의 치료도우미동물과 핸들러는 2년마다 재평가 후 재등록을 해야 한다.

5) 규모

미국 50개 주에서 2,400여 AAI 팀이 활동 중으로 연 300만 회 정도의 AAI 프로그램을 실행한다.

6) Pet Partners의 제휴 기관들(Affiliations)

: AAII, IAHAIO, ISAZ

7) 특징 및 운영 프로그램들

① the Pet Partners 핸들러 코스 운영

② 2021년 동물매개중재 전문가 과정인 AAAIP 개설
(the Association of Animal-Assisted Intervention Professionals)

③ 자원봉사자와 전문가 교육프로그램 운영: 최초의 포괄적이고 표준화

된 AAA, AAT 교육

④ AAR 프로그램

a. Read with Me: 학교, 도서관 등 방문 리딩독 프로그램

b. We are All Ears: 가정에서 반려견에게 책을 읽어주기 프로그램

COVID-19로 인한 아동들의 읽기부진을 예방하기 위해 전 세계의 아동을 위해 개발된 리딩독 프로그램(A Worldwide Read with Pets Project)이다. 학교나 기관단체를 정기적으로 일정 회기 동안 계획에 맞춰 방문하고 기록 평가분석하는 방문리딩독 프로그램과 달리, 보호자나 부모의 도움 아래 가정의 반려동물과 책읽기 계획을 Pet Partners의 홈페이지에 올려진 We are All Ears 프로그램의 양식에 맞춰 등록한다. 계획대로 정해진 기간 동안 반려동물에게 규칙적으로 소리 내어 책 읽기를 실행한 후 이를 확인한 보호자나 부모가 긍정적 강화의 방법으로 Pet Partners의 티셔츠나 동화책 등을 선물한다. 이는 COVID-19 pandemic(팬데믹, 전 세계적인 유행병)으로 인해 학교가 자주 폐쇄되어 가정에 머물게 된 전 세계의 아동들을 위해 보호자가 일반가정의 반려동물과 함께 참여할 수 있도록 개발한 Pet Partners의 <책 읽기 습관 장려 프로그램>이다.

8) Pet Partners가 알려주는 Reading Dog Program을 위한 팁

Pet Partners에 의하면 아동들은 때때로 자신의 읽기능력에 대해서 주저하는 경향이 있지만, 반려동물은 아동의 읽기능력이나 수준에 대해 이런저런 평가를 하지 않고 조용히 귀를 기울여주기 때문에 아동들이 책 읽기에 대해서 편안함을 느낀다. 이러한 리딩독 프로그램에서는 아동들의 읽기에 대한 흥미와 편안함을 위해 다음과 같은 배려가 필요하다.

- 책읽기에 참여할 아동과 반려동물이 편안하게 앉을 수 있는 장소를 마련한다.
- 아동이 반려동물에게 책의 그림을 보여주며 설명할 수 있도록 한다.
- 반려동물의 주의가 흐트러지기 쉬우므로 필요할 때 사용할 수 있도록 반려동물이 애용하는 장난감을 미리 준비해둔다.
- 보호자(핸들러)는 아이가 책 읽어주기를 잠시 멈추고, 반려동물을 쓰다듬을 수 있도록 도움을 주며, 반려동물에게 아동이 책을 읽어주는 동안 편안하고 안정적인 분위기를 유지하도록 한다.
- 읽기 세션이 끝나면 반려동물의 훌륭한 읽기태도를 칭찬하며, 간식을 주어서 보상하도록 한다.

표 6-2 읽기 일지(Reading Log for We are All Ears)

We Are All Ears

반려동물 파트너들이 선보이는
반려동물과 함께하는 전 세계 독서 프로젝트

날짜	제목	페이지 / 읽기 시간	Initials

그림 6-5 Read with Pets

출처: Courtesy of Pet Partners, U.S.A. used by permission.

9) 산책프로그램

① Walk with Me

Pet Partners의 'Walk With Me' 프로그램은 '19th Surgeon General'[5] 19대 의무총감(미국 공중 보건국의 의무국장, 위키백과에서는 '의무총감'으로 번역함)의 '더 나은 건강을 위한 걷기(walking for better health)를 행동으로 실행하기'에서 모티브를 얻어 시작되었다. 반려동물과 함께 걷기의 이점은 심장혈관의 건강, 심장질환위험 감소, 뼈의 건강, 근육 강화 등이 있다. 'Walk With Me'는 다양한 상황의 참여자들과 다양하게 세팅할 수 있으며, 참가비는 무료이다.

② The World's Largest Pet Walk

매년 9월 전 세계에서 사람들이 운동화 차림으로 '반려견을 데리고 걷기'에 참여하여 인간과 동물의 유대관계(human-animal bond, HAB)를 지원하는 기금모금운동이다. 2018년 이후 'the World's Largest Pet Walk'는 치료도우미 동물팀의 등록과 곤경에 처한 사람들에게 동물의 사랑을 전달하는 데 필요한 예산으로 $200,000 이상의 기금마련에 성공했다.

5 Surgeon General은 의무총감으로 번역되며, 미국, 영연방 국가들, 그 외 몇몇 NATO 국가들에 존재하는 직함으로 대개 의무장교 또는 의료공무원의 최선임자를 의미한다. 그 기원은 의무가 별도 병과로 성립된 17세기까지 거슬러 올라간다(출처: 위키백과).

그림 6-6 Therapy Horse

출처: SOUL Harbour Ranch, Courtesy of Pet Partners, used by permission.

그림 6-7 World's Largest Pet Walk

출처: Courtesy of Pet Partners, used by permission.

그림 6-8 World's Largest Pet Walk with a rabbit

출처: Sarah Sebton, Courtesy of Pet Partners, used by permission.

그림 6-9 World Largest Pet Walk with a cat

출처: Ilona Vilcina, Courtesy of Pet Partners, used by permission.

10) 반려동물 핸들러의 기준(Criteria for Prospective Animal Handlers)

(1) 성공적인 핸들러의 조건(Pet Partners, 2022)

① 자신의 반려동물의 특정한 신체언어를 읽고, 그들의 스트레스, 불안, 염려, 흥분, 피로상태를 인지할 수 있어야 한다.
② 칭찬, 신호, 격려, 그리고 필요할 땐 위로를 통해서 반려동물과 긍정적 상호작용을 보여야 한다.
③ 목소리를 높이거나 목줄을 세게 잡아당김 없이 또는 사료나 장난감을 제공하지 않고도 동물에게 신호를 보내거나 방향을 바꾼다.
④ 방문장소에서 동물에게 관심을 기울이면서 동시에 사람들과 가벼운 대화를 나눈다.
⑤ 전문적이고 정중한 태도로 다른 사람과 동물의 상호작용을 안내한다.
⑥ 항상 동물의 안전과 복지를 옹호한다.
⑦ 18세 이상 자원봉사자들은 범죄경력조회를 통과해야 한다.

(2) 청소년 치료도우미 자원봉사자들(Therapy Animal Volunteers Who Are Minors)

원칙적으로 18세 이상의 지원자만 가능하며, 18세 이하의 핸들러 지원자는 부모나 보호자의 허가를 얻어야만 가능하다. 10세 이상의 청소년의 경우에는 Pet Partners의 핸들러가 될 수는 있으나, 부모나 보호자가 동반한 경우에 한해서 핸들러 역할에 참여할 수 있다.

(3) 장애가 있는 치료도우미 자원봉사자

Pet Partners에서는 신체장애보조견과 함께하는 장애인도 평가의 기준에 합당하면 핸들러 지원이 가능하다.

11) 비용(Costs)

Pet Partners는 등록비와 기부금을 기반으로 Pet Partners의 책임보험(liability insurance), 지속적인 교육프로그램(continuing education programming), 동물매개중재프로그램을 지원하고 교육하는 전문직원들로 구성된 자원봉사 서비스를 제공한다.

등록비는 2년간 유효하며 실제 경비의 3분의 1만 충당하고, 나머지 비용은 개인 기부자(Pet Partners 자원봉사자 포함), 재단 및 기업 파트너로부터 제공된다.

12) 핸들러 훈련(Handler Training)

전문화된 치료도우미동물팀의 방문 프로그램을 위한 안전, 전문성, 동물복지가 포함된 가이드라인 준수를 위해 지속적인 교육프로그램을 운영한다.

- Pet Partners의 모든 핸들러는 등록 전에 교육을 완료하고 지속적인 교육 기회를 이용할 수 있다.
- Pet Partners는 SHEA(Society of Healthcare Epidemiology of America)에서 승인한 공공 감염 예방(infection prevention)에 대한 유일한 핸들러 교육을 제공한다.
- Pet Partners는 SHEA 지침과 일치하는 개의 신체언어 교육코스를 제공한다.
- Pet Partners의 교육은 건강한 핸들러와 반려동물의 중요성을 강조한다.

13) 동물복지(Animal Welfare)

- Pet Partners 동물매개프로그램의 핵심 사항은 'YAYABA(you are your animal's best advocate)'로 요약되는 "당신이 반려동물의 최고의 보호자입

니다"이다. 즉 핸들러는 반려동물의 최고 보호자로서 동물복지 지침(animal welfare guidelines)에 따라 동물이 더 이상 즐거워하지 않는 상호작용활동은 수정하거나 종료해야 한다.

- Pet Partners는 과로와 피로를 최소화하기 위한 권장 사항에 따라 모든 방문을 2시간 이하로 제한한다.
- 등록 및 갱신(register and renew)을 위해 Pet Partners 팀은 참여 동물의 전반적인 건강을 보장하기 위해 수의사가 서명한 동물건강검진양식(animal health screening forms)을 제출한다.
- Pet Partners는 방문 중 관계를 기반으로 한 핸들러/동물지원 모델을 따른다. 이 기술은 Pet Partners 핸들러에게 PETS(Presence, Eye contact, Touch, Speech)로 알려진 평가 프로세스 동안 핸들러가 평가되는 기술이다.

14) 안전기준(Safety Standards)

- 정책이 최신 과학 정보를 반영하도록 하기 위해 Pet Partners는 역학 전문의(specialization in epidemiology)를 포함하여 수의사 고문팀(veterinary advisors)에게 의뢰한다.
- 광견병 예방접종(rabies vaccination) 및 반려견 미용(grooming)과 관련된 기준은 엄격하다.
- 생고기(raw protein diets) 사료를 금하며, 건강이 좋지 않은 동물이나 방어 목적으로 훈련된 반려견의 AAI 프로그램 참여는 허용하지 않는다.
- Pet Partners 자원봉사자는 핸들러의 과거 범죄사실 등의 이력을 확실하게 확인하여 동물매개치료팀의 안전한 방문을 실행한다.

4. SitStayRead와 Reading Dog Program

Sit Stay Read

1) 특징

SitStayRead는 치료도우미견 활동을 해온 개가 노령화되어 체력소모가 적으면서 아이들과의 활동을 좋아하는 개와 책읽기에 도움이 필요한 아동들과의 상호작용 활동을 계기로 하여 미국 일리노이주의 시카고를 중심으로 공립학교 아동들의 문맹퇴치 프로그램이라는 혁신적인 발전으로 거듭난 예이다.

메리 엘렌 슈나이더(Mary Ellen Schneider)는 반려견과 Rainbow Animal-Assisted Therapy 프로그램에서 자원봉사를 하던 중 2003년 초에 반려견 나이가 거의 10살로 노령견이 되어 아동들과의 활동적인 놀이참여에 무리가 되었음을 인지하게 되었다. 이를 계기로 아이들과의 놀이를 좋아하는 반려견 샌디가 아이들과 앉아서 책을 읽을 수 있는 치료도우미견이라는 데에 생각이 미쳤다. 슈나이더는 사라 머피(Sarah Murphy), MK 체르비에츠(MK Czerwiec)와 리딩독 프로그램을 도서관에서 시작하였다.

현재 SitStayRead[6]는 빈부격차로 인해서 빚어지는 어린 아동들의 문해능력의 격차를 줄이기 위한 Animal-Assisted Reading 프로그램 전문기관으로 비영리기관이다. 5개의 주요 학습구성요소는 Read Aloud(큰소리로 읽기), Discussion(토의), Writing(쓰기), Social-Emotional Learning(사회정서적 학습), Developing the Dog-Human Bond(개와 인간의 유대 발달)로 이루어진다.

2) 목표

SitStayRead는 능동적 참여의 커리큘럼과 인증된 개, 그리고 헌신적인

6 https://www.sitstayread.org

자원봉사자들로 이루어진 리딩독 팀에 의해 어린 아동들의 문해능력 향상에 설립목표를 두고 가장 도움이 필요한 아동들에게 삶의 의사소통 수단으로 중요한 읽기 및 쓰기 도움을 제공하는 데에 기관의 목적이 있다. 따라서 리딩독 프로그램을 신청하는 학교의 3학년 학생들의 읽기 점수가 전국 평균 미만이고, 경제적으로 취약한 지역사회에 위치한 공립학교와 협력하는 것을 원칙으로 한다.

그림 6-10 2명을 대상으로 실행 중인 Reading Dog Program

출처: SitStayRead, used by permission.

3) 지역의 특징

SitStayRead의 연구에 의하면 시카고 공립초등학교 아동들의 54%가 학년 평균 읽기 수준에 도달하지 못하고 있으며, 4학년이 되는 아동 10명 중 3명만이 정상적인 읽기능력을 갖추고 있다. 뿐만 아니라 저소득층 가정의 1학년 아동은 평균적으로 연 25시간의 읽기 시간을 갖는 데 반해서, 일반적인 또래 아동들은 1:1 읽기를 연 1,000시간 동안 실행하는 것으로 확인되고 있다. 이는 결과적으로 빈부격차가 초등학교 아동의 문해능력 격차로 이어지고 있음을 보여주고 있다.

SitStayRead는 이와 같은 문제의 해소를 위해 반려동물의 중재를 통한 문해능력 프로그램을 2003년에 시작하였다. 개와의 상호작용이 학생들을 더 편안하게 하고 스트레스를 낮춰서 혈압이나 코르티솔(cortisol) 수치가 낮아지며 학생들이 공부에 집중할 수 있도록 도와준다는 연구결과를 기반으로 하여 읽기프로그램에 참여하는 도우미동물로는 '개'를 선택하고 있다. 즉 리딩독 프로그램에서 개에게 서툰 읽기를 하는 학생들은 실수에 대한 걱정을 덜 하며, 읽기도우미견팀의 핸들러는 아동들이 자신감 있는 읽기를 하도록 도움을 주며 사회적 지지를 인식하도록 돕는다[7].

SitStayRead는 2013년에 시카고 로욜라대학(Loyola University Chicago, LUC)의 심리학부와 협력하여 학생들의 읽기 유창성과 이해도를 측정하는 평가도구를 만들고, 평가도구에는 기초적인 초기 문해 능력의 동적 지표(DIBELs)와 독서와 학습에 대한 태도를 측정하는 설문조사도 포함되었다. 이 연구결과에서는 SitStayRead 리딩독 프로그램에 참여한 학생들이 리딩독 프로그램에 참여하지 않은 '비참여 학생들'보다 47.8%가 읽기 유창성의 발달을 보여주고 있다.

4) SitStayRead 프로그램 실행 규모

리딩독 프로그램을 특화하여 실행하는 동물매개읽기 리딩독 프로그램을 공립학교 유치원부터 3학년까지의 저소득층 가정 자녀들을 대상으로 연중 집중적인 읽기도우미견 프로그램을 실행하고 있다.

각 학년의 커리큘럼은 학년 수준의 핵심적인 문해능력(key literacy skills)을 지원하도록 고안되어 있다. 각 학년 수준의 프로그램은 시카고 문해센터에서 SitStayRead 직원, 자원봉사자, 교사, 일리노이대학교, 시카고대학교, 드폴대학교, 노스이스턴 일리노이대학교 교수진 등이 참여하는 SitStayRead Dog-Assisted Reading 프로그램 자문 위원회(Advisory Committee)와 협력하여 제작된다.

5~8세 아동들을 대상으로 하여 읽기와 다양한 유색 인종에 대한 포용성 교육을 목표로 지역 아동작가와 제휴하고 학생들이 쓴 글쓰기를 포함하여 개를 주인공으로 한 다양한 소재를 이용한 이야기 그림책을 제작하고 있

7 https://www.sitstayread.org/certified-reading-assistance-dogs

다. 물론 판매수익금 또한 SitStayRead의 문해력 교육 지원에 사용된다.

2021년 기준 17개 초등학교의 100개 학급에서 연 2,000명의 학생을 대상으로 88두의 인증된 읽기도우미견들과 216명의 자원봉사자들이 리딩독 프로그램 실행에 참여하고 있으며 한 해 동안 참여 아동들에게 제공한 새 책이 21,000권에 달한다.

5) SitStayRead 리딩독 프로그램

SitStayRead의 각 학년별 프로그램의 특징은 다음과 같다.

(1) Kindergarten Barkin Buddies Literacy Program(학교유치원 문해프로그램)

2018년 봄에 새로 구성된 새 유치원프로그램은 2019년 봄까지 점차적으로 확대되었으며, 읽기도우미 프로젝트를 위해 2인의 책 친구들(Book Buddies), 읽기도우미견 1팀, 그리고 프로그램 리더 1인으로 함께 구성되어 주 1회, 1시간씩, 6주 동안 연속적으로 시행한다.

방문이 이루어지는 동안 리딩독 프로그램 리더는 개를 주제로 한 그림책을 소리 내어 읽기(read-aloud)와 그룹 토의(group discussion)를 진행한다. 학생들은 책 친구들과 함께 작은 그룹을 형성하여 시각적인 단어, 쓰기, 리딩독 팀 방문에 초점을 둔다.

SitStayRead가 유치원 아동을 대상으로 하는 리딩독 프로그램의 목표(goal)는 자주 보이는 단어 읽기를 연습하고, 그림책 속 이야기의 주요 사항을 파악하기이다. 리딩독 팀은 학생들에게 교실에 개의 존재 의미를 소개하고, 개와의 상호작용에 필요한 안전 기술(dog safety skills)을 교육한다.

그림 6-11 Kindergarten program: 유치원 아동에게 〈개를 안전하게 쓰다듬기〉 교육 중. 먼저 실물크기의 개인형을 대상으로 시범교육 실행

출처: SitStayRead, used by permission.

(2) First-Grade Little Buddies Literacy Program(1학년 문해프로그램)

읽기능력이 가장 중요한 1학년 시기의 프로그램인 ‘Little Buddies’(어린 친구들)팀은 책친구(Book Buddy) 1인, 리딩독 1팀, 그리고 프로그램 리더로 구성되어 있으며, 리딩독 프로그램은 유치원과 마찬가지로 1학년 리딩독 프로그램은 연속 6주 동안 주 1회, 회기당 1시간 길이로 진행된다. 각 학급은 낭독과 그룹 토론을 한 후, 이어서 개인의 창의적 글쓰기(creative writing) 및 그리기 활동을 한다(그림 6-12).

이 프로그램은 인물 식별(character identification), 순서 지정(sequencing), 듣기 이해(listening comprehension)와 같은 큰 그림 읽기 능력(big picture literacy skills)에 초점을 맞춘다. 또한 학생들에게 교실에서 개와 함께하는 것에 대한 개념을 소개하고, 사회적 정서 학습에 특별히 중점을 두고 있다.

그림 6-12 SitStayRead의 본드초등학교 1학년 리딩독 프로그램 실행 모습

출처: SitStayRead, used by permission.

(3) Second-Grade Tail Blazers Literacy Program(2학년 문해프로그램)

2학년을 대상으로 하는 리딩독 팀인 Tail Blazers program은 3인의 책 친구들(Book Buddy), 리딩독 팀 3팀, 그리고 프로그램 리더가 함께 방문하며 연속 8주 동안 주 1회, 회기당 1시간씩 리딩독 프로그램을 진행한다(그림 6-13).

2학년 프로그램에서는 책 친구들(Book Buddy)이 소그룹의 읽기 유창성 활동을 주도하고 구조화된 브레인스토밍 세션을 진행하며, 학생들의 창의적 글쓰기를 지원한다. 또한 2학년 학생들은 리딩독 팀과 1:1로 소리 내어 읽기를 한다.

이 프로그램의 목표는 독해력(reading fluency) 향상과 동시에 이해력(comprehension skills)과 쓰기 표현력(written expression) 기르기에 있다.

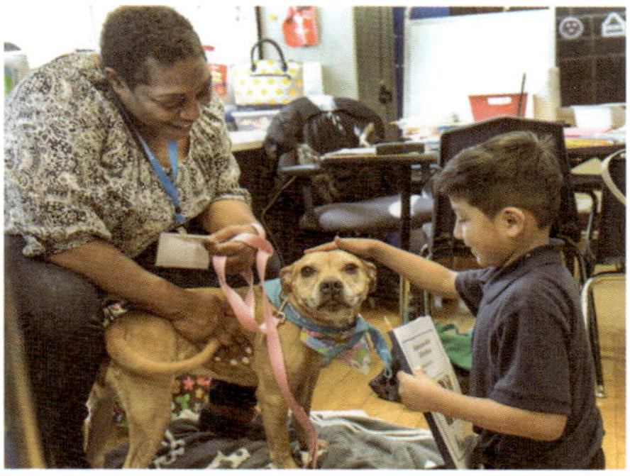

그림 6-13 SitStayRead 리딩독 팀이 마켓(Marquette)초등학교 2학년 학생들과 리딩독 프로그램 실행 중

출처: SitStayRead, used by permission.

(4) Third-Grade Poetry Pals Literacy Program(3학년 문해프로그램)

3학년을 대상으로 하는 리딩독팀인 '시 친구들(Poetry Pals)' 프로그램에서는 3명의 책 친구들, 3팀의 리딩독, 그리고 프로그램 리더로 구성된 팀이 6주 연속 주 1회, 회기당 한 시간씩 리딩독 프로그램을 운영한다(그림 6-14).

'시 친구들(Poetry Pals팀)'은 소그룹 독서활동, 시에 대한 종합 토론, 책 친구들과의 독립적인 시 쓰기, 리딩독 팀과 1:1로 소리 내어 책을 읽기 시간을 진행한다.

프로그램의 목표는 쓰기표현의 강화(building written expression)와 독해능력 향상(improving reading comprehension)이다.

그림 6-14 SitStayRead 리딩독 팀이 핸드릭스(Hendricks)초등학교에서 3학년 대상 리딩독 프로그램 진행 중

출처: SitStayRead, used by permission.

(5) 아동의 '지속적인 읽기' 축하하기(Keep Reading Celebrations)

아동의 '지속적인 읽기에 대해 축하하기'는 SitStayRead의 리딩독 프로그램의 필수적인 부분으로 학년 말에 일 년 동안 수고한 아동들의 노력을 축하하는 행사로 리딩독 프로그램에 참여한 학교와 함께 개최한다. 여름이 시작되기 전 마지막 시간에 SitStayRead Dog Team이 모두 함께하며 자원봉사자들은 참여아동 모두에게 '여름 읽기 세트(Summer Reading Fun Pack)'를 선물한다.

'여름방학 읽기 프로그램 세트'는 연필, 지우개, 연필깎기, 퍼즐북, 크레용, 스스로 디자인 노트로 구성된다. 'Keep Reading Celebration'은 책과 함께 완성된다.

2018~2019년의 경우 파트너인 KPMG의 KFFL 덕분에 모든 학생들은 모든 연령의 아동들이 즐길 수 있는 6개 브랜드의 책을 선물받았으며 이는 2,000명의 학생들에게 한 달 동안 10,000권이 넘는 책을 선물할 수 있었음을 의미한다. 이와 같은 기념행사는 학생들이 여름방학 동안 책 읽기에 필요한 용품을 제공하여 학생들의 읽기동기 부여의 가장 좋은 방법이다. 물론 이와 관련하여 발생하는 비용에 대해서 프로그램에 참여한 학교나 학부모의 부담은 전혀 없다.

SitStayRead는 특히 리딩독 프로그램 도입을 위해서 파트너십을 맺고자 하는 학교를 선정할 때 시카고 지역에서 저소득 가정 자녀들이 많이 재학중인 학교를 우선적으로 선정하여 뒤처진 학생들의 문해능력 향상을 통한 학습능력의 향상에 매진하고 있다.

5. Helping Paws International과 B.A.R.K.S.

1) 특징

1985년에 설립된 비영리단체로 장애보조견을 훈련하고 분양하며 Assistance Dogs International의 인증을 받은 Helping Paws가 Pat Bleich와 the Greyt Therapy group의 도움에 힘을 입어서 노스캐롤라이나의 롤리(Raleigh)를 중심으로 2000년에 비영리 동물매개치료기관인 Helping Paws International(HPI)을 설립하였다.

반려동물과 인간과의 상호작용을 제공함으로써 환자와 환자를 돌보는 직원들의 삶의 질 향상을 목적으로 노력한다. 프로그램 실행 대상으로 시설뿐만 아니라 개인 방문도 가능하다. HPI는 현재까지는 '개'를 선택하여 프로그램을 진행 중이나, 추후에는 고양이나 토끼도 훈련과정을 마치고 치료도우미동물로 참여시킬 것을 고려 중이다.

Helping Paws International(HPI)은 구조된 경주용 그레이하운드(greyhounds) 견들과 이들을 입양한 반려인들을 훈련과 교육을 통해서 2000년에 pet therapy program을 개설하였으며, 현재 은퇴견(retired), 구조된 견(rescued), 경주견(racing) 등의 그레이하운드(greyhounds) 품종의 개와 입양자(their adopters)들로 자원봉사 동물매개치료 프로그램을 운영 중이다[8].

HPI는 동물매개치료팀의 훈련과 교육을 위해 5~6개월에 걸쳐서 동물행동사(animal behaviorist), 동물행동관리사(behavioral consultant)나 canine psychologist가 참여하여 AKC Canine Good Citizenship 인증과 Helping

8 https://barks-hp.org/Helping_P.A.W.S.php (Accessed August 31, 2022)

Paws Therapy Dog 인증과정으로 구성된 훈련 프로그램을 운영하며 평가는 교실과 기관들에서 수차례에 걸쳐 이루어진다.

2005년부터 특정 보조를 필요로 하는 가족구성원이 있는 가정의 반려견의 보조견 훈련을 시작하였으며 Helping Paws CGC-Therapy Dog 인증 프로그램을 기본 훈련으로 사용한다. 이와 같은 초기 훈련을 마친 후 트레이너의 지도로 보조도우미견에게 필요한 기술 중점의 추가훈련이 이어진다.

그림 6-15 교실 밖에서 리딩독에게 책 읽어주기

출처: ITA R.E.A.D., used by permission.

2) 목표

인간과 동물의 유대관계를 통한 삶의 질 향상

① Help: 어린이와 어른의 평생 독서사랑 습관 돕기
② Build: 자존감, 자신감, 사회적 정서적 발전 키우기
③ Inspire: 학업에서 그리고 삶에서의 성공을 불어넣기
④ Over-come: 학습과 상호 간의 소통문제 극복하기
⑤ Elevate: 또래들과 잘 지내기, 또래들의 압력을 조절하는 능력 키우기
⑥ Teach: 반려동물안전 및 반려동물과 일반동물에 대한 인도적이고 윤리적인 대우 교육

3) 리딩독 프로그램: B.A.R.K.S

(1) 특징

보상 기반의 문해프로그램으로 Helping Paws International은 ITA R.E.A.D. 개발에 참여한 초등학교의 심리상담사인 파슨스 씨(Ms. Parsons)과 함께 2000년에 B.A.R.K.S.(Bonding, Animals, Reading, Kids, & Safety)를 개발하였다. 이런 연유로 B.A.R.K.S. 리딩독 프로그램은 ITA R.E.A.D.와 아주 비슷하다.

(2) 초기 읽기도우미견 수업

B.A.R.K.S.는 더럼 카운티(Durham County) 초등학교에서 2001~2002학년도에 심리상담사 파슨스 씨와 그녀의 반려견인 비머의 협업을 통해서 읽기부진 아동들을 대상으로 주 1회 30분 길이의 리딩독 프로그램을 운영하였다.

(3) 리딩독 프로그램 시간 길이

주 1회 30분~1시간, 기본 8~12주씩 리딩독 팀과 아동의 파트너를 바꾸면서 1년 동안 실행한다. 또한 10주마다 보상을 통해서 집에서 읽기와 학습의 기쁨을 지속하도록 격려한다.

(4) 대상아동

B.A.R.K.S의 학교 리딩독 프로그램에 참여하는 아동은 유치원부터 6학년까지(K-6) 초등학교 아동으로 학교 교사나 읽기 전문교사가 선정하며, 성적이 우수한 학생일지라도 극도로 수줍어하거나 자의식이 강한 아동, 또는 학습 기술에 도움이 필요한 아동, 자폐아동(autistic children)이 이에 해당된다.

(5) 리딩독 프로그램 운영방법

- 교사와 리딩독 실행자는 아동들에게 '개가 읽는 방법을 배우는 것을 돕기 위해 아동들이 선택되었다'고 알려준다.
- 아동들은 마치 개에게 읽기를 가르치듯이 자신의 능력 수준에 맞은 범위 내에서 열심히 개에게 소리 내어 읽어주기를 하고, 핸들러나 프로그램 진행자의 도움을 받아 틀린 부분을 고치고, 반복 읽기를 통해서 읽기 수준이 점점 향상된다.
- 읽기도우미견 프로그램의 목표 중 하나는 아동이 최대 25~30 단어 이상을 읽고, 짧은 문장으로 그 단어를 이해할 수 있도록 개에게 소리 내어 읽기를 반복한다.
- 이를 위해 먼저 B.A.R.K.S 리딩독팀(개와 그 소유자 / 핸들러)을 각 어린이에게 배정한다.
- B.A.R.K.S 팀은 1주 1회, 8~12주 동안 같은 아이와 함께 리딩독 프로그램을 실행하며, 신뢰관계가 잘 형성될 수 있게 한다.
- 처음 8~12주의 프로그램이 끝나면 아동이 한 팀에게 지나치게 집착하지 않도록 다른 B.A.R.K.S 팀과 교체한다.
- 간혹 참여아동의 안정감 형성이 더 필요하다고 판단되면, 동일한

B.A.R.K.S 팀이 일년 내내 학생과 함께 '개에게 소리 내어 책을 읽어주기', 즉 리딩독 프로그램을 실행할 수도 있다. 이와 같이 B.A.R.K.S 프로그램은 학생들의 요구에 맞춰 유연하게 설계되어있다.

- 예를 들면 먼저 참여아동과 읽기도우미견팀은 잠시 강아지와 참여아동의 지난 일주일 동안의 일과를 전하며 서로 안부를 교환하고, 잠시 동안 책 읽기를 한 후 읽기도우미견에게 간식을 주고 도우미견과 노는 시간을 갖는 등으로 책 읽기에 대한 부담을 줄여주며 책 읽기에 대한 흥미와 즐거움을 점차 높여가는 방법을 실행한다.
- 프로그램을 시작한 첫날 강아지 스티커들이 붙어있는 2개의 책갈피를 준비하여 하나는 학교에서 아동의 읽기 폴더에 꽂아주고, 다른 하나는 아동 편에 집으로 보낸다.
- 아동과 개는 바닥에 깔려 있는 패드 위에 나란히 앉거나 쿠션에 기댄 자세를 하고, 아동은 책을 읽고, 읽는 동안 개를 쓰다듬기도 한다.
- 읽기시간이 마무리될 때마다 아동은 개의 그림이 그려진 '배지(badge)'를 받으며, 아주 잘 읽은 날에는 '잘했음' 증서를 받는다.
- 아동이 집에서 성인이나 나이가 더 많은 형제자매와 최소한 30분 이상 책을 읽을 때마다 보호자는 학교에서 보내준 책갈피(bookmark) 뒤쪽의 읽기 확인 칸(총 10칸)에 B.A.R.K.S. 강아지 스티커를 붙여준다.
- 학교에서도 리딩독 시간마다. 읽기 시간마다 책갈피 뒤쪽의 읽기확인 칸(총 10칸)에 B.A.R.K.S. 강아지 스티커를 붙여준다.
- 10개의 스티커를 다 붙이게 되면 Helping Paws의 "Adventures in Reading" 보물상자에서 새로운 책을 고른다.
- 연말 졸업식에서는 참석한 학부모들이 아동들이 개가 책에 사인하는 것을 도와주는 모습을 보게 되고 아이들은 마지막 책을 선물로 받는다.

(6) 리딩독 프로그램의 목표

- 어린아이와 성인이 책 읽기와 학습을 사랑하도록 돕기
- 보다 나은 상호 간의 의사소통기술 향상
- 반려견 안전교육

• 반려견의 올바른 관리 교육

(7) 규모

2002부터는 다양한 종의 반려견들도 활동 중이며, 치료도우미견팀 양성을 위한 교육 프로그램을 운영하고 있다. Helping Paws International은 현재 미국 노스캐롤라이나 지역을 중심으로 자폐아동(autistic children)을 위한 프로그램도 실행 중이며, 총 115개의 팀이 플로리다(Florida), 오하이오(Ohio), 텍사스(Texas) 그리고 뉴질랜드(New Zealand)에서 활동 중이다.

(8) 방문기관들

동물매개치료팀은 질병, 상실, 불안, 외로움을 치료받는 모든 연령층을 대상으로 하며, 무료로 병원, 요양원, 은퇴자 센터, 재활센터, 학교, 여름캠프, 정신건강센터 가정폭력쉼터, 호스피스 센터, 데이케어센터 등을 방문하고 있다.

(9) 치료도우미견/ 읽기도우미견 팀 관리

① 치료도우미견팀 훈련 5~6개월 동안 복종 훈련 및 치료도우미견 훈련

② 교실 및 시설기관에서 여러 차례 테스트

③ 평가합격 후 인증, 보험가입

④ Helping Paws의 B.A.R.K.S 프로그램 도우미견들은 일반치료견 훈련 외에 다음과 같은 추가훈련이 있음

- 책 찾아오기
- 책 페이지 넘기기
- 아동이 읽기 실수를 할 때 낑낑대는 신호 보내기

⑤ 월 1회 Helping Paws Facility Directors에 의한 치료도우미견 평가에 참여하기

⑥ 핸들러의 반려견의 건강과 기질에 대한 자가진단표

- 실내거주 반려견인가?

- 질병은 없는가?
- 사람들을 만나거나 사람이 자신을 만지는 것을 좋아하는가?
- 자신감을 보이며 자신을 둘러싸고 있는 사람들을 신뢰하는가?
- 개가 조용하고 신뢰할만한가?
- 큰소리를 두려워하지 않고 유별난 소란에도 침착한가?
- 복종적인가?
- 참을성이 있는가?
- 털 손질이 잘 되어 있는가?
- 물거나 뛰어서 덤비지 않는가?
- 짖음이 많지 않은 편인가?
- 핸들러 주변에서 리드줄을 끌어당기지는 않는가?
- 어린아이들을 좋아하는가?
- 어린아이들 또는 어른들과 마루나 침대에서 뒹굴거리는 것을 좋아하는가?
- 핸들러에게 집중하는가?
- 다른 개들, 고양이 등과 잘 어울리는가?
- 1살 이상인가?
- 현재까지 맞아야 할 백신 접종은 모두 마쳤는가?

(10) 핸들러의 자세

① 개 또는 다른 반려동물과 함께 시간 보내는 것을 좋아하는가?
② 반려견 훈련을 위한 새로운 기술을 배울 의향이 있는가?
③ 평일 학교 정규수업 시간에 매주 1시간씩 참여할 수 있는가?
④ 평일에 학교에서의 동물매개읽기 프로그램 참여를 위해 몇 시간 동안 직장 사무실에서 부재중임을 직장은 허용하는가?
⑤ 주 1회 1시간 1년 동안 진행되는 프로그램을 실행할 수 있는가?
⑥ 신뢰할 수 있는 사람인가?
⑦ 어린아이들을 좋아하는가?
⑧ 참을성이 있는가?

⑨ 6개월 동안 주 1일 훈련수업에 참여할 수 있는가?
⑩ 평가 인증 후 월 1회 훈련에 참여할 수 있는가?
⑪ 치료도우미견팀 방문으로 월 1회 참가할 수 있는가?

6. TDI(Therapy Dogs International)와 Tail Waggin' Tutors

그림 6-16 리딩독과 함께 엎드려서 소리 내어 책 읽어주기
출처: ITA R.E.A.D., used by permission.

1) 특징

1976년 영국에서 간호사로 근무한 스미스(E.Smith)가 미국으로 돌아와 뉴저지에서 미국 최초의 동물매개중재기관인 Therapy Dog International을 설립하였다. 현재 미국 50개 주 전역과 캐나다 일부 지역을 중심으로 활동하며, AAI 프로그램은 모두 무료로 제공된다. 등록된 치료도우미동물팀의 수가 최대인 TDI는 동물조절, 테스트, 등록을 전담하는 비영리자원봉사 기관이다.

TDI는 치료도우미견이 필요한 곳은 요양원, 병원 등 기관단체와 가정 등 어디나 방문하는 것을 원칙으로 하며 심신의 힐링이 필요한 개인 가정을 방문하는 'Home Visit' 프로그램도 운영하고 있다. 그러나 미국 내 대부분의 AAI 활동 기관들은 프로그램 실행 신청 대상으로 기관단체로 제한하고 있으며, 개인을 위한 가정 방문은 하지 않는다.

또한 TDI는 자체 프로그램인 'TDI Evaluation'에 의해서 치료도우미견팀을 테스트하며, 인증등록 후에는 치료도우미견팀이 AAI 프로그램에 참여하는 동안에는 책임보험을 제공한다.

2) 치료도우미동물

개, 유기견 구조견 등 모든 종류의 개는 치료도우미동물 지원이 가능하다. 모든 치료도우미견의 건강기록은 American Animal Hospital Association (AAHA)의 기준에 맞춰 지속적으로 관리된다.

3) 리딩독 프로그램 Tail Waggin' Tutors

학생들의 편안하고 친근한 분위기의 '개 친화적인 읽기 환경'의 제공을 통해서 아동들의 읽기 기술 발달과 자아존중감 향상을 기대하며, 즐거운 읽기 습관 들이기에 목표를 두고 있다.

그림 6-17 Reading to a dog(개와 마주 앉아 책을 읽어주며 개의 주의를 이끌어내기)

출처: ITA R.E.A.D, used by permission.

4) 치료도우미견 평가

TDI Test는 치료도우미평가 항목을 다음과 같이 13종류로 구분하고 있다. 테스트 시작 전에 광견병 접종 증명서 그리고 정기적인 백신 접종 기록 및 구충제 복용 일지, 동물병원 수의사의 반려견 건강검진 결과서를 제출해야 한다.

정식테스트 전에 먼저 간단한 기질테스트가 실행된다.

1단계(Phase I)

목줄이나 가슴줄을 착용하고 6피트(약 182.9cm)의 리드줄(6ft leash)로 매어져 있어야 한다.

Test 1

TDI 체크인 테이블(TDI Entry Table)

개와 핸들러 팀은 병원 입구의 리셉션 데스크로 시뮬레이션 된 테이블 앞에 체크인을 위해 서 있다. 이어서 새로 도착한 팀들의 핸들러와 반려견과도 차례차례 인사를 나눈다. 발톱, 귀, 털 미용 상태가 체크된다.

Test 2

체크인 후 핸들러가 개를 남겨둔 채 떠나있기

체크인 후 Helper의 안내를 받아 서류를 작성하고 모든 핸들러들은 정해진 자리에 앉고, 반려견들은 핸들러들의 왼쪽에 엎드려 있도록 한다. 각 팀들과의 거리는 8피트(약 243.9cm) 정도를 유지한다. 이후 핸들러는 개를 안아준 뒤 '기다려(Stay)'를 음성 또는 수신호를 이용해서, 아님 음성과 수신호를 둘 다 이용해서 명령을 내린 후 1분 동안 자리를 떠나 있다. 그 동안에 Helper는 개에게 말을 걸고 쓰다듬는다. 반려견은 리드줄의 고정 거리 내에서 앉거나 엎드리기, 일어서기, 걷기 등을 할 수 있다.

Test 3

사람들 주변에서

핸들러와 반려견 팀이 환자병실을 향해서 걸어갈 때 여러 사람들이 둘러 서 있다. 일부는 개와 함께 병실방문을 시도한다. 개와 핸들러 팀은 개가 동시에 사방에서 여러 사람이 접근하고 만지는 것을 견딜 수 있으며, 한데 모여있는 사람들을 방문하고 걸어 지나갈 수 있음을 보여주도록 한다.

Test 4

단체로 앉아 기다리기

평가자는 핸들러와 개들이 줄지어 서도록 하며 각 팀 사이에는 8피트(약 243.9 cm)의 거리가 유지된다, 핸들러는 개들을 앉아, 또는 기다려 자세로 명령한 뒤 6피트(약 182.9 cm) 줄의 끝에 가서 개를 향해 선 채 평가자의 지시를 기다린다. 평가자는 즉시 핸들러에게 제자리로 돌아갈 것을 지시한다.

Test 5

단체로 엎드려 기다리기

Test 4와 같은 과정으로 진행되고 개는 엎드린 자세로 기다린다.

Test 6

개와 20피트 떨어진 지점에서 핸들러가 개를 부르기

모든 핸들러들은 자리에 앉아있고, 한 번에 3마리씩 개들이 긴 라인에 줄을 선다. 핸들러는 개가 자리를 잡을 때까지 6피트(약 182.9 cm) 길이의 리드줄을 잡고 있으며, 다시 부를 준비를 한다. 한 번에 한 사람씩 핸들러는 개를 정해진 위치로 데려가며 다른 개들과는 20피트(약 609.6cm)의 거리를 유지한다.

평가자는 핸들러에게 "개를 엎드리게 하세요(Down your dog)" 하고 지시하고, 핸들러는 음성이나 수신호로 개에게 "엎드려!" 명령을 내린다.

평가자는 핸들러에게 "Leave your dog!"를 지시하고 핸들러는 개에게 음성이나 수신호로 '기다려' 신호를 보낸 뒤 직진하여 20피트의 거리로 이동하여 개와 마주 보고 선다. 평가자는 핸들러가 개를 부르도록 지시하고 핸들러는 음성이나 수신호로 개를 부른다.

Test 7

환자방문

개는 환자 방문 의지를 보여주며 환자가 쓰다듬어주도록 준비된 몸짓을 보인다.

소형견은 사람의 무릎 위에 놓이거나 안길 수 있다. 중형크기의 개는 의자 위에 앉거나 환자 곁에 가까이 서서 환자가 만져볼 수 있도록 한다. 그리고 대형견은 서 있게 한다.

2단계(Phase II)

Test 8

특이한 상황에서의 반응 테스트

개와 핸들러 팀은 직선으로 걸으며, 개는 리드줄이 느슨한 상태에서 핸들러의 바로 양옆이나 뒤쪽에서 따르도록 한다. 평가자의 지시에 맞춰서 핸들러는 개에게 앉아있도록 음성이나 수신호를 보낸다. 핸들러는 음성이나 수신호를 함께 사용할 수 있다.

다음 평가자는 핸들러에게 개를 엎드리도록 신호를 보내도록 지시한다. 핸들러는 직선으로 걸으며, 평가자는 재량으로 핸들러를 오른쪽, 왼쪽 그리고 돌아서도록 할 수 있다. 다음의 수선스러움은 느슨한 리드줄 상태에서 제공된다.

a. 핸들러와 개팀은 목발을 짚은 사람 옆을 지나간다.
b. 개 뒤에서 누군가가 손을 흔들며 "여보세요, 여보세요" 하고 부르며 달려온다.

자전거, 롤러블레이드, 스케이트보드 등을 타고 있는 사람일 수도 있다.

c. 옆으로 지나가는 사람이 조약돌이 들어있는 깡통이나 클립보드와 같이 시끄러운 소리를 내는 물건을 떨어뜨린다.
실내테스트에서는 병원 등에서 실제로 사용하는 청소기의 작동이 실행될 수도 있다.

d. 다음에는 돌기를 요청받을 수 있다.

e. 다음에는 왼쪽으로 돌기

f. 그리고나서 그 팀은 우측 돌기, 직선으로 출발점을 향해서 나란히 돌아가도록 지시 받는다.

Test 9

허가 받지 않은 간식 놓아두기

개와 핸들러 팀은 휠체어를 탄 사람을 만난다. 개는 그 사람에게 다가간다. 휠체어를 탄 사람은 개와 짧게 상호작용을 한 후 개를 부추기면서 손에 쥐고 있던 간식을 제공한다.

핸들러는 개에게 간식을 놓아두라고 말한다. 개가 그 간식을 핥거나 먹지 않도록 핸들러는 음성이나 수신호로 명령할 수 있다. 핸들러는 환자에게 개가 방문하는 동안에 음식 알레르기 등의 이유로 간식을 먹을 수 없는 이유를 설명해주어야 한다.

Test 10

음식 내버려 두기

개의 핸들러는 줄을 매단 상태로 바로 뒤에 따라오는 개와 직진으로 걷는다. 개가 지나는 길에 음식 한 조각이 놓여 있다. 개는 바닥에 놓여 있는 음식을 핥아보거나 먹어서는 안 된다. 지나는 길에 물이 담긴 그릇이 놓여 있다. 개는 그 그릇의 물도 마시면 안 된다.

Test 11

다른 개와의 만남

시험견과 자원봉사자가 개와 핸들러 팀을 지나가다가 돌아서서 핸들러에게 질문을 한다. 짧은 대화를 나눈 후에 두 핸들러는 헤어진다.

Test 12

병실 문을 통해서 들어가기

• 시설에서

한 사람이 개와 핸들러팀의 앞에서 입구를 지나갈 수 있다. 개와 핸들러팀은 시설로 들어가는 입구의 문으로 들어갈 준비가 되어 있다. 먼저 핸들러는 개를 앉아, 일어서, 엎드려 중 가장 편안한 자세로 동작을 먼저 취하도록 한다.

Test 13

아동들에 대한 반응

어린아이들이 달려 다니고(running) 소리치고(yelling) 공놀이를 하고, 물건을 떨어뜨리기 등 일상적으로 놀이를 하는 동안 취하는 행동을 한다.

1. 핸들러가 놀고 있는 아이들 옆으로 20피트(약 609.6cm) 정도의 거리를 유지하며 개와 함께 지나간다.
2. 책 읽어주기

a. 개가 핸들러 옆에 엎드려 있어야 한다.
b. 핸들러가 개가 엎드려 있는 동안 책을 읽어주는 시늉을 한다.
c. 그 개는 아이에게 등을 지고 있어야 한다.

테스트 요구사항은 예고 없이 변경될 수 있다.

* 그 외 미국 내의 수백 개의 독서도우미견프로그램 단체들이 활발하게 학교와 도서관 및 병원, 요양원 등에서 활동 중이다(Linder et al. 2017).

표 6-3 미국 AAI 기관들의 AAR 프로그램

Nation	AAI Institute	AAR Program
U.S.A.	American Kennel Club(1884)	B.A.R.K.(Be A Reading Kids)(2019)
	Therapy Dog International(TDI, 1976)	Tail Waggin' Tutors
	Tails of Joy(1976)	R.E.A.D.(2007)
	Pet Partners(1977)	Read with Me(2016), We are all ears(2020)
	Helping Paws International(1988)	B.A.R.K.S.(Bonding, Animals, Reading, Kids and Safety)(2000)
	Alliance of Therapy Dogs(ATD, 1990)	Canine Assisted Reading
	Animal Rescue Foundation(1993)	All Ears Reading
	Intermountain Therapy Animals(ITA, 1993)	R.E.A.D.(1999)
	Brooklin Therapy Foundation	The Good dog Foundation(1998)
	Sit Stay Read(2003)	Sit Stay Read(2003)
	Canine Assisted Reading Education(C.A.R.E., 2005)	Canine Assisted Reading Education(C.A.R.E.)
	Therapy Dogs United(TDU, 2008)	Tutors with a Tail
	New York Therapy animals	R.E.A.D.
	BARK Reading Therapy Dogs	BARK(Beach Animals Reading with Kids)(California, Arizona)
	Duo Dogs(1981)	Paws for Reading
	Reading with Rover(2000)	D.R.E.A.M.(Dogs for Reading, Education, Assistance and More)

( ): 설립연도

미국에서는 'R.E.A.D.' 등장 이후 전국적인 규모의 동물매개치료기관들이 앞다투어 리딩독 프로그램을 설립했을 뿐만 아니라 지역에 따라 다양한 이름의 AAR(Canine/Dog-Assisted Reading) 프로그램들이 설립되어 활발하게 문해능력 향상을 위한 읽기 교육을 실행하고 있다(박창균, 2020).

'All Ears Reading'(California)

'Canine Assisted Reading Education'(C.A.R.E.)(Washington/DC)

'Dogs Educating and Assisting Readers'(DEAR)(Baltimore/MD)

'Paws for Reading'(San Diego/CA)

'Read to the Dogs'(Portland /OR)

'Read with Me'(Pet Partners)

'Reading with Rover'(Bothell/WA)

'Sit Stay Read'(Birmingham/AL, 2003년 설립)

Chapter

07

한국의 동물매개중재와 리딩독 프로그램 발달 현황

READING DOG

1. 역사

국내의 동물매개중재(AAI) 프로그램은 1990년 '동물은 내 친구(Companion Animal Partnership Program: CAPP)' 프로그램을 시작한 한국동물병원협회(KAHA), 1996년 평택 에바다장애인종합복지관의 재활승마프로그램을 운영한 이삭 애견훈련소(2008년 한국동물매개치료복지협회로 개명), 한국삽살개재단(1992년 설립), 1993년에 설립된 삼성화재안내견학교, 재활 승마를 목표로 2001년 설립된 삼성전자 승마단의 활동을 통해서 이어져 왔다.

1998년 공주문화대학, 2003년 서정대학, 2004년 서울 호서전문학교, 2005년 연암전문학교의 애완동물과에 이어 2006년 원광대학교의 4년제 학사과정으로 애완동식물학과의 개설을 시작으로 2008년 설립된 한국동물매개심리치료학회와 원광대학교 농학과의 동물응용과학 석·박사과정 연구자들의 동물매개심리치료 연구활동이 활발하게 이어지고 있다. 2008년 개설된 창파동물매개치료연구센터에 이어서 2013년 평택대학교 사회복지대학원 석사과정과 2018년 건국대학교의 동물매개치유전공 석·박사과정의 신설 등은 국내의 동물매개중재(AAI) 분야의 연구와 실행에 대한 관심이 향상되고 있음을 보여주고 있다.

이 중 IAHAIO(2022)의 '회원조직개요'에 의하면 2016년 IAHAIO 프랑스 파리총회에서 서울의 Korean Animal Hospital Association(KAHA)(한국동물병원협회, 1989년 설립)이 The Good Dog Foundation(미국), SZL(폴란드), SIUA(이탈리아) 등과 함께 정회원으로 승인되었다.

2022년 초까지는 한국의 대표적인 AAI 연구 및 활동 실행기관으로서 Human-Animal Bond Association of Korea(HAB Korea, 삼성화재안내견학교연구소), 경북의 Center for Chang-Pa Animal Assisted Therapy(창파동물매개치료연구센터, www.cpanimal.com) 등 3개 단체가 IAHAIO의 정회원으로 등록되어 있었으나, 2022년 10월 2일 기준 IAHAIO의 회원명부[1]에는 '창파동물매개치료연구센터'만 정회원(Full member)으로 등재되어 있다. 현재 삼성화재 안내견

1 https://iahaio.org/overview-of-members/(accessed October 02, 2022)

학교는 동물매개심리치료 분야의 자원봉사활동은 완료하고, 장애인을 위한 보조견 훈련과 분양 및 관리에 전념 중인 것으로 확인되었다.

국내 AAI 프로그램의 연구동향을 살펴본 연구(백승희, 2020)에 의하면 국내의 AAI 연구는 초등학생을 대상으로 한 연구가 가장 많았으며, AAI와 AAT 연구가 전체의 77%를 차지하고 있고, AAE 연구논문은 4편에 불과할 뿐만 아니라 가장 최근에 시작된 것으로 확인되었다. 또한 연구대상의 특징은 자폐와 ADHD 관련 연구가 가장 많고, 치료도우미동물로는 개가 가장 많은 비중을 차지하였다(백승희, 2020).

2. 국내 병원의 동물매개치료 활동

한림대학교성심병원은 2011년 7월 서울시의 서울대공원과 환자치료를 위한 MOU를 맺어서 3세부터 중학생 소아류마티스 환아 25명을 대상으로 의료진 4명, 간호사 6명, 사회복지사 2명이 동행한 서울대공원 방문을 통한 캥거루, 아기 사자, 뱀 등을 만지고 먹이를 주는 교감 활동을 시도하였다. 이는 희귀난치성 질환 환자를 대상으로 한 동물매개심리치료의 일환으로 실행된 경우이다.

그림 7-1 개의 안정과 편안함을 위해 개가 선호하는 자신의 바구니집에 앉을 수 있게 배려한다.

출처: ITA R.E.A.D, used by permission.

그림 7-2 Reading to a Dog on the stairs

출처: ITA R.E.A.D, used by permission.

3. 학교 동물 프로그램들

국내의 동물교감교육 프로그램은 일본 초등학교의 '아동들의 동물 키우기 프로그램'과 같이 병아리, 강아지 등 학교 상주형이나 학교 방문형 동물교감교육에 아동들이 참여하여 동물을 보살피는 과정을 통해 동물 양육에 대한 지식습득과 공감 형성을 통한 치유와 위로에 목표를 둔다. 최근 농촌진흥청 산하기관인 국립축산과학원이 동물자원의 새로운 가치 '치유와 위로'를 모토로 학교와 업무협약 체결을 통해서 초등학교 동물교감교육 프로그램인 '학교멍멍, 학교깡총, 학교꼬꼬' 프로그램들을 시도하고 있다.

국립축산과학원은 동물의 치유 가치 확산을 통한 국민들의 건강하고 행복한 삶을 목표로 동물교감치유 활동을 시도 중이다. 이와 같은 동물교감치유사업의 추진 배경으로 반려동물, 치유농업 중요성 부각 및 관련 산업의 급속한 성장과 스트레스 직업군, 소외계층, 고령층, 장애인 등 도움이 필요한 대상을 위해 정서적으로 유대감이 높은 반려동물을 연계한 치유에 대한 관심과 기술 수요 증가, 그리고 농업, 의료, 교육, 복지 등과 연계한 동물과 교감하는 치유 가치 창출 모델 개발의 필요를 들 수 있다(국립축산과학원, 2022)[2].

더불어 동물교감치유활동이 건강하고 행복한 삶, 양질의 서비스 산업, 일자리 창출, 성숙한 반려동물 문화, 사회경제적 비용 절감, 6차 산업화 등의 치유가치의 확장성을 지니고 있음을 강조하고 있다.

또한, 국립축산과학원은 동물이 지닌 치유효과를 다음과 같이 설명한다.

- 인지적 효과: 관찰력, 어휘구사력, 기억력, 집중력 및 판단력, 생명존중 의식 향상
- 사회적 효과: 이타심, 사회성, 친화력 향상, 공동체 생활 적응, 긴장 완

2 https://www.nias.go.kr/companion/cure2.do?cmCode=M170822163218387

화, 불안 감소, 고독감 해소
- 정서적 효과: 심리적 안정, 즐거움, 스트레스 및 우울증 감소
- 신체적 효과: 규칙적인 운동 습관, 근육발달, 평형감각 향상

교육부, 그리고 농촌진흥청 산하기관인 국립축산과학원은 함께 ‘학교멍멍 · 학교깡총 · 학교꼬꼬’ 등의 동물교감치유 프로그램 등을 통해서 아동들이 지구상에 공존하는 동물들에 대한 공감능력과 생명존중의식, 연민과 배려태도를 배울 수 있도록 하는 교육프로그램을 운영하고 있다(그림 7-3).

그림 7-3 한국의 동물교감치유 프로그램

출처: 국립축산과학원[3]

그림 7-4 유기견의 학교멍멍 입양, 학교깡총 돌보기

출처: 국립축산과학원

---

3 https://www.nias.go.kr/companion/animal_intermediation_cure.do?cmCode=M170717140741433 (accessed October 03, 2022)

그림 7-5 동물교감교육[4]

출처: 국립축산과학원

4 https://www.nias.go.kr/promote/photoView.do?viewSeq=817
https://www.nias.go.kr/front/prboardView.do?cmCode=M090814150850297&boardSeqNum=3630

그림 7-6 동물교감교육 사례집

출처: 국립축산과학원 블로그(accessed October 03, 2022)

2016년 6~10월까지 5개월여에 걸친 학교꼬꼬 실행 분석 결과에서는 생명존중의식과 인성이 각각 8.0%와 8.2%가 향상되고, 자아존중감 13.2%와 사회성 9.3%, 자아탄력성이 8.1%의 상승을 보여주었고, 저학년의 부정적 정서는 33.5%, 그리고 고학년의 부정적 정서는 12.4%가 줄어든 것으로 확인되었다(그림 7-7).

2018년 10월에 국립축산과학원이 발행한 동물교감교육 사례집의 초등학교 4곳의 학교 꼬꼬 프로그램을 통한 동물교감교육 효과 분석 결과에서는 참여 학생들의 부정 정서가 33.6% 줄어들고, 긍정적 정서는 16.5% 높아지고, 사회성과 자아존중감은 각각 16%, 17.3%가 향상된 것으로 나타났다(그림 7-7).

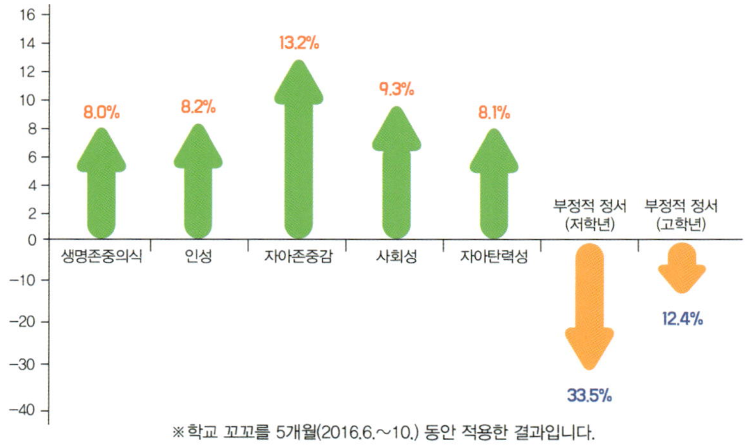

그림 7-7 학교 꼬꼬 연구 결과 보고[5]

출처: 국립축산과학원

4. 동물매개중재에 대한 인식

농림축산식품부에서 2020년 동물보호에 대한 국민의식 조사 결과 전국 638만 가구에서 반려동물(반려견, 반려묘 등)을 860만 마리를 키우는 것으로 알려졌다. 반려견은 521만 가구에서 602만 마리(81.6%), 반려묘는 182만 가구에서 258만 마리(28.6%)로 증가했으며 반려동물 중 개를 가장 많이 기르는 것으로 나타났다. 반려동물을 기르는 가구 수는 2015년 457만 가구에서 2017년 593만 가구 2018년 511만 가구 2019년 591만 가구 2020년 638만 가구로 반려가구 수가 매년 증가해왔다.

동물응용과학계에서 동물매개중재(AAI) 또는 프로그램의 지속성과 계획, 평가 및 프로그램 실행자의 전문자격 기준에 따라서 '동물매개활동'이나 '동물매개치료'로 번역하고 있는 것과 달리 농업진흥청과 축산과학원은 동

5 https://www.nias.go.kr/companion/animal_intermediation_cure.do?cmCode=M170717140741433 (accessed October 03, 2022)

물을 매개로 한 사람의 심신 치료 활동을 '동물교감치유'로 명명하고 있다.

농업진흥청은 2017년 9~11월에 실시한 온라인 설문조사와 AAI 서비스를 경험한 25개 기관을 대상으로 한 전화조사 결과를 2018년 12월에 발표한 전체 응답자 20세 이상의 남녀 521명을 대상으로 한 '동물교감치유 가치 국민인식조사' 결과에 의하면 동물이 사람의 정신 및 신체 건강에 긍정적인 영향을 미치는 동물교감치유의 가치를 국민 10명 중 6명 이상이 높게 평가한 것으로 나타났으며, 응답자의 59.7%는 앞으로 동물교감치유를 이용하고 싶다고 의사를 표시하였다.

또한 동물교감치유 효과로 심리·정서적 안정감(63.2%), 우울 스트레스 감소(62.7%), 삶에 활력과 활기 제공(55.1%), 외로움·무료함 완화(50.1%), 긍정적 사고방식 강화(35.0%) 순으로 이어졌다. 동물교감치유 활동이 필요한 대상으로 본인-부모-자녀 차례로 희망하였으며 응답자 10명 중 8명 꼴(82.5%)로 동물교감치유를 '들어봤거나 본 적이 있다'고 답하였다. 동물을 매개로 한 심리치료에 대해서는 전체 응답자의 71.7%가 호감을 보였으며, 서울과 수도권에서 여성층이 남성층보다, 연령이 낮을수록, 그리고 가족 중에 장애 등 질병이 있는 경우에 상대적으로 호감도가 높게 나타났다(표 7-1).

표 7-1 2017년 동물교감치유 가치 국민인식조사

No.	구분		비율(%)
1	동물교감치유의 가치가 높다		60.0
2	동물교감치유를 이용하고 싶다		59.7
3	동물교감 치유 효과	심리 · 정서적 안정감	63.2
		우울 스트레스 감소	62.7
		삶에 활력과 활기 제공	55.1
		외로움 · 무료함 완화	50.1
		긍정적 사고방식 강화	35.0
4	동물교감치유를 '들어봤거나 본 적이 있다'		82.5

출처: 농촌진흥청.

5. 읽기도우미견 연구자료 현황

해외의 동물매개중재(AAI) 개념의 이론과 실행은 2000년대 후반에 국내에 도입된 동물매개치료(AAT)나 동물매개활동(AAA)으로 주로 이어지고 있으며, 동물매개교육(AAE) 프로그램인 리딩독, 즉 읽기도우미견(Canine-Assisted Reading) 프로그램은 일부 지자체와 도서관, 학교 등에서 단기 프로그램 시도일뿐 여전히 초기 도입단계를 벗어나지 못하여(박창균, 2020) 전문기관에 의한 프로그램의 표준화 기준은 미처 공론화되지 않고 있다.

동물매개읽기(AAR) 관련 선행연구논문들은 2022년 9월 기준으로 현재 10편 미만으로 해외선행 연구에 대한 고찰 관련 학회지 논문 2편(김옥진, 2018; 박창균, 2020) 박사학위논문 1편(강주연, 2022) 등 총 3편이 검색가능하다.

AAR 프로그램 실행은 학회지 논문 1편, 석사학위논문 2편(읽기도우미견 참여 1편, 읽기도우미묘 참여 1편), 박사학위논문 1편(읽기도우미견 참여 1편) 등 총 4편(석사논문 문현민, 2018; 허순영, 2013, 학회지 이형석 등, 2018; 박사논문 윤혜경, 2022)으로 리딩독 프로그램과 관련된 고찰과 실행논문은 총 10편 미만에 그치고 있다.

현재 검색이 가능한 국내의 리딩독 프로그램은 신체장애 보조견 후보였다가 탈락한 골든리트리버 '키스'와 전남 순천시의 기적의 도서관이 함께 만든 여름 방학 기간의 10주 프로그램, 2018년 수원시, 광교 푸른숲도서관의 4주에 걸쳐 훈련된 유기견 '칠월이'와의 창립프로그램 정도이다.

순천시 기적의 도서관에서 실행된 리딩독 프로그램은 2006년 7월부터 9월 말까지 초등학교 3~6학년 아동 6명을 대상으로 골든리트리버종인 '키스'와 1회 10회에 걸쳐 독서지도교사 12명, 수의사나 간호사 1인이 참여한 리딩독 프로그램이 실행되었다. 책읽기에 대한 흥미와 습관 기르기가 목적이었다(한국아파트신문, 2006. 08. 30).

2018년 광교푸른숲도서관에서 진행된 '칠월이와~ 리딩독!!!' 프로그램을 위해 초등학생 20명을 대상으로 6마리의 도우미견이 참여하였으며, 도서관 창립 축하 프로그램으로 진행되었다. 모두 리딩독 프로그램을 국내에서 소개하는 성격의 귀중한 시도였다.

현재는 지역아동센터와 몇몇 초등학교에서 간헐적으로 진행되고 있으며, 읽기프로그램(AAR)이 동물매개치료(AAT) 프로그램이나 동물매개활동(AAA) 프로그램에 1~2회 정도 삽입되는 형식이 대부분이다.

Chapter

08

동물매개읽기교육의 효과

(Effects of Animal-Assisted Reading Education)

READING DOG

초등학교를 입학한 어린 아동들이 읽기를 학습하는 것, 특히 '소리 내어 책 읽기'는 복잡한 과정이다. 교실의 또래 친구들 앞 또는 교사와 같이 아동들의 읽기수준을 평가하는 성인들 앞에서 '크게 소리 내어 읽기'는 어린 아동들을 움츠러들게 하는 스트레스가 될 수 있다(Fuchs & Fuchs, 2005). 따라서 읽기학습의 어려움을 경험한 저학년 시기의 아동들은 종종 읽기에 대한 동기를 상실하거나 불편한 불안감이 높아지면서 갈수록 함께 읽기를 회피하는 경향이 있다(Jalongo & Hirsh, 2010).

성공적인 삶을 예측하는 척도인 읽기능력

본 교재의 앞 장들에서 반복적으로 강조했듯이 초등학교 저학년 시기의 성공적인 읽기능력은 미래의 학업과 성공적인 삶을 예측할 수 있는 가장 중요한 척도이다(Bassette & Taber-Doughty, 2016; C. Borgmeier[1], Friesen, 2010; Fung, 2019; Hall et al., 2016; Jalongo et al., 2004, 2022; Kirnan et al., 2020; Linder et al., 2018; Roux et al., 2014).

초등학교 아동의 뒤처진 읽기능력에서 비롯되는 낮은 문해능력과 학습부진은 의사소통과 학교적응에의 어려움을 초래할 수 있으며(Beetz& McCardle, 2017; Hall et al., 2016; Lane & Javada, 2013), 자아존중감의 저하와 상급학교에서의 학습부진은 성인기에 필요한 직업선택의 제한과 평생 낮은 경제능력으로 이어질 가능성이 크다(Anderson, 2016; Beetz& McCardle, 2017; Hall et al., 2016; Martinez and Fernandez, 2010). 이는 성장 후 성인으로서 자녀의 학습에 대한 무관심과 함께 자녀에 대한 가난의 세습으로 이어지는 경우도 높은 것으로 나타났다. 따라서 초등학교 입학 직후부터 저학년 시기에 아동들의 읽기능력에 대한 성인들의 지대한 관심과 적극적이고 집중적인 지원이 필요하다.

---

1 https://www.lrs.org/documents/field_stats/paws_to_read_presentation.pdf?lrspdfmetric=no (accessed January 26, 2023)

비판단적인 청자(non-judgemental audience)

읽기가 어려운 아동들(struggling readers)은 교실에서 또래들 앞에서, 심지어 교사 앞에서조차도 읽기에 대해 당황한다. 그러나 어려서부터 동물에게 호의적인 초등학교 저학년 아동에게 개를 비롯하여 훈련된 '반려동물에게 소리 내어 책을 읽어주기'는 위안이 될 뿐만 아니라, 전혀 위협적이지 않은 파트너인(non-threatening partners) 반려동물이 아동의 소리 내어 읽기에 비판단적인 청자(non-judgemental audience) 역할을 하게 되는 것을 의미한다(Jalongo, 2005).

개에게 책 읽어주기는 동물에 대한 아동들의 천성적인 개방성과 동물들의 차분한 존재로 인한 스트레스 진정 효과의 특징을 활용한 방법이다. Beetz와 McCardle(2017), 보그마이어(C. Borgmeier), Lane & Zavada(2013) 등은 무엇보다도 리딩독의 장점으로 동물들에 대체적으로 호의적인 특징을 지닌 아이들의 특성상 동물(개)에게 소리 내어 책을 읽어주는 것을 즐거워하며, 아이들의 가족들은 아동의 읽기 태도 변화와 학업의 향상을 목격하게 된다고 설명하고 있다.

실수를 통해서 성장하는 읽기

읽기를 하는 동안 발생하는 실수들은 아동들이 읽기를 학습하는 동안 당연한 일일 뿐만 아니라 중요한 일이다. 따라서 가정과 학교에서는 아동들이 소리 내어 읽기를 편안하게 시도하도록 도와야 한다. '개에게 소리 내어 책을 읽어주기'인 '리딩독 프로그램(Reading Dog Program)'은 동물들에게 개방적인 특성을 지닌 어린 아동들의 편안한 읽기를 적극적으로 도와주는 프로그램이다.

'No pressure. No embarrassment. No humiliation'(Stone, 2008), 즉 아무런 압력이나 당황스러움을 경험하지 않아도 되고, 더구나 창피스러움이나 굴욕감 같은 감정은 경험할 필요가 없음이 가장 큰 장점인 '읽기도우미견에게 책을 읽어주기(Children Reading to Dogs)'는 리딩독 프로그램에 참여한 아동이 학교나 집에서의 책 읽기 과정에서 발생하기 쉬운 간섭이나 굴욕이 없는 편안한 읽기 경험을 통해 읽기에 흥미를 갖고, 독서과정을 자발적이고 적극적으로 이끌어가서, 지속적으로 유지하고 강화시키는 것이다.

무엇보다도 모든 아이들의 학습속도가 동일하지 않으므로 학부모와 교사를 비롯한 성인들은 아이들의 학습 속도에 맞춰서 도움을 제공하는 자세가 필요하며, 읽기도우미견에게 책을 소리 내어 읽어주도록 하는 일은 아동들의 읽기에 대한 불안한 정서를 안정시키는 데에 도움이 된다(Jalongo, 2015).

불안한 정서와 위축감 완화에 도움 되는 읽기방법

Lloyd와 Sorin(2020)에 의하면 '아동이 개에게 책을 소리 내어 읽어주기'는 무엇보다도 학급에서 학습부진 또는 읽기부진으로 인해 위축된 아동의 책 읽기에 대한 긴장감 저하와 불안한 정서의 안정에 도움이 된다. 즉 리딩독 프로그램은 학교 입학과 함께 문해능력 학습이 시작되었으나 다양한 이유에 기인하여 또래들과 동일하지 않은 학습속도로 인해 책 읽기에 자신감을 아직 갖지 못했거나 읽기를 어려워하는 초등학교 저학년 아동의 긴장감을 낮춰주고 불안한 정서를 안정시키며 학교에서의 위축감을 완화시키는 데에 도움이 된다. 이는 아동이 읽기수준으로 인한 비난이나 판단에 대한 위축감정을 경험하지 않고도 읽기를 연습할 수 있는 기회가 된다(Treat, 2013). 또한 리딩독팀으로 참여한 성인 핸들러의 아동에 대한 따뜻한 지지와 편안한 의사소통 기회의 제공은 위축된 아동의 마음에 위안이 되고 또래와의 소통에 필요한 사회적 기술 향상에 도움을 준다(Fung, 2017; Jones, 2017; Kirnan et al., 2020).

이와 같이 또래나 교사의 부진한 읽기수준이나 틀린 발음 등에 대한 비난이나 판단을 받는 것에 대한 스트레스와 불안이 없이 자신이 소리 내어 개에게 책을 읽어주면서 자신의 귀로 듣는 과정과 읽기도우미견에게 이야기를 설명해주고 요약해주는 과정의 반복은 아동의 책 내용에 대한 읽기 독해(reading comprehension) 능력의 향상에 도움을 준다(Butler, 2009).

저학년 읽기부진 아동을 위한 조기개입 동물매개읽기교육

완제크 등(Wanzek et al., 2018)에 의하면 초등학교 1학년 시기에 읽기가 뒤처지기 시작한 아동은 스스로 읽기능력을 따라잡기는 거의 불가능한 실정이다. 초등학교 저학년 어린 아동의 읽기능력 문제에 대한 조기 개입을 위해 미국에서 1999년 Intermountain Therapy Animals(ITA)에 의해 개발된 R.E.A.D.(Reading Education Assistance Dogs)는 세계 최초의 읽기도우미견 프로그램으로 아동의 소리 내어 읽기에 대한 아동 중심의 도움의 필요성을 바탕으로 탄생한 동물매개읽기교육(Animal-Assisted Reading Education) 프로그램이다.

이후 폭발적인 인기에 힘입어 매스컴의 잦은 보도와 함께 짧은 시간 안에 전국에 널리 알려지며 많은 유사 프로그램들이 뒤따라 개발되었으며, 현재는 전 세계에서 활발하게 실행되고 있다. 20여 년 동안의 발달과정을 거쳐온 리딩독 프로그램, 즉 '동물에게 소리 내어 책 읽어주기'(Animal-Assisted Reading Aloud) 프로그램들은 미국, 오스트레일리아, 영국을 중심으로 전 세계에서 대학 등 문해교육 연구기관들에 의해 활발하게 연구되고 있으며, 동물매개중재 기관들에 의해 초등학교 아동들부터 요양원의 치매환자에 이르기까지 널리 실행되고 있다(ITA R.E.A.D., Pet Partners, Story Dogs, 2022; Uccheddu et al., 2019).

Animal(Canine/ Dog) - Assisted Reading 프로그램의 효과

훈련과 교육과정을 마친 반려동물과 자원봉사자가 팀을 이루어 참여하는 Animal(Canine/ Dog) - Assisted Reading 특히 리딩독(Reading to a Dog) 프로그램의 효과에 대한 연구결과에 대해 Lloyd(2014)와 Uccheddu 등(2019)은 아이들의 학교에 대한 긍정적 정서의 향상과 함께 출석률 상승을 꼽고 있으며, Lloyd(2014)는 리딩독 프로그램 참여 아동들의 또래 아동들과의 협동심 향상을 중요한 효과로 꼽는다. 또한 Griess(2010)는 책 읽기에 대한 흥미가 낮아져 있던 아동들의 책 읽기에 대한 즐거움 향상을 리딩독 프로그램

효과로 꼽고 있다.

일반적으로 총 8~12회기, 주 1회, 회기당 약 20여 분 동안 아동과 읽기 도우미견이 1:1 방식, 또는 소수의 그룹으로 이루어지는 리딩독 프로그램은 참여아동들의 책 읽기에 대한 흥미를 일깨우고, 이와 함께 아동의 읽기 동기 향상(Francis, 2009; Griess, 2010; Jalongo, 2005; Klotz, 2014; Lane, 2013; Loveridge, 2017; Shannon, 2007; Shaw, 2013; Treat, 2013)이 자주 보고되어왔다. 동물이 참여하고 핸들러의 아동에 대한 지지 등 즐거운 읽기 분위기로 인해 읽기에 대한 스트레스가 낮아지면서(Friedmann et al. 1983; Jalongo, 2004, 2005; Serpell, 2006) 읽기 불안 감소(Bueche, 2003; Burns, 2014; Klotz, 2014; Pillow-Price, 2014; Siegel, 2004; Inklebarger, 2014; Treat, 2013; Truett, 2011)와 혈압저하(Friedmann, 1983; Gunter, 1999; Odendaal, 2000; Tuner, 2007) 효과를 나타내었다. 자신의 읽기 도우미견과 함께 소수의 어린 아동들을 대상으로 연구를 진행해온 Friesen(2009, 2010)은 아동의 지지감 상승과 함께 정서 및 사회성 향상을 확인하였다.

아동들의 학교생활 유지에 필수적인 아동의 자아존중감 향상 또한 많은 연구들을 통해서 확인되었다. 자아존중감 향상 효과를 입증한 대표적인 연구자로 Alameri(2012), Bueche(2003), Jalongo(2005), Klotz(2014), Le Roux 등(2014), Paradise(2007), Pillow-Price(2014), Turner(2007), Walsh(2014) 등이 있다.

또한 Grigore(2014)와 Siegel(2004)은 자아존중감과 함께 어린 아동들의 학교적응에 필요한 사회성 향상에 리딩독 프로그램이 도움이 되었음을 확인하였다. 이와 더불어 아동들의 학교 활동에 대한 참여의 증가도 특징으로 나타났다(Bassette, 2013; Klotz, 2014; Shaw, 2013; Walsh, 2014).

ITA R.E.A.D.의 초기에 시범프로그램에 참여한 읽기부진 아동들은 13개월 동안의 리딩독 프로그램 참여를 통해서 최소 2단계의 읽기능력 향상을 나타낸 것으로 보고되었으며(C. Borgmeier, PAWS TO READ), 2021년 시카고의 저소득층 가정의 읽기부진 아동들 2,000명을 대상으로 아동들의 읽기와 학습 동기를 일깨우기 위한 1:1의 관심을 기울여준 덕분에 SitStayRead의 연례 평가 보고서(Impact Report 2020-2021)에서도 참여아동의 읽기능력과 태도의 변화를 읽을 수 있다.

Booten(2011), Lenihan(2016) 등의 경우에는 눈에 띄는 통계적인 수치의 변화를 확인하지 못했으나, 대부분의 리딩독 프로그램 연구자들은 소리 내어 읽기를 통해서 아동들의 읽기 자신감의 증대가 특징적으로 확인하고 있다(Bueche, 2003; Dunlap, 2010; Klotz, 2014; Lane, 2013; Lloyd, 2014; Newlin, 2003; Paradise, 2007; Pillow-Price, 2014, Siegel, 2004). 이를 계기로 읽기 시간이 증가하고(Griess, 2010), 읽기 속도가 향상되며(Black, 2010), 읽기 유창성(Smith, 2009)으로 이어지게 되어 결과적으로 읽기등급의 향상과 함께 학습능력 발달로 이어짐이 보고되었다.

교실에서 소리 내어 책을 읽을 때는 자신에게 우호적인 친구의 존재일지라도 아동들은 긴장하거나 스트레스를 받으며, 교사나 성인들 앞에서는 더욱 긴장하고 불안이나 불편함을 느끼는 데 반해, 동물들의 차분한 존재로 인한 스트레스 진정 효과(Calm Presence Effect)의 특징은 무엇보다도 읽기 부진으로 인해 불안감과 스트레스를 경험하고 있는 아동들의 책 읽기에 대한 흥미와 동기유발을 효과적으로 이끌어내었으며, 성인 핸들러의 암묵적인 지지도 아동의 사회적 기술을 향상시키고 의사소통의 긍정적 태도변화를 가져오는 데 기여한다(표 8-1).

프로그램의 효과를 위한 효율적인 사전 준비

이와 같은 리딩독 프로그램의 긍정적인 효과를 위해서는 효율적인 사전 준비가 필요하다. 동물매개교육(AAE) 프로그램인 'Children Reading to a dog'(Reading Dog) 프로그램은 교육 관련 전문가가 참여희망자들에 대한 특징을 파악하여 목표를 설정하고 수업계획을 세우며, 프로그램 실행기관으로부터 전문자격자의 지도와 책임보험이 제공되며, 편안하고 유연성 있는 분위기 제공이 특징이다.

특히 교육전문가가 프로그램을 준비하고 계획을 세우는 과정에서 신청기관의 책임자와 담당 직원, AKC 인증 동물매개중재기관처럼 등록되고 공인된 공식 동물매개치료기관, 참여지원 아동들이 충분히 원활하게 소통하고 준비과정을 갖도록 해야 한다. 또한, 프로그램을 시작하기 전에 반드시 참여동물의 예방접종 및 구충제 정기복용, 목욕 및 미용 등 위생, 안전 및 편안한 거처, 알레르기 요인 관리, 참여자의 문화적인 특징의 차이 이해, 참여자의 안전, 개에 대한 공포, 개의 안전 및 복지, 프로그램에 참여하는 자원봉사자 및 핸들러의 경찰서를 통한 범죄사실확인서 제출 등이 확인되는 등 철저한 사전 준비가 요구된다.

Children Reading to Dog(Reading Dog) 프로그램이 활발하게 운영되는 곳

현재 미국과 캐나다를 비롯하여 영국, 오스트레일리아와 뉴질랜드에서는 대학의 연구기관과 연계되어 전국의 학교와 도서관들에서 'Children Reading to Animals', 즉 동물을 매개로 한 아동의 읽기 프로그램이 활발하게 운영되고 있다. 미국 외의 지역에서 특히 ITA R.E.A.D.가 활동 중인 곳으로는 오스트리아. 룩셈부르크, 크로아티아, 슬로베니아, 아이슬란드, 이탈리아, 칠레, 노르웨이, 프랑스, 스웨덴, 벨기에, 멕시코, 도미니카공화국, 남아프리카. 이스라엘, 카자흐스탄, 콜롬비아, 포르투갈, 독일, 타이완, 캐나다, 네덜란드, 핀란드, 스페인, 영국 등이 있다(https://therapyanimals.org/read-affiliate-programs/ accessed January 27, 2023).

표 8-1 동물매개읽기 프로그램의 효과

AAR 효과	연구자들(참여동물: 개)
출석률 상승	Lloyd(2014), Uccheddu et al.(2019)
협동심 향상	Lloyd(2014)
즐거움 향상	Griess(2010)
지지감 향상	Friesen(2010, 사회정서지지)
자아존중감 향상 self-esteem	Alameri(2012), Bueche(2003), Jalongo(2005), Klotz(2014), Le Roux et al.,(2014), Paradise(2007), Pillow-Price(2014), Snider(2007), Turner(2007), Walsh(2014)
사회성 향상	Friesen(2009, 2010), Grigore(2014), Siegel(2004)
정서향상	Andersen et al.(2006), Friesen(2009, 2010)

AAR 효과	연구자들(참여동물: 개)
활동참여 증가	Bassette(2013), Klotz(2014), Shaw(2013), Walsh(2014)
혈압 저하	Friedmann(1983), Gunter(1999), Odendaal(2000), Tuner(2007)
태도개선	Bassette(2013), Beetz(2013), Kaymen(2005), Klotz(2014), Lloyd(2014), Paradise(2007)
읽기 스트레스 감소	Friedmann et al.(1983), Jalongo(2004, 2005), Serpell(2006)
읽기를 좋아함	Heyer(2007), Paradise(2007)
읽기불안 감소	Bueche(2003), Burns(2014), Klotz(2014), Pillow-Price(2014), Siegel(2004), Inklebarger(2014), Treat(2013), Truett(2011)
읽기동기 향상	Francis(2009), Griess(2010), Hughes(2002), Inklebarger(2014), Jalongo(2005), Klotz(2014), Lane(2013), Loveridge(2017), Shannon(2007), Shaw(2013), Treat(2013), U Tenn Vet(2015)
정확한 읽기	Fisher(2014), LeRoux(2014), Treat(2013)
독해력 향상	Fisher(2014), LeRoux(2014), Martin(2001), Treat(2013)
부정행동 감소	Berry et al.(2013)
정서 · 행동 · 사회적 감각 효과	Friesen(2009)
읽기능력향상	Dunlap(2010), Fisher(2014), Friesen(2012), Heyer(2007), Jalongo(2004, 2005), Klotz(2014), Lane(2013), Lloyd(2014), LeRoux(2014), Newlin(2003), Shaw(2013), Smith(2010), Pillow-Price(2014), Siegel(2004), Snider(2007) Newlin(2003)
읽기 자신감 증대	Bueche(2003), Dunlap(2010), Faver(2009), Francis(2009), Klotz(2014), Lane(2013), Lloyd(2014), Newlin(2003), Paradise (2007), Pillow-Price(2014), Schretzmayer &(2017), Siegel(2004), Shannon(2007), Snider(2007)
읽기유창성	Smith(2009)
읽기속도 향상	Black(2010)
읽기시간 증가	Griess(2010)
읽기등급 향상	SitStayRead(2019)
언어, 문해능력 향상	Faver(2009)
읽기행동, 능력 변화 없음	Booten(2011), Lenihan(2016), Peterson(2008)

Chapter

09

학교 동물매개중재(AAI) 프로그램 운영규칙

READING DOG

그림 9-1 아이들의 읽기를 재미있도록 도와주면, 아이들은 자신감이 생겨서 평생 책 읽기를 즐긴다.

출처: Story Dogs, used by permission.

그림 9-2 Reading to a Dog(낯선 환경의 리딩독을 위한 편안한 분위기 조성: 담요 깔아주기, 선호하는 쿠션 집에서 가져오기)

출처: ITA R.E.A.D, used by permission.

아동의 '읽기도우미견과 15분 읽기' 효과

- 읽기를 하는 동안 아동의 긴장 완화(Can increase a child's relaxation while reading)
- 주의 깊게 듣기(Listen attentively)
- 비웃거나 판단하거나 비판하지 않음(Do not laugh, judge or criticise)
- 아동 자신의 속도에 맞춰 읽기가 허용됨(Allow children to proceed at their own pace)
- 아동의 또래들보다 굴욕감이 덜 함(Can be less intimidating than a child's peers)

1960년대 미국의 레빈슨 박사(Dr. B. Levinson)에 의해 현대적인 의미의 동물매개치료가 소개된 이후 인간과 동물의 유대관계를 바탕으로 한 동물매개중재는 많은 발전과정을 거쳐서 1999년 최초의 동물매개읽기 프로그램이 개발되면서 2000년대에는 교육분야에 도우미 동물의 참여프로그램이 개발되었다.

도우미 동물이 교육분야(AAE)에 참여하는 대표적인 프로그램으로 학교와 도서관에서 실행되는 '개(고양이, 토끼 등)'의 참여를 통한 아동들의 인간존중교육(Humane Education)과 '동물에게 소리 내어 책 읽어주기(Animal Assisted Reading)'가 있다.

초등학교 저학년 아동들의 읽기 학습에서 소리 내어 읽기(reading aloud)는 아주 중요하다. 그러나 많은 아동들은 읽기에 어려움을 느끼고, 교실의 또래들 앞에서 소리 내어 읽기를 할 때 수줍음을 느낀다.

세계 각국의 도서관과 학교들이 '아동들이 친절한 개에게 책 읽기'를 할 때 읽기 실수에 대한 평가나 비웃음에 대한 긴장과 스트레스, 그리고 불안감이 감소하는 것을 발견하였다.

리딩독을 연구한 많은 연구결과는 참여아동의 수준에 맞게 계획되고 전문가에 의해 장기적으로 실행되는 읽기도우미견 프로그램은 아동의 읽기능력과 자신감을 향상시키고, 아동들이 읽기에 대한 즐거운 경험을 하게 됨으로써 아동들이 스스로 읽기를 할 수 있게 이끌어주는 것으로 확인되었다.

이와 같이 동물매개중재(AAI) 프로그램이 병원 등의 의료시설이나 요양원, 장애아동 시설, 재난 등의 위기 트라우마 치료도움에서 학교와 도서관에서 어린 아동의 읽기 교육을 목적으로 한 교육까지 확대되면서, IAHAIO 등의 국제기구들은 동물매개치료(AAT)를 포함하여 동물매개중재와 관련하여 용어 정의 및 실행규칙을 더욱 엄격하게 명문화하고 있다.

그와 관련한 대표적인 국제기구로 IAHAIO, ISAAT, ESAAT, 영국의 세계최초애견연맹인 Kennel Club의 비영리자선기관인 The Kennel Club Educational Trust의 리딩독 프로그램인 Bark and Read[1], 미국의 Pet Partners(구. Delta Society), 미국의 수의학협회인 AVMA 등을 손꼽을 수 있다.

그 중 대표적인 AAI 프로그램 운영규칙으로 국제기구 IAHAIO의 인간과 동물의 복지, 미국의 Pet Partners와 영국의 Kennel Club의 가이드라인이 있다.

1. IAHAIO의 동물매개중재(AAI) 가이드라인[2]

IAHAIO International Association of Human-Animal Interaction Organizations

1) 인간복지(Human Wellbeing)

항상 AAI 프로그램 참여자에 대한 안전조치가 항상 준비되어있어야 한다.

전문가들은 동물매개중재 프로그램을 실행하기 위해서는 다음과 같은

1 https://www.thekennelclub.org.uk/media/1935/bark-and-read-standards-of-practice.pdf)(accessed August 02, 2022

2 IAHAIO, 2018 White Paper, pp. 7-9

준비가 필요하다.

(1) AAI 참여자들의 특정 동물 알레르기(breed specific allergies) 상황을 미리 확인한다.

(2) 면역억제환자(immunosuppressed patients)로부터, 또는 참여동물로부터 참여자에게 병균 감염 리스크가 큰 경우는 프로그램 참여를 제한한다.

(3) 면역억제환자와 함께 근무하는 경우에 면역억제환자의 안전을 위해서 공중보건 전문가(public health specialists)가 프로그램에 참여하는 도우미동물이 특정 질병을 옮기지 않음을 확인하는 선별검사(screening tests)를 요청할 수 있다.

(4) 핸들러는 프로그램 참가자들의 욕구(the needs of the recipient)에 대한 이해가 필요하며, 프로그램 실행 현장의 사람들 상황에 대한 적응훈련이 필요하다.

(5) 참여자들의 특정 치료도우미동물에 대한 믿음이나 견해가 다양할 수 있다.

*동물에 대한 종교적, 문화적, 그 외 다른 분야에서 관점이 다를 수 있으므로 참여자에 대한 섬세한 배려와 이해가 필요함. 그런 연유로 AAI 프로그램 참여동물에 대한 유대관계 형성이 어려운 경우 참여자 또는 그 가족과 대안(alternatives with recipients or their families)에 대한 논의가 바람직하다.

2) 동물복지(Animal Wellbeing)[3]

(1) AAI는 신체적, 정서적으로 모두 건강하며 이러한 유형의 활동을 즐기는 동물들을 선택한다.

(2) 핸들러는 AAI에 참여하는 동물의 건강, 표현, 행동, 특징 등에 대해 잘 알고 있어야 한다.

(3) AAI 활동을 실행하는 전문가들은 모든 참가자들의 안전과 복지를

3 http://www.iahaio.org/files/declarationchicago.pdf, IAHAIO 2013 Chicago Declaration

고려해야 한다.

(4) 전문가들은 AAI 프로그램에 참여하는 동물이 종에 관계없이 살아있는 생명체임을 이해해야 한다.

(5) 길들여진 동물들만 AAI 프로그램에 참여할 수 있다.

(6) 시설에서 반려동물로 키우고 있는 물고기들은 사회적 상호작용에 적응하는 경우는 거의 없다.

(7) 길들여진 동물들은 인간과 잘 어울리고 긍정적인 강화와 같은 인간적인 기술로 훈련되어야 한다.

(8) 개, 고양이, 말과 같이 길들여진 동물은 특정 기준을 충족하는 국가기관 중 하나에 등록되어야 한다.

(9) 야생종과 외래종(예: 돌고래, 코끼리, 카푸친 원숭이, prairie dogs[4], 절지동물, 파충류)은 길들여진 종일지라도 동물감염병과 동물복지 문제로 인해 프로그램 참여자들에게 높은 위험을 제공할 수 있기 때문에 AAI 활동참여를 금지한다.

(10) 고래 및 돌고래 보호협회는 돌고래가 동물매개치료 참여자나 참여동물 모두 심리적 또는 신체적 복지 충족이 어려우므로 돌고래의 치료도우미동물 역할에 반대한다(Brake & Williamson, 2007: 18).

(11) 자연계 및 야생동물 보호구역 내에서 국내·국제 동물복지기준을 충족하는 야생동물에 대한 관찰과 사색은 서식지 손상이나 야생동물의 스트레스를 초래하지 않는 범위 내에서 직접적인 접촉을 하지 않는 경우에 한해 가능하다.

(12) 주인과의 관계가 좋은 반려동물이 반드시 좋은 치료도우미동물에 해당되지는 않는다.

(13) AAI나 AAA에 참여할 예정인 반려동물들은 수의사(veterinarians)나 동물행동학자(animal behaviorists)와 같은 동물행동 전문가에 의해 행동(behavior)과 기질(temperament)을 신중하게 평가받아야 한다.

(14) 올바른 성품과 훈련을 받은 사람만 AAI 프로그램을 실행할 수 있다.

(15) 동물들의 적절한 성질의 지속적인 유지 여부를 확인하기 위해 정기

4 북미 초원지대의 설치류로 다람쥐과 쥐, 체중 1.2kg

적인 평가가 수행되어야 한다.

(16) 수의사는 동물의 건강과 동물의 AAI 프로그램 특성에 맞게 기질과 적응 능력이 적합한지에 대해 검사한다.

(17) 핸들러와 프로그램을 실행하는 전문가들은 함께하는 치료도우미동물의 불편함, 스트레스 징후 감지 및 동물들의 웰빙 욕구를 감지할 수 있도록 사전교육을 받아야 한다.

(18) 전문가들은 AAI 프로그램에 참여하는 동물과의 상호작용과 관련한 특별교육을 받아야 한다. 즉 일반적인 동물행동과 적절한 인간과 동물의 상호작용 그리고 특정 동물 종에 대한 교육이 필요하다(예, 말, 돼지, 햄스터, 저빌 등).

(19) 전문가들은 동물의 특징을 잘 이해하고 동물을 존중하는 자세를 지녀야 한다.

(20) AAI 참여 동물들은 그들의 안전과 편안함이 위태로워지는 방식으로 관여해서는 안 된다.

(21) 부적절한 방식의 예로 동물 위로 점프하거나 동물 위로 허리를 굽는 경우, 동물에게 인간의 옷이나 의상을 입히거나 불편한 액세서리를 착용시키기, 기어다니기나 부자연스러운 자세로 굽히게 하거나 무거운 등 동물에게 신체적으로 힘들거나 스트레스가 많은 작업 등이 있다.

(22) 참여자들이 프로그램에 참여한 치료도우미 동물의 꼬리를 잡아다니거나 참여아동들이 동물 아래로 기어다니는 등과 같이 동물을 놀리는 행위를 하지 않도록, 또는 동물을 부적절하게 다루지 않도록, 그리고 동물을 위험에 처하지 않도록 언제 어디서나 아동들은 학교 스텝과 프로그램 진행자의 감독과 보호 아래 있어야 한다.

(23) 전문가들은 중재 프로그램에 참여한 동물의 건강한 휴식과 세션 전후의 편안하고 안전한 돌봄에 대한 책임이 있다(예, 깨끗한 물, 안전하고 적절한 장소의 바닥 상태 등). 회기당 30~45분의 참여 시간을 잘 지키고, 과로하지 않도록 한다.

(24) AAI에 참여하는 모든 동물은 정기적으로 수의사의 진료를 통한 건

강관리를 받아야 한다.

(25) 프로그램에 참여하는 도우미동물은 동물전염병에 걸리지 않도록 노력하며 최소한 연 1회 수의사의 진료를 받도록 하고 정기적인 백신접종과 기생충 약을 복용하도록 한다.

(26) AAI 참여동물에게 생고기나 살균되지 않은 우유를 먹이지 않도록 한다. 단 어미 젖을 아직 떼지 않은 젖먹이 동물은 모유수유를 하므로 예외이다.

(27) 동물, 사람, 환경의 건강과 웰빙은 불가분의 관계이므로 '하나의 건강(One Health)' 개념이 도입된다.

2. Pet Partners의 AAI 가이드라인

1977년에 설립된 이후 세계의 동물매개중재 연구와 수행을 선도해오고, 2002년 비영리기관으로 설립된 국제기구 IAHAIO의 창립멤버인 Pet Partners는 자원 봉사자(Volunteers)의 교육과정으로 동물매개중재에 필요한 기술과 전략을 강조하는 대면 또는 온라인으로 종합적인 교육과정을 운영하고 있다. 특히 핸들러는 AAI 프로그램의 성공을 위한 두 가지 중요한 철학인 YAYABA와 PETS에 중점을 둔다.

1) YAYABA

YAYABA는 '당신은 반려동물의 최고의 보호자(You Are Your Animal's Best Advocate)'라는 영어단어의 약자로 Pet Partners 프로그램의 토대(cornerstone)

이다. Pet Partners는 동물의 복지를 최우선으로 하며, 자원봉사자들은 그들의 AAI 프로그램 수행을 위한 방문이 참여자와 동물 모두에게 즐겁고 안전한지 확인한다.

핸들러나 프로그램 실행자는 치료도우미동물이 AAI 프로그램에 참여하는 일이 즐겁게 느껴지도록 돕고, 프로그램 실행 중에도 동물이 편안한 휴식을 취할 수 있도록 규칙적으로 휴식시간을 제공해야 한다.

2) PETS

PETS는 Presence, Eye Contact, Touch, 그리고 Speech의 약자(acronym)로 치료동물과 효과적으로 의사소통하고 치료동물을 적극적으로 지원하기 위해 핸들러가 항상(both on duty and off) 사용하는 기본 행동 도구를 의미한다.

PETS 실행은 바로 YAYABA의 실행이다. 즉 AAI에 참여하는 Pet Partners의 자원봉사자들은 치료도우미 동물(therapy animal)을 안심시키고(reassuring) 안내하거나(guiding) 칭찬함으로써(praising) 치료도우미동물과의 신뢰와 상호 존중에 기반한 관계(relationship based on trust and mutual respect with their therapy animal)를 조성하여 매년 3백만 명이 넘는 사람들에게 안전하고 효과적인 방문을 제공할 수 있다.

3) 핸들러 교육

다양한 상황에서 신뢰할 수 있는 예의 바른 동물이 중요하지만, 무엇보다도 핸들러는 감염 예방 및 HIPAA[5] 규정부터 특정 집단의 요구사항에 대한 작업에 이르기까지 관련 모범 사례에 대한 실무 지식이 필요하다. 핸들러가 동물의 신체언어를 정확하게 해석하고 상호작용을 사전에 관리하는 능력을 갖추어야 프로그램에 참여한 모든 사람을 안전하게 지켜준다. 따라서 동물도우미팀의 교육은 치료도우미동물뿐만 아니라 핸들러를 위한

5 HIPAA(Health Insurance Portability and Accountability Act): 1996년에 제정된 연방법으로 의료기록의 개인정보와 건강기록의 보안을 보호하는 법률

교육과정도 함께 진행된다.

철저하고 반복적인 재평가를 실행한다. 반복적인 개별 대면 평가를 통해 치료도우미동물의 나이가 들어도 치료도우미동물로서의 적합한 상태를 유지할 수 있다. 핵심 지식 기반의 시연 외에도 동물 행동훈련사와 핸들러는 치료도우미팀의 팀워크와 실용적인 기술(practical skills)을 보여주고, 이러한 기술을 꾸준히 유지할 수 있도록 규칙적으로 지속적인 훈련을 반복해야 한다.

4) 동물복지 우선(animal welfare prioritized)

(1) 최소 연령기준, 최대 방문 시간 지키기

동물의 참여를 사람이 요청했음을 인식하고 동물의 복지를 우선으로 하며, 동물매개치료 프로그램에 참여할 뿐만 아니라 동물들도 즐거움을 느낄 수 있도록 배려한다.

특히 최소연령 기준이나 최대 방문 시간 지키기를 통해서 치료도우미동물의 과로를 방지한다.

(2) 규칙적인 수의사의 건강검진 실행

치료도우미동물은 규칙적으로 동물병원을 방문하여 수의사에 의한 건강검진을 받아야 한다.

(3) 긍정적 강화훈련

치료도우미동물은 긍정적이고 강제적이지 않은 훈련을 받도록 한다.

(4) 질병이나 부상 방지

인수공통전염의 위험을 방지하기 위해서 손 위생, 동물위생기준, 광견병 예방접종 및 기타 건강 요구사항을 포함하는 포괄적인 감염 예방 프로토

콜이 있어야 하고, 생고기 식단 등의 단백질 식단을 금지한다.

핸들러 또한 자신이 전염가능성이 있는 질환에 걸렸을 때에는 AAI 프로그램을 위한 방문은 중지하고 AAI 등록 기관과 방문기관 양쪽에 미리 알리도록 한다.

3. 영국 Kennel Club 'Bark and Read'의 학교 AAI 가이드라인

THE KENNEL CLUB BARK & READ

<Bark and Read Standards of Practice>는 영국 애견연맹인 Kennel Club의 읽기도우미견 프로그램 기관인 'Bark and Read'에서 제휴 기관(Bark and Read Alliance) 및 계열사 단체들이 학교에서 실행하는 동물매개읽기 교육 프로그램의 안전한 성공을 위해 참여자와 참여동물 모두의 안전과 복지, 그리고 편안함과 즐거움을 염두에 둔 수행을 위해 Bark & Read 파트너와 Kennel Club Education Trust가 함께 모여 제정한 규칙이다.

이 규칙은 학교에 프로그램을 제공하는 기관단체와 프로그램을 신청한 학교가 실천해야 할 다음과 같은 실행 표준으로 구성되어 있으며, 영역은 다음과 같이 구분되어 있다.

- 개의 안전성과 복지
- 개와 핸들러 등 프로그램 참가자의 건강, 위생
- 안전과 표준법규
- 개의 훈련 기준
- 핸들러 기준

• 학교에 대한 일반규정

1) 개의 복지와 행복(Dog welfare and wellbeing standards)

① 개는 주어진 역할을 감당할 수 있는 건강한 상태를 유지해야 한다.
② 핸들러는 개의 훈련에 긍정적 보상 기반의 훈련 방법과 장비만 사용해야 한다.
③ 개들은 어떤 교통수단이든 간에 안전하고 편안하게 이동해야 한다.
④ 핸들러는 극한 기후 조건 아래서도 안전하게 개를 보호할 준비가 되어있어야 한다.
⑤ 개와의 프로그램 진행 세션은 1시간 이내로 하고, 1일 3시간을 초과하지 않는다.
⑥ 세션 사이에는 조용하고, 안전하고, 편안한 휴식 공간이 제공되어야 한다. 휴식시간 동안에는 개의 핸들러만 개에게 접근할 수 있도록 한다.
⑦ 개가 편히 물을 마실 수 있도록 항상 깨끗한 식수를 준비한다.
⑧ 개가 편안하게 배변을 할 수 있도록 학교와 의논하여 적절한 장소를 제공해야 한다.
⑨ 개가 스트레스, 불안, 불편 또는 피로의 징후를 보이는 경우에는 반드시 개를 프로그램에서 하차시키고, 밖으로 데리고 나와야 한다. 개의 불편한 상황이 완전히 회복된 경우에만 세션으로 복귀가 가능하다.
⑩ 개가 편안하게 눕고 엎드리고 움직일 수 있도록 충분한 공간을 제공해야 한다.
⑪ 개는 규칙적으로 심신의 양호한 건강 상태와 임무 수행에 적절한 기질 유지 여부를 매년 평가받아야 한다. 매년 재평가가 어려운 경우에는 적어도 2년마다 장기간의 참석을 못 한 경우에는 참여를 재개하기 전에 반드시 재평가를 받도록 한다. 관련기관들은 인증(approval)과 평가(assessment)에 대한 명확한 기준을 지녀야 한다.
⑫ 핸들러는 개가 건강과 행복을 저해하는 잠재적인 위험상황에 처하지

않도록 항상 주의할 책임이 있다.

⑬ 개는 낯선 개와 섞이지 않아야 한다.

⑭ 개는 재킷(jacket), 리드줄(leads), 목 스카프(bandana)와 같은 소속 기관의 유니폼을 착용해야 한다. 개에게 어울리지 않는 요란한 차림의 옷은 허용되지 않는다.

2) 건강, 위생, 안전과 표준법규
(General Health, Hygiene, Safety and Legislative Standards)

① 감염질병 확산의 위험을 최소화하기 위해 최대로 주의하기(예, 매 수업 시작 전후 핸들러와 아동 모두 손 씻기)

② 외부 상처가 있는 개는 세션 참여 불가

③ 외상을 입은 사람도 드레싱이 되어있을지라도 수업 참여 불가

④ 개는 질병에 감염되지 않도록 하고 혹시 질병 감염이 의심되면 수업을 연기할 것. 정상적인 건강 회복 후 수업재개 가능하나 개의 건강에 대한 수의사의 의견서가 필요함

⑤ 특정 질병으로 인한, 또는 면역억제 치료 중인 사람이나 개는 의료진의 승인이 없이는 AAI 세션 참여 불가함

⑥ 최신 WSAVA[6](작은 동물을 위한 세계수의사협회) guidelines 또는 Titer testing(항체검사) 기준에 맞춰 개는 최근까지의 필수 백신 접종

⑦ 기생충 예방과 벌레, 벼룩의 규칙적인 치료 및 관리

⑧ 생리 중인 암컷 개(Bitches in season)는 수업참여 불가

⑨ 개가 사람을 핥거나 침을 흘리지 않도록 주의하고 잘 닦는다.

⑩ 서비스 제공자와 학교 등 모든 관련자들은 AAI 프로그램이 진행되는 특정 장소에 대한 위험평가를 완수한다. 학교는 사람과 개와의 상호작용과 관련하여 어떠한 상황 또는 특정 위험(예, 알레르기, 면역저하 등의 건강문제, 개에 대한 공포심)을 예방할 책임이 있고, 관련된 위험 사실들과

---

6 https://wsava.org/global-guidelines/vaccination-guidelines/ accessed August 02. 2022.

관련 대책과 행동을 핸들러에게 고지해야 한다.

⑪ 서비스 제공자와 학교는 프로그램이 진행되는 장소에서 참가자에 대해 책임 보험을 확인하고, 그 복사본을 관련 기관단체에 제시해야 함

⑫ 서비스 제공자와 학교는 개와 함께 프로그램을 실행하는 것과 관련하여 현재의 법규를 지키며, 개와 참여 아동의 안전과 건강관리에 특히 유의하며, GDPR(General Data Protection Regulation, 2018년 5월 25일부터 시행되고 있는 EU 개인정보보호 법령) 준수

3) 개의 훈련 기준(Dog Training Standards)

① 핸들러와 개는 영국 Kennel Club의 Silver Good Citizen Award의 최소기준 또는 동등한 기준에 맞추어 활동하기

② 개는 항상 느슨한 목줄에 매어진 상태에서 핸들러와 조용히 걷기

③ 개는 적절하게 사회화되어야 하고, 아이들과 만나기 전에 미리 학교 환경에 익숙하고 편안하도록 미리 또는 일찍 방문해서 개에게 적응 시간을 제공하기

4) 개의 행동 기준(Dog Behaviour Standards)

① 학교에서 프로그램에 참여하는 개의 기준

② 최소 12개월령 이상의 성견

③ 짖거나 입질, 달려들거나, 발톱으로 긁지 않기

④ 낯선 냄새나 대상, 갑작스러운 소란 등과 같은 새로운 환경이나 예기치 못한 자극에도 적응하기

⑤ 사회성이 좋으며, 사람과의 상호반응을 좋아하고, 아이들과 편안하고 조용히 어울리며, 시끄럽거나 귀찮게 하는 행동에도 적응하기

⑥ 미용과 같은 적절한 신체 상호작용에 잘 적응하고, 예기치 못한 아동들의 행동에도 부정적으로 과하게 반응하지 않기

⑦ 휠체어 등 의료보조기 등을 사용하는 신체장애 또는 학습장애 아동

과도 잘 어울리기

⑧ 음식, 장난감을 보호하거나 회피하는 행동을 내보이지 않는다.

⑨ 간식을 주면 점잖게 받아먹으며, 손에 있는 인형을 낚아채지 않기

⑩ 학교 활동견으로 쉽게 눈에 띄는 복장을 하기

5) 핸들러 기준(General Standards for handlers working in schools)

① 핸들러는 항상 참고자료(references)를 제공할 수 있어야 하며, 부모/보호자/교직원은 항상 참여아동과 함께하기. 핸들러는 학교의 정책 및 보험 약정에 의해 특별히 요구되는 경우 범죄경력확인서(DBS clearance)(Scotland는 PVG) 준비하기

② 일반책임보험(Public Liability Insurance) 가입

③ 학교 내의 아동보호 및 안전관리 인식

④ 개에 대해 잘 알고 개와의 활동을 위한 평가 통과

⑤ 항상 치료견 관리에 최선을 다하고 언제나 고정된 리드줄로 통제할 것

⑥ 개의 행동, 몸짓언어, 건강 그리고 안전과 행복에 대한 지식에 능할 것. 긍정적인 포상을 통한 교육·훈련이어야 하고 프로그램 참여 중 개가 스트레스 표시나 불편, 불안, 지침 등의 표정을 신속하게 인식하고 프로그램 진행 중이라도 개를 이동해서 휴식을 취하게 할 것

⑦ 프로그램 진행 장소가 진행자와 치료견에게 안전하지 않거나, 적합한 환경이 아닐 때는 프로그램 진행 예정 장소에서 철수할 것

⑧ 치료견의 쾌적한 배변 허용장소를 미리 확인하고 사용하며, 배설물은 반드시 수거하여 배설물 봉투에 담아 공인된 방법으로 처리한다.

⑨ 학교 방문 전 동물매개치료 프로그램에 참여하는 치료견의 목욕과 미용을 완료하여 청결 상태를 유지할 것

⑩ 프로그램 실행 장소에서 화재 대피를 포함한 관련 위험에 대한 인식과 재난 관련 사항에 대한 사전정보 습득을 통해 필요시 대피 방법과 장소를 미리 숙지할 것

⑪ 다음 사항과 관련된 기밀 유지와 관련하여 미리 고지하고 동의를 받

을 것

-이름, 질병정보(medical information) 등 참가아동의 개인정보

-사진찍기와 사진 사용

-소셜미디어에 사진과 정보 올리기

-소셜미디어나 공공정보에 아동정보 노출

-학교 밖에서 학생들에 대해 토의하고 인식하기

6) 학교에 대한 일반규정(General Standards for Schools)

① 장기적인 관점에서 학교에서의 강아지의 안전에 최선을 다하되 학교 소유는 불가하다. 교사의 반려견은 학교에 머무는 시간 조절이 어려우므로 'Bark and Read' 프로그램의 참여는 불가하다.

② 학교는 이 프로그램이 진행될 때 학교 관계자가 꼭 현장에 있어야 한다.

③ 프로그램 진행자는 범죄여부 확인을 위한 동의서 제출(DBS clearance /PVG in Scotland)

④ 핸들러는 일반책임보험 가입 필수(Public Liability insurance)

⑤ 교내에서 핸들러는 아동의 보호와 안전(Child Protection and Safeguarding)에 유의하여 프로그램 진행

⑥ 핸들러와 개 팀이 아동과 수업 진행 중 성인 보호자나 스태프 요원이 항상 현장에 있어야 하며, 학교는 요청한 프로그램 진행에 필요한 물품을 제공한다.

⑦ 핸들러가 소방훈련 연습을 포함한 건강과 안전을 위한 정책(Safety policy, including fire drill arrangements)을 준수할 수 있도록 학교는 배려한다.

⑧ 학교는 AAI 프로그램 진행 전에 학교와 프로그램 진행팀과의 원활한 소통을 통해 알맞은 환경 제공

⑨ 학교는 치료견의 안전하고 안락한 배변장소 제공

⑩ 학교는 핸들러에게 휴일, 근무일 등 학교일정 관련 유용한 정보 제공

⑪ 읽기교재, 손 소독제 등 필요 물품을 제공해야 하며, 핸들러나 프로

그램 제공 기관이 제공하는 자료나 물품은 사전에 학교와 협의가 되어야 한다.

⑫ 프로그램 진행 과정상 보호자의 동의가 필요한 부분이나 학부모와 핸들러 사이에 소통이 필요한 경우 반드시 학교를 통해서 이루어져야 한다. 학교는 알레르기나 면역저하, 개 공포와 같은 건강문제 등 개와의 상호작용을 하는 사람들과 관련된 특정한 위험, 관련 문제에 대해서 충분히 인식하고 있어야 한다.

⑬ 학교와 핸들러는 개가 방해받지 않고 쉴 수 있는 공간을 제공하며, 음용수를 제공한다.

⑭ 학교와 핸들러는 실행 프로그램의 결과에 대해서 공유해야 한다.

⑮ handlers/service providers는 프로그램 실행과정에서 참여아동 및 관계자들에 대한 정보의 기밀성에 대한 학교의 방침을 따른다.

⑯ 프로그램 실행 전에 개와 상호작용 방법, 개 주변에서 지켜야 할 행동지침에 대해서 학교 직원들과 아동들을 대상으로 한 적절한 교육을 위해 학교는 핸들러와 협의를 해야 한다.

⑰ 학교는 참여희망 아동의 개에 대한 공포, 알레르기나 면역저하 등의 건강 관련 정보를 핸들러에게 제공해야 한다.

⑱ 학교 프로그램 담당자와 협력하여 개와 함께 행동하고 상호작용하는 방법에 대해 어린이 및 참가직원에게 적합한 교육프로그램을 제공해야 한다.

(예: Kennel Club 'Safe & Sound')

참고문헌

강주연 (2021). 아동의 문해능력을 위한 동물매개교육 ‘Children Reading to Dogs’ 프로그램 - 원광대학교 대학원논문집, 68.

강주연 (2022). 동화를 활용한 동물매개교육이 초등학교 아동의 자아존중감과 사회성에 미치는 효과 고찰. 원광대학교 대학원 박사학위논문.

강혜미, 박근필, 이영철 (2018). 동화책을 활용한 반복 읽기전략이 지적장애 학생의 읽기 유창성 및 읽기 이해력에 미치는 영향. 지적장애연구, 20(2). 163-182.

교육부, 국가평생교육진흥원 (2021). 2020년 성인문해능력조사. 국가평생교육원.

국가평생교육진흥원 (2019). 성인문해능력조사. 통계정보보고서.

권이은 (2018). 소리 내어 읽기 교수·학습 방법 연구. -초등 교사의 인식 조사 결과를 기반으로-. 청람어문교육, 66, 85-112.

김수정, 정익중 (2015). 가정환경이 유아발달에 미치는 영향과 교사효능감의 조절효과.

김수정, 정익중 (2015). 아동 빈곤의 사회경제적 비용 추계. 한국사회복지학회

김옥진 (2017). 인간과 동물. 서울: 동일출판사.

김옥진, 장성민, 강원국, 정옥기, 임소영 (2019). 동물매개치료의 기법과 적용. 서울: 동일출판사.

김옥진, 정성곤 (2018). 애완동물학. 서울: 동일출판사.

김옥진, 홍선화, 김현주, 유지현 (2017). 치료도우미동물학. 서울: 동일출판사.

김유겸 (2019). 고양이와 함께하는 동물매개교육이 지역아동센터 아동의 정서조절과 자아존중감에 미치는 효과. 원광대학교 대학원 석사학위논문.

김종윤, 서수현, 김인숙, 조병영, 김지연, 유상희, 오은하, 옥현진 (2017). 디지털 리터러시의 인지적 영역 평가도구 개발을 위한 기초 연구.

동물자유연대 KAWA (2021). 2016-2020년 유실·유기 동물 분석 보고①_연령 및 월별 발생현황. 인지적 영역 평가도구 개발을 위한 기초 연구. 청람어문교육, 62, 7-39.

문현민 (2020). 고양이에게 책을 읽어주는 동물매개치료가 청각장애아동의 사회 정서 적응 및 자아존중감에 미치는 효과. 원광대학교 대학원 석사학위논문.

민혜숙, 이대식 (2008). 체계적인 반복 읽기 프로그램이 읽기학습부진아동의 읽기 유창성과 독해력에 미치는 효과, 아시아교육연구, 9(4), 149-172.

박경호 (2017). 교육격차 실태 종합 분석 (RR2017-07). [KEDI] 연구보고서, 1-256.

박창균 (2020). 동물매개 독서교육의 가능성과 시사점. **국어교육연구**, 73, 215-244.

백승희 (2019). 동물매개활동 및 치료 관련 연구 동향: 국내의 석.박사학위논문 및 학술지 논문을 중심으로. 평택대학교 대학원 석사학위논문.

백승희, 최승희 (2020). 동물매개치료의 사회복지실천에의 적용 가능성 -국내 프로그램 연구동향을 중심으로. **슈퍼비전과 실천연구**, 5, 61-97.

설동훈 (2015). 한국의 인구고령화와 이민정책. **경제와 사회**, 통권, (106), 73-114.

성소영 (2019). 동물교감교육이 초등학생의 자아존중감과 생명존중의식 향상에 미치는 효과, 경북대학교 대학원 석사학위논문.

유한구 (2006). 사회계층과 교육격차. 한국직업능력개발원. https://www.krivet.re.kr:8443/repository/bitstream/201303/2668/2/A20617_fulltext.pdf

윤혜경 (2020). 문해능력 향상을 위한 Animal-Assisted Education의 실행현황에 대한 고찰 -U.S.A. 'Children Reading to Dogs' Program을 중심으로-. **원광대학교 대학원논문집**, 66.

윤혜경 (2022). 초등학교 고학년 아동의 정서 및 사회성에 읽기도우미견을 활용한 동물매개중재가 미치는 효과 연구. 원광대학교 대학원 박사학위논문.

이민정책연구원 (2015). 이주민통계 국제비교 현황과 시사점.

이일화, 김동일 (2003). 읽기 유창성과 독해력 수준과의 관계 초등학교 저학년 학생을 중심으로. **교육심리연구**, 17(4), 1-24.

이현진 (2014). 텍스트의 유형에 따른 반복 읽기가 초등학생의 읽기 유창성에 미치는 영향. 한국외국어대학교 교육대학원, 미간행 석사학위논문.

이형석, 이현아, 김수민, 이민지, 임효정, 전소형, 정하영, 최유진, 최주희, 김미형, 김옥진 (2018). 동물매개활동이 초등학교 고학년 학생들의 독서태도에 미치는 영향. **한국동물매개심리치료학회지**, 7(2), 51-64.

임은경 (2018). 동물매개중재가 학습부진 중학생들의 자아존중감, 사회성 및 불안에 미치는 효과. 원광대학교 대학원 박사학위논문.

최세환 (2006). 발표보조견 프로그램이 아동의 발표행동에 미치는 효과. 계명대학교 대학원 박사학위논문.

허순영 (2013). 동물매개치료를 통한 독서부진 아동의 자아존중감과 독서증진 효과에 관한 연구: 동물매개치료 중 독서보조견을 통한 독서증진의 효과 연구. 전남대학교 대학원 석사학위논문.

Alameri, R. (2012). My mission is to listen: Read to a dog-but not just any dog.

IFLA Helsinki.

Alber-Morgan, S. R., Matheson Ramp, E., Anderson, L. L., & Martin, C. M. (2007). Effects of repeated readings, error correction, and performance feedback on the fluency and comprehension of middle school students with behavior problems. *The Journal of Special Education*, *41*(1), 17-30.

Anderson, K. L., & Olson, M. R. (2006). The value of a dog in a classroom of children with severe emotional disorders. *Anthrozoös*, *19*(1), 35-49.

Anderson, M. J. (2016). A Qualitative Review of Canine Assisted Reading Therapy.

Bandura, A. (1978). Self-efficacy: Toward a unifying theory of behavioral change. *Advances in behaviour research and therapy*, *1*(4), 139-161.

Barber, O., & Proops. (2019). Low-ability secondary school students show emotional, motivational, and performance benefits when reading to a dog versus a teacher. *Anthrozoös*, *32*(4), 503-518.

Barker, S. B., & Wolen, A. R. (2008). The benefits of human–companion animal interaction: A review. *Journal of Veterinary Medical Education*, *35*(4), 487-495.

Barker, S. B., Barker, R. T., McCain, N. L., & Schubert, C. M. (2016). A randomized cross-over exploratory study of the effect of visiting therapy dogs on college student stress before final exams. *Anthrozoös, 29*(1), 35-46.

Bassette, L. A. (2011). *Reading with Maggie: The effect of the presence/absence of a classroom pet dog in a reading intervention package*. doctoral dissertation, Purdue University.

Bassette, L. A., & Taber-Doughty, T.(2013). The Effects of a Dog Reading Visitation Program on Academic Engagement Behavior in Three Elementary Students with Emotional and Behavioral Disabilities: A Single Case Design. *Child & Youth Care Forum*, *42*, 239-256, Springer US.

Bassette, L. A., & Taber-Doughty, T. (2016). Analysis of an animal-assisted reading intervention for young adolescents with emotional/behavioral disabilities. *RMLE Online*, *39*(3), 1-20.

Beck, A. M., & Katcher, A. H. (1996). *Between pets and people: The importance of animal companionship*. Purdue University Press.

Beck, A. M., & Katcher, A. H. (2003). Future directions in human-animal bond research. *American behavioral scientist*, *47*(1), 79-93.

Beers, K. (2003). *When kids can't read: What teachers can do* (Vol. 20, No. 3). Portsmouth, NH: Heinemann.

Beetz, A. (2013). Socio-emotional correlates of a schooldog-teacher-team in the classroom. *Frontiers in psychology*, 886.

Beetz, A., & McCardle, P. (2017). Does reading to a dog affect reading skills? *How animals help students learn*, Routledge, 111-123.

Beetz, A. M. (2017). Theories and possible processes of action in animal-assisted interventions. *Applied developmental science*, *21*(2), 139-149.

Berry, A., Borgi, M., Francia, N., Alleva, E., & Cirulli, F. (2013). Use of assistance and therapy dogs for children with autism spectrum disorders: A critical review of the current evidence. *The journal of alternative and complementary medicine*, *19*(2), 73-80.

Boeckman, A. (2015). Therapy Dogs Have a Pawsitive Impact on Children's Reading Progress. *NebraskaLIBRARIES*, 8.

Booten, A. E. (2011). Effects of animal-assisted therapy on behavior and reading on the classroom. Theses, Dissertations and Capstones, Paper 22.

Brelsford, V. L., Meints, K., Gee, N. R., & Pfeffer, K. (2017). Animal-assisted interventions in the classroom-A systematic review. *International journal of environmental research and public health, 14*(7), 669.

Bueche, S. (2003). Going to the dogs: Therapy dogs promote reading. *Reading Today*, *20*(4), 46.

Chandler, C. (2001). Animal-Assisted Therapy in Counseling and School Settings, *ERIC/Cass Digest*.

Chandler, C. (2005). *Animal assisted therapy in counseling*. New York, NY: Routledge.

Chandler, C. K. (2008). Animal assisted therapy with Hurricane Katrina survivors. *Based on a program presented at the ACA Annual Conference and Exhibition, Honolulu, HI. In VISTAS online*. Retrieved from https://www.counseling.org/resources/library/vistas/2008-VOnline-MSWord-files/Chandler. pdf.

Chandler, C. K. (2012). *Animal Assisted Therapy in Counseling*, 2nd Edition. Routledge/Taylor & Francis Group.

Chandler, C. K. (2022). Animal-Assisted Therapy. In *Encyclopedia of Gerontology and*

Population Aging (pp. 453-459). Cham: Springer International Publishing.

Cleaver, S. L. (2018). *Effects of short-term, structured teacher training in active reading on language and reading outcomes of students at risk and not at risk for reading failure, teacher implementation of active reading, and teacher perceptions of read aloud practices*. Doctoral dissertation, The University of North Carolina at Charlotte.

Clune, M. E. (2019). *Measuring the Effects of a Therapy Dog Assisted Reading Intervention for the Third-Grade Students with Dyslexia: A Mixed Methods Case Study*. Doctoral dissertation. The School of Education, University of Bridgeport.

Connell, C. G., Tepper, D. L., Landry, O., & Bennett, P. C. (2019). Dogs in schools: The Impact of specific human-dog interactions on reading ability in children aged 6 to 8 years. *Anthrozoös*, *32*(3), 347-360.

Cree A, Kay A, Steward J. The economic and social cost illiteracy: a snapshot of illiteracy in a global context. *World Literacy Foundation*. 2012. Available: http://www.worldliteracyfoundation.org/The_Economic_&_Social_Cost_of_Illiteracy.pdf. Accessed 20 July 2022.

Davidson, H. (2015). *An exploratory study of primary pupils' experiences of reading to dogs*. Doctoral dissertation, University of East London.

Diakidoy, I. A. N., Stylianou, P., Karefillidou, C., & Papageorgiou, P. (2005). The relationship between listening and reading comprehension of different types of text at increasing grade levels. *Reading Psychology*, *26*(1), 55-80.

Dickinson, D. K., & Neuman, S. B. (Eds.). (2007). *Handbook of early Literacy research*(Vol. 2). Guilford Press.

Dragani-Reagan, J. M. (2019). Do Teachers Participating in a Therapy Dog Program Perceive an impact on Students' Attitudes and Behaviors Toward Reading?. PCOM Psychology Dissertations. 495.

Dunlap, V. M. (2010). Canine assisted therapy and remediating reading: A review of literature. *Graduate Paper, Student of Special Education, Northern Michigan University*.

Ein, N., Li, L., & Vickers, K. (2018). The effect of pet therapy on the physiological and subjective stress response: A meta-analysis. *Stress and Health*, *34*(4), 477-489.

Faver. C. A. (2009). Finding a voice: Animals helping children. Reflections: Narratives of professional helping children. *Reflections: Narratives of professional helping*, *15*(1), 24-28.

Fick, J. L. (2015). *Teachers' and principals' perceptions of animals as pets and animal-assisted therapy in an educational setting*. Sam Houstam State University.

Fine, A. H. (2002). Animal-assisted therapy. *Encyclopedia of psychotherapy*, *1*, 49-55.

Fine, A. H. (Ed.). (2010). *Handbook on animal-assisted therapy: Theoretical foundations and guidelines for practice*. academic press.

Fine, A. H. (Ed.). (2015). *Handbook on animal-assisted therapy: Foundations and guidelines for animal-assisted interventions. 4th edition*. academic press.

Fine, A. H. (2019). *Handbook on animal-assisted therapy: Foundations and guidelines for animal-assisted interventions*. Academic press.

Fine, A. H., & Andersen, S. J. (2021). A commentary on the contemporary issues confronting animal assisted and equine assisted interactions. *Journal of Equine Veterinary Science*, 200, 103436.

Fine, A. H., & Gee, N. R. (2017). How animals help children learn: Introducing a roadmap for action. In *How Animals Help Students Learn* (pp. 3-11). Routledge.

Fisher, B., & Cozens, M. (2014). The BaRK (Building Reading Confidence for Kids) canine assisted reading program: One child's experience. *Literacy Learning: The Middle Years*, *22*(1), 70-80.

Fitch, S. (2017). *The Impact of a Canine Assisted Reading Program on a Reluctant Reader's Literacy Learning*. Doctoral dissertation. New York State University.

Francis, A. (2009). Thursdays with MacGyver. *Children & Libraries*, *7*(2), 50.

Fredrickson-MacNamara, M., Butler, K., & Fine, A. H. (2006). The art of animal selection for animal-assisted activity and therapy programs. *Handbook on animal-assisted therapy: Theoretical foundations and guidelines for practice*, 121-147.

Friedmann, E., Katcher, A. H., Thomas, S. A., Lynch, J. J., & Messent, P. R. (1983). Social interaction and blood pressure. Influence of animal companions. *The Journal of Nervous and Mental Disease*, *171*(8), 461-465. Abstract obtained from PsycINFO_1887, ISSN: 0022-3018.

Friedmann, E., Thomas, S. A., Son, H., Chapa, D., & McCune, S. (2013). Pet's presence and owner's blood pressures during the daily lives of pet owners with pre-to mild hypertension. *Anthrozoös, 26*(4), 535-550.

Friesen, L. (2009). How a therapy dog may inspire student literacy engagement in the elementary language arts classroom. *Learning landscapes*, *3*(1), 105-122.

Friesen, L. (2010). Exploring Animal-Assisted Programs with Children in School and Therapeutic Contexts. *Early Childhood Education Journal*, *37*(4), 261-267.

Friesen, L. (2012). Animal-assisted literacy learning as carnival: A Bakhtinian analysis. *The International Journal of Learning*, *18*(3), 305-324.

Friesen, L., & Delisle, E. (2012) Animal Assisted Literacy: A supportive environment for constrained and unconstrained learning. *Childhood Education International*, *88*(2), 102-107.

Fuchs, D., & Fuchs, L. S. (2005). Peer-assisted learning strategies: Promoting word recognition, fluency, and reading comprehension in young children. *The journal of special education*, *39*(1), 34-44.

Fung, S. C. (2017). Canine-assisted reading programs for children with special educational needs: Rationale and recommendations for the use of dogs in assisting learning. *Educational Review*, *69*(4), 435-450.

Fung, S. C. (2019). Effect of a canine-assisted read aloud intervention on reading ability and psychological response: A pilot study. *Animals*, *9*(8), 474.

Gallatin, E. (2014). How Reading Education Assistance Dogs (READ dogs) in an Elementary Intervention Program are Perceived by Teachers and Students.

Gee, N. R., Church, M. T., & Altobelli, C. L. (2010). Preschoolers make fewer errors on an object categorization task in the presence of a dog. *Anthrozoös*, *23*(3), 223-230.

Gee, N. R., Fine, A. H., & McCardle, P. (Eds.). (2017). *How animals help students learn: Research and practice for educators and mental-health professionals.* Taylor & Francis.

Gee, N. R., Gould, J. K., Swanson, C. C., & Wagner, A. K. (2012). Preschoolers categorize animate objects better in the presence of a dog. *Anthrozoös*, *25*(2), 187-198.

Gee, N. R., Griffin, J. A., & McCardle, P. (2017). Human-animal interaction research in school settings: Current knowledge and future directions. *Aera Open*, *3*(3),

2332858417724346.

Gee, N. R., Harris, S. L., & Johnson, K. L. (2007). The role of therapy dogs in speed and accuracy to complete motor skills tasks for preschool children. *Anthrozoös*, *20*(4), 375-386.

Gee, N. R., Rawlings, J. M., O'Haire, M. E., Bennett, P. C., Snellgrove, D., & Peralta, J. M. (2017). Caring for classroom pets. In *How Animals Help Students Learn* (pp. 197-211). Routledge.

Gee, N. R., Rodriguez, K. E., Fine, A. H., & Trammell, J. P. (2021). Dogs supporting human health and well-being: A biopsychosocial approach. *Frontiers in veterinary science*, 8, 630465.

Gee, N. R., & Schulenburg, A. N. (2017). Recommendations for measuring the impact of animals in education settings. In *How Animals Help Students Learn* (pp. 157-181). Routledge.

Glazer, S. M. (1991). Behaviors reflecting emotional involvements during reading and writing activities. *Reading, Writing, and Learning Disabilities*, *7*(3), 219-230.

Griess, J. O. (2010). A canine audience: *The effect of animal-assisted therapy on reading progress among students identified with learning disabilities*. University of South Florida.

Grigore, A. A., & Rusu, A. S. (2014). *Interaction with a therapy dog enhances the effects of social story method in autistic children. Society & Animals*, *22*(3), 241-261.

Guthrie, J. T., & Cox. K. E. (2001). Classroom conditions for motivaton and engagement in reading. *Educational psychology review*, *13*(3), 283-302.

Guthrie, J. T., Wigfield, A., Barbosa, P., Perencevich, K. C., Taboada, A., Davis, M. H., & Tonks, S. (2004). Increasing reading comprehension and engagement through concept-oriented reading instruction. *Journal of educational psychology*, *96*(3), 403.

Guthrie, J. T., McRae, A., & Klauda, S. L. (2007). Contributions of Concept-Oriented Reading Instruction to Knowledge About Interventions for Motivations in Reading. *Educational Psychologist*, *42*(4), 237-250.

Guthrie, J. T., Hoa, A. L. W., Wigfield, A., Tonks, S. M., Humenick, N. M., & Littles, E. (2007). Reading motivation and reading comprehension growth in the later elementary years. *Contemporary Educational Psychology*, *32*(3), 282-313.

Hall, S. S., & Mills, D. S. (2019). Taking dogs into the office: a novel strategy for promoting work engagement, commitment and quality of life. *Frontiers in veterinary science*, 138.

Hall, S. S., Gee, N. R., & Mills, D. S. (2016). Children Reading to Dogs: A systematic Review of the literature. *PloS ONE*, *11*(2), e0149759, dol: 10.1371 /journal.pone.0149759

Hediger, K., Gee, N. R., & Griffin, J. A. (2017). Do animals in the classroom improve learning, attention, or other aspects of cognition?. In *How Animals Help Students Learn*(pp. 56-68). Routledge.

Henderson, L., Grové, C., Lee, F., Trainer, L., Schena, H., & Prentice, M. (2020). An evaluation of a dog-assisted reading program to support student wellbeing in primary school. *Children and youth services review*, 118, 105449.

Hergovich, A., Monshi, B., Semmler, G., & Zieglmayer, V. (2002). The effects of the presence of a dog in the classroom. *Anthrozoös*, *15*(1), 37-50.

Hernandez, D. J. (2011). How third-grade reading skills and poverty influence high school graduation, *Annie E. Casey Foundation*.

Hernandez, D. J., Denton, N. A., Macartney, S., & Blanchard, V. L. (2012). Children in immigrant families: Demography, policy, and evidence for the immigrant paradox.

Heyer J. (2007). The impact of animals with struggling readers. Master's thesis, Augsburg College. Minneapolis.

Hughes, K. (2002). See spot Read. *Public Libraries*, *41*(6) 328-330.

Inklebarger T. Dog therapy 101. *American Libraries*. 2014; 45. Available: http://americanlibrariesmagazine.org/wp-content/uploads/2015/01/1114.pdf Accessed 18 December 2022.

Jalongo, M. R. (1990). Why Do Young Children Dislike School?. *PTA Today, 15*(5), 13-14.

Jalongo, M. R., Astorino, T., & Bombay, N. (2004). Canine Visitors: The Influence of Therapy Dogs on Young Children's Learning and Well-Being in Classrooms and Hospitals. *Early Childhood Education Journal*, *32*(1), 9-16.

Jalongo, M. R. (2005). "What are all these Dogs Doing at School?": Using Therapy

Dogs to Promote Children's Reading Practice. *Childhood Education*, *81*(3), 152-158.

Jalongo, M. R., & Hirsh, R. A. (2010). Understanding reading anxiety: New insights from neuroscience. *Early Childhood Education Journal*, *37*(6), 431-435.

Jalongo, M. R., E Linder, D., Rotz, F., & Schultz, D. (2018). Future Directions in Canine-Assisted Activities, Education, and Therapy. In *Children, Dogs and Education* (pp. 321-357). Springer, Cham.

Johnson, G. (2017). How dogs could make children better readers, *The Conversation*, 2017. March, 22.

Kalkoske, S. T. (2018). *The Academic and Social-emotional Effects of Classroom Service Dogs/Specialized Therapy Dogs with Handlers on Student Learning and Behavior in K-12 Special Education Students in Emotional/Behavioral Disordered Placements as Perceived by their Teachers*. Doctoral dissertation, Brandman University.

Katcher, A. H., & Beck, A. M. (1983). New perspectives on our lives with companion animals. In *International Conference on the Human-Companion Animal Bond (1981: University of Pennsylvania)*. University of Pennsylvania Press.

Kawamura, N., Niiyama, M., & Niiyama, H. (2009). Animal-assisted activity: experiences of institutionalized Japanese older adults. *Journal of psychosocial nursing and mental health services*, *47*(1), 41-47.

Kaymen, M. S. (2005). Exploring animal-assisted therapy as a reading intervention strategy.

Kelly, T. J. (2021). *Reading Education Assistance Dogs (READ®) & Literacy: Using Animal Assisted Education with English Learners in the Elementary School Classroom*. Doctoral dissertation, Indiana University of Pennsylvania.

Kirnan, J., Shah, S., & Lauletti, C. (2020). A dog-assisted reading programme's unanticipated impact in a special education classroom. *Educational Review*, *72*(2), 196-219.

Kirnan, J., Siminerio, S., & Wong, Z. (2016). The impact of a therapy dog program on children's reading skills and attitudes toward reading, *Early Childhood Education Journal*, *44*(6), 637-651.

Kirnan, J, Ventresco, N. E., & Gardner. (2018). The Impact of a Therapy Dog Program on Children's Reading - Follow-up and extension to ELL Students. *Early Childhood Education Journal*, *46*(1), 103-116.

Klotz, K. (2014). Promoting humane education through Intermountain Therapy Animals' READ® program. *Teaching compassion: Humane education in early childhood*, Springer, Dordrect, 175-195.

Koczan, Z., Peri, G., Pinat, M., & Rozhkov, D. L. (2021). The impact of international migration on inclusive growth: A review. *IMF Working Papers*, 2021(088).

Kotrschal, K., & Ortbauer, B. (2003). Behavioral effects of the presence of a dog in a classroom. *Anthrozoös, 16*(2), 147-159.

Kropp, J. J., Shupp, M. M. (2017). Review of the Research: Are Therapy Dogs in Classroom Beneficial?. In *Forum on public policy online*, 2017(2). Oxford Round Table. 406 West Florida Avenue, Urbana, IL 61801.

Kruger, K. & Serpell, J. (2010). Animal-assisted interventions in mental health: Definitions and theoretical foundations. In *Handbook on animal-assisted therapy* (pp. 33-48). Academic Press.

Lane, H. B., Zavada, S. D. W. (2013). When reading gets ruff: Canine-assisted reading programs. *The Reading Teacher*, *67*(2). 87-95.

Le Roux, M. C., Swart, E. (2014). The effect of an animal-assisted reading program on the reading rate, accuracy and comprehension of grade 3 students: A randomized control study. In *Child & Youth Care Forum, 43*(6), 655-673. Springer US.

Lenihan, D., McCobb, E., Diurba, A., Linder, D., and Freeman, L. (2016). Measuring the effects of reading assistance dogs on reading ability and attitudes in elementary school children. *Journal of Research in Childhood Education. 30*(2), 252-259.

Levinson, E. M., Vogt, M., Barker, W. F., Jalongo, M. R, & Van Zandt, P. (2017). Effects of reading with adult tutor/therapy dog teams on elementary students reasing achievement and attitudes. *Society & Animals*, *25*(1), 38-56.

Linder, D. E., Mueller, M. K., Gibbs, D. M., Alper, J. A., & Freeman, L. M. (2018), Effects of an animal-assisted intervention on reading skills and attitudes in second grade students. *Early Childhood Education Journal*, *46*(3), 323-329.

Linder, D. E., Siebens, H. C., Mueller M. K., Gibbs, D. M., & Freeman, L. M. (2017). Animal-Assisted Interventions: A National Survey of Health and Safety Policies in Hospitals, Eldercare Facilities, and Therapy Animal Organizations. *American Journal of Infection Control*, *45*(8), 883-887.

Lloyd, J. & Sorin, R. (2014). "I liked that you can pat the dog and interact with it and read to it" – Engaging the imagination: The effect of the Classroom Canines TM program on reading and social/emotional skills of selected primary school students. In *ierg conference proceedings* (Vol. 2014). Imaginative Education Research Group.

Loveridge, S. (2017). Reading Confidence with "Tail Waggin' Tutors". *Online Submission*.

Martin, S. (2001) R.E.A.D. is a pawsitive program for kids of all ages. *Interactions*, *19*(3), 7-8.

Mayer, C. (2018). *Canine-Assisted Therapy in Service Training: An Examination of Knowledge, Acceptability, Concerns, and Implementation*. St John's University (New York).

Mayer, J. D., & Salovey, P. (1997). What is emotional intelligence? Emotional development and emotional intelligence: Implications for educators. *New York: Basic Books, Senge, PM*(1998). *Sharing knowledge*. *Executive excellence* 15.6 (1997): 11-12.

McConnell, E. A. (2002). … About animal-assisted therapy. *Nursing* 2022, *32*(3), 76.

Min, M., & Omar, M. (2016). A review on animal-assisted therapy and activities for healthcare and teaching of children. *Journal of Education and Social Sciences (JESOC)*, 5, 40-46.

Moore, E. G., Hlava, T., Garcia, S. L., & Brem, S. L. (2013). Ever try teaching a dog to read? Implicit theories of reading ability. *Anthrozoös*, *26*(3), 381-393.

Mossello, E., Ridolfi, A., Mello, A. M., Lorenzini, G., Mugnai, F., Piccini, C., Barone, D., Peruzzi, A., Masotti, G., Marchionni, N. (2011). Animal-assisted activity and emotional status of patients with Alzheimer's disease in day care. *International psychogeriatrics*, *23*(6), 899-905.

Nation, K., & Snowling. M. J. (2004). Beyond phonological skills" Broader language skills contribute to the development of reading. *Journal of research in reading*.,

27(4), 342-356.

National Reading Panel (U.S.), & National Institute of Child Health and Human Development (U.S.). (2000). *Report of the National Reading Panel: Teaching children to read: an evidence-based assessment of the scientific research literature on reading and its implications for reading instruction: reports of the subgroups.* Washington, D.C.: National Institute of Child Health and Human Development, National Institutes of Health.

Nelson, J. S., Alber, S. R., & Gordy, A. (2004). Effects of systematic error correction and repeated readings on the reading accuracy and proficiency of second graders with disabilities. *Education and Treatment of Children*, 186-198.

Newlin, R. B. (2003), Paws for reading: An innovative program uses dogs to help kids read better. *School Library Journal*, *49*(6), 43.

Nimer, J., & Lundahl, B. (2007). Animal-assisted therapy: A meta-analysis. *Anthrozoös, 20*(3), 225-238.

Odendaal, J. S. (2000). Animal-assisted therapy-magic or medicine?. *Journal of psychosomatic research*, *49*(4), 275-280.

Odendaal, J. (2002). *Pets and our mental health: The why, the what, and the how.* Vantage Press.

OECD (2009). International Migration: The Human face of globalization. (https://www.oecd-ilibrary.org/economics/oecd-insights_19936753)

O'Haire, M. (2010). Companion animals and human health: Benefits, challenges, and the road ahead. *Journal of Veterinary Behavior*, *5*(5), 226-234.

O'Haire, M. E., (2017). Research on animal-assisted intervention and autism spectrum disorder, 2012-2015. *Applied developmental science*, *21*(3), 200-216.

O'Haire, M. E., Bibbo, J., Hoffman, C. L., Mueller, M. K., Ng, Z. Y., & Buechner-Maxwell, V. A. (2018). Overview of centers and institutes for human-animal interaction in the United States. *Human-Animal Interaction Bulletin*, (2018).

O'Haire, M. E., & Gabriels, R. L. (2017). The impact of animals in classrooms assisting students with autism and other developmental disorders. *How Animals Help Students Learn*, 83-97.

O'Haire, M. E., Guérin, N. A., & Kirkham, A. C. (2015). Animal-assisted intervention for trauma: A systematic literature review. *Frontiers in Psychology*, 6, 1121.

O'Haire, M. E., McKenzie, S, J., Beck, A. M. (2015). Animals may act as social buffers: Skin conductance arousal in children with autism spectrum disorder in a social context. *Developmental psychobiology*, *57*(5), 584-595.

O'Haire, M. E., McKenzie, S. J., McCune, S., & Slaughter, V. (2013). Effects of animal-assisted activities with guinea pigs in the primary school classroom. *Anthrozoös, 26*(3), 445-458.

Olsen, C., Pedersen, I., Bergland, A., Enders-Slegers, M. J., & Ihlebæk, C. (2016). Effect of animal-assisted activity on balance and quality of life in home-dwelling persons with dementia. *Geriatric nursing*, *37*(4), 284-291.

Paradise, J. (2007). *An analysis of improving student performance through the use of registered therapy dogs serving as motivators for reluctant readers*. Doctoral thesis, University of Central Florida.

Petersen, A. (2008). The Effect of Experiences with Animals on the Reading Comprehension Skills of Students in the Seventh Grade. *Online submission.*

Piketty, T., & Saez, E. (2014). Inequality in the long run. *Science*, *344*(6186), 838-843.

Pillow-Price, K., K., Yonts, N., & Stinson, L. (2014). Sit, Stay, Read: Improving Literacy Skills Using Dogs!. *Dimensions of Early Childhood*, *42*(1), 5-9.

Pitts, J. L. (2005). Why Animal Assisted Therapy Is Important for Children and Youth. *Exceptional parent*, *35*(10), 38-39.

Prater, A. N. (2018). *The Effect of a Canine-Assisted Reading Intervention on Second Grade Students' Oral Reading Fluency (ORF) Performance and Attitude Toward Reading*. Doctoral dissertation, University of Dayton.

Reilly, Katie. M., Adesope, O. O., & Erdman, P. (2020). The effects of dogs on learning: A meta-analysis. *Anthrozoös*, *33*(3), 339-360.

Reynolds, J. A., & Rabschutz, L. (2011). Studying for exams just got more relaxing—Animal-assisted activities at the university of connecticut library. *College & Undergraduate Libraries*, *18*(4), 359-367.

Rousseau, C. X. (2018). Turning the Page for Spot: Exploring the Potential of Therapy Dogs to Support Reading Motivation and Positive Reading Behaviours Among Young Children.

Sarroub, L. K., & Pernicek, T. (2016). Boys, books, and boredom: A case of three high school boys and their encounters with literacy. *Reading & Writing Quarterly*, *32*(1), 27-55.

Schretzmayer, L., Kotrschal, K., & Beetz, A. (2017). Minor immediate effects of a dog on children's reading performance and physiology. *Frontiers in veterinary science*, 4, 90.

Scott, T. M. & Shearer-Lingo, A. (2002). The effects of reading fluency instruction on the academic and behavioral success of middle school students in a self-contained EBD classroom. *Preventing School Failure: Alternative Education for Children and Youth*, *46*(4), 167-173.

Serpell, J. A. (2000). Animal companions and human well-being: An historical exploration of the value of human-animal relationships. *Handbook on animal-assisted therapy: Theoretical foundations and guidelines for practice*, 3-19.

Serpell, J., McCune, S., Gee, N., & Griffin, J. A. (2017). Current challenges to research on animal-assisted interventions. *Applied Developmental Science*, *21*(3), 223-233.

Serpell, J. A., Kruger, K. A., Freeman, L. M., Griffin, J. A., & Ng, Z. Y. (2020). Current standards and practices within the therapy dog industry: Results of a representative survey of United States therapy dog organizations. *Frontiers in veterinary science*, 35.

Shannon, M. A. R. Y. (2007). The benefits of children's reading to dogs in public libraries and after school centers: An exploratory study. (*Unpublished master's thesis), Queens College of the City University of New York*, NY. Retrieved October, 13, 2011.

Shaw, D. M. (2013). Man's best friend as a reading facilitator. *The Reading Teacher*, *66*(5), 365-371.

Siegel, W. L. (2004). The role of animals in education. *ReVision*, *27*(2), 17-27.

Smith, C. S. (2009). *An Analysis and Evaluation of Sit Stay Read: Is the Program Effective in improving Student Engagement and Reading Outcomes?*. Doctoral dissertation, National Louis University.

Smith, K. A. (2010). *Impact of animal assisted therapy reading instruction on reading performance of home-schooled students*. ProQuest LLC. Doctoral dissertation,

Northcentral University.

Snider (2007). Gone to the dogs. *Edutopia*. June, 56-59.

Sorin, R., Brooks, T., & Lloyd, J. (2015). The impact of the Classroom Canines program on children's reading, social and emotional skills and motivation to attend school. *The International Journal of Literacies*, *22*, 23-35.

Souter, M. A., & Miller, M. D. (2007). Do animal-assisted activities effectively treat depression? A meta-analysis. *Anthrozoös, 20*(2), 167-180.

Stone A. (2008) "Reading" Dogs Help Children Learn By lending an ear at story time, *the BARKs*, November 2008, Updated February 2016. Au & Raphael, 2000.

Strand, M. (2012). AT THE INTERSECTION OF DOG AND LIBRARY. *LIBRARY AND INFORMATION SCIENCE.*

Treat, W. A. (2013). Animal-assisted literacy instruction for students with identified learning disabilities: *Examining the effects of incorporating a therapy dog into guided oral reading sessions*. University of California, Santa Cruz.

Truett, C., & Becnel, K. (2011). Paws for reading: North Carolina libraries go to the dogs. *Public Libraries*, *50*(4), 44-47.

Turner, D. C., Wilson, C. C., Fine, A. H., & Mio, J. S. (2010). The future of research, education and clinical practice in the animal/human bond and animal-assisted therapy. *Handbook on Animal-Assisted Therapy*, 547-578.

Turner, J. (2011). Animal Assisted Therapy and Autism Intervention: A Synthesis of the Literature. *Department of Education Southern Illinois University Carbondale.*

Uccheddu, S., Albertini, M., Pierantoni, L., Fantino, S., & Pirrone, F. (2019). The impacts of a Reading-to-dog Programme on attending and reading of nine children with Autism Spectrum Disorders. *Animals*, *9*(8), 491.

United Nations Department of Economic and Social Affairs, Population Division. (2022). World population prospects 2022: Summary of results.

UNESCO (2004). The plurality of literacy and its implications for policies and programmes. Unesco. https://unesdoc.unesco.org/ark:/48223/pf0000136246

UNESCO Institute for Statistics (2017). Literacy rates continue to rise from one generation to the next. *Fact Sheet No. 45 FS/2017/LIT/45.*

Walsh, A. E. (2014). *Impact of animal-assisted therapy on oral reading fluency of second-graders*. Doctoral dissertation, State University of New York.

Walsh, F. (2009). Human-animal bonds Ⅰ: The relational significance of companion animals. *Family process*, *48*(4), 462-480.

Wells, D. L. (2009). The effects of animals on human health and well-being. *Journal of social issues*, *65*(3), 523-543.

Wilhite, S., & Bullock, L. M. (2012). Effects of the Why Try social skills program on students with emotional and/or behavioral problems in an alternative school. *Emotional and Behavioural Difficulties*, *17*(2), 175-194.

Winkle, M., Johnson, A., & Mills, D. (2020). Dog welfare, well-being and behavior: considerations for selection, evaluation and suitability for animal-assisted therapy. *Animals*, *10*(11), 2188.

Worthy, J. (1996). A matter of interest: Literature that hooks reluctant readers and keeps them reading. *The Reading Teacher, 50*(3), 204-212.

단체

•국립축산과학원 동물교감치유
https://www.nias.go.kr/companion/animal_intermediation_cure.do?cmCode=M170717140741433

•국립축산과학원 치유농업 참고자료
https://www.nongsaro.go.kr/portal/ps/psz/psza/contentSub.ps?menuId=PS65216&cntntsNo=219615&totalSearchYn=Y

•삼성안내견학교 https://www.guidedog.co.kr/

•한국장애인도우미견협회 http://www.helpdog.org/

•Animal Assisted Intervention International (AAII) https://aaa-int.org

•American Kennel Club https://www.akc.org

•American Red Cross https://www.redcross.org/

•American Veterinary Medical Association (AVMA) http://www.avma.org

•Australia Delta Society http://www.deltasociety.com.au

•European Society for Animal Assisted Therapy (ESAAT): https://www.esaat.org/en/

•Green Chimneys: Home https://www.greenchimneys.org/

•Humane Society International (HSI) https://www.hsi.org

•International Association of Human-Animal Interaction (IAHAIO) http://iahaio.org

- Intermountain Therapy Animals (ITA) http://therapyanimals.org
- Reading Education Assistance Dogs® (R.E.A.D.) https://therapyanimals.org/read/
- International Society for Anthrozoology (ISAZ) http://isaz.net
- International Society for animal assisted Therapy (ISAAT) https://isaat.org
- Organization for Economic Cooperation and Development (OECD) https://www.oecd.org/
- Pet Partners http://petpartners.org
- Society for Companion Animal Studies (SCAS) http://www/scas.org.uk
- SitStayRead http://www.sitstayread.org
- Story Dogs https://www.storydogs.org.au/
- The ESA Registration of America https://www.esaregistration.org/
- The Human Animal Bond Research Institute https://habri.org
- The Kennel Club http://www.thekennelclub.org.uk
- The Latham Foundation for the Promotion of Humane Education, http://www.lathan.org
- Therapy Dogs International https://www.tdi-dog.org/default.aspx
- UNESCO (United Nations Educational, Scientific and Cultural)
- UNESCO Digital Literacy https://unesdoc.unesco.org/ark:/48223/pf0000136246
- World Organisation for Animal Health https://www.woah.org/en/home/
- World Small Animal Veterinary Association (WSAVA) https://wsava.org/

찾아보기

ㄱ

ㄴ

ㄷ

ㄹ

ㅁ

ㅂ

ㅅ

A

B

C

Y

저자소개

강주연

동물응용과학 박사

교육대학원 영어교육 석사

현) 한국 Reading Dog 문해연구소

부산경상대학교 동물교감치유연구소

한국동물매개심리치료학회

윤혜경

동물응용과학 박사

통번역대학원 석사

2002 Australia NAATI 번역사

고교 교사

현) 한국 Reading Dog 문해연구소

부산경상대학교 동물교감치유연구소

한국동물매개심리치료학회

아동의 문해력 향상을 위한

READING DOG

반려견/읽기도우미견에게
소리 내어 책 읽어주기

초판 1쇄 인쇄 / 2023년 2월 15일
초판 1쇄 발행 / 2023년 2월 20일

•

공저자 / 강주연 · 윤혜경
발행인 / 이 중 수
발행처 / **동 문 사**

•

서울특별시 서대문구 홍제원 1길 12
(홍제동 137-8)
Tel: 02)736-3718(대), 736-3710, 3720
Fax: 02)736-3719
등록번호: 1974.04.27. 제9-17호
가격: 25,000원

•

ISBN: 979-11-6328-477-2 (93370)
E-mail: dong736@naver.com
www.dongmunsa.com